U0615507

觀妙齋藏金石文考略

一

〔清〕李光暎 輯

雍正七年觀妙齋刻　道光十七年刊本

YSP
北京燕山出版社

圖書在版編目（CIP）數據

觀妙齋藏金石文考略 / （清）李光暎輯. -- 北京：北京燕山出版社，2018.1

ISBN 978-7-5402-5001-0

Ⅰ. ①觀… Ⅱ. ①李… Ⅲ. ①金石－研究－中國－清代 Ⅳ. ① K877.24

中國版本圖書館 CIP 數據核字 (2018) 第 052569 號

觀妙齋藏金石文考略（全二册）

作　　者：李光暎
責任編輯：劉朝霞 徐冠軍
封面設計：何雲飛
出版發行：北京燕山出版社
社　　址：北京市豐台區東鐵營葦子坑路 138 號
郵　　編：100079
電話傳真：86-10-65240430（總編室）
印　　刷：三河友邦彩色印裝有限公司
開　　本：850mm×1168mm　1/16
字　　數：575 千字
印　　張：71.75
版　　次：2018 年 1 月第 1 版
印　　次：2018 年 1 月第 1 次印刷
書　　號：ISBN 978-7-5402-5001-0
定　　價：1800.00 元（全二册）

出版説明

現代漢語用『圖書』表示文獻的總稱，這一稱謂可以追溯到古史傳説時代的河圖、洛書。在從古到今的文化史中，圖像始終承擔著重要的文化功能。傳説時代的大禹『鑄鼎象物』，將物怪的形象鑄到鼎上，使『民知神奸』。在《周易》中也有『製器尚象』之説。一般而論，文化生活皆有其對應的物質層面的表現。在中國古代文獻研究活動中，學者也多注意器物、圖像的研究，如《詩》中的草木、鳥獸，《山海經》中的神靈物怪，禮儀中的禮器、行禮方位等，學者多畫爲圖像，與文字互相發明，成爲經學研究中的『圖説』類著述。又宋元以後，庶民文化興起，出版業高度發達，版刻印刷益發普及，在普通文獻中也逐漸出現了圖像資料，其中廣泛地涉及植物、動物、日常的物質生產程序與工具、平民教化等多個方面，其中流傳至今者，是我們瞭解古代文化的重要憑藉，通過這些圖文並茂的文本，讀者可以獲得對古代文化生動而直觀的感知。爲了方便讀者利用，我們將古代文獻中有關圖像、版畫、彩色套印本等文獻輯爲叢刊正式出版。

本編選目兼顧文獻學、古代美術、考古、社會史等多種興趣，範圍廣泛，版本選擇也兼顧古代東亞地區漢文化圈的範圍。圖像在古代社會生活中的一大作用涉及平民教化，即古人所謂的『圖像古昔，以當箴規』（語出何晏《景福殿賦》），明清以來，民間勸善之書，如《陰騭文》《閨範》等，皆有圖解，其中所宣揚的古代道德意識中的部分條目固然爲我們所不取，甚至是應該批判的對象，但其中多有精美的版畫，除了作爲古代美術史文獻以外，由此也可考見古代一般平民的倫理意識，實爲社會史研究的重要材料。

本編擬目涉及多種類型的文獻，兹輯爲叢刊，然亦以單種別行爲主，只有部分社會史性質的文本，因爲篇卷無多，若獨立成册則面臨裝幀等方面的困難，則取同類文本合爲一册。文獻卷首都新編了目録以便檢索，但爲了避免與書中内容大量重複，無謂地增加篇幅，有部分新編目録視原書目録爲簡略，原書目録中有部分條目與實際對應的正文略有出入，新編目録略微作了更訂。又有部分文本性質特殊，原書中本無卷次目録之類，則約舉其要，新擬條目，其擬議未必全然恰當。所有文獻皆影印，版式色澤，一存古韻。

目録（十六卷）

第一册

第二册

觀妙齋藏金石文考略

合川盛氏
拜石山房
藏板

觀妙齋藏金石文攷略引

七情欲居其一人所不能無而足以為累者也然非必為累也視所欲何如耳觀妙主人李子子中一切聲色貨利澹如皆無所欲

獨於書籍及名流筆墨遺跡與夫金石文字自謂平生之欲存焉計積累所收碑刻搨本視曹氏古林金石表不識其數可謂富矣好事裝潢時出把

玩乃借其姊夫王子典左傳采諸家之論錄之以互證其是否間附己說於其後成書十六卷可謂勤矣自非甚有欲於此惡能搜羅之富而致訂之勤如

二

是夫人多有欲欲在彼聲色貨利則志氣日以昏欲不在彼而在此則志氣日以清此觀妙之人之所以能觀其妙也老子云常無欲以觀其妙然則有欲

以觀其妙不亦與道德之旨可

相參也與雍正七年歲次屠

維作噩十月朔同里心禹老

人金介復題

觀妙齋藏金石文攷略目

嘉興李光暎子中纂

卷一

卷二

魯孝王刻石

蕩陰令張遷碑

執金吾丞武榮碑

孔宙碑

史晨請出家穀祀孔廟碑

史晨饗孔廟後碑

魯相韓勑造孔廟禮器碑

淳于長夏承碑

魯相請置孔廟卒史碑

小字蘭亭序

草書蘭亭序

宋搨黄庭經

頴上井底思古齋黄庭經

右軍筆陣圖

舊搨玉版十三行

翁藏玉版十三行

王子敬十三行

卷四

瘞鶴銘

卷五

北蔣少林寺碑

北周豆盧恩碑

北周西嶽華山神廟之碑

攝山棲霞寺碑

僧智永千字文

陳明府脩孔子廟碑

安喜李使君碑

歷代三寶記

龍藏寺碑

卷六

褒國公碑
祭酒孔頴達碑
孔子廟堂之碑
九成宮醴泉銘
萬年宮銘
虞公温彦博碑
太常卿薛收碑
將軍張阿難碑
朝散大夫行潤州句容縣令岑君德政碑

卷七

岱岳觀造像記
昇仙太子碑
磨崖紀太山銘
御注孝經
玄宗御注道德經
涼國公主碑
金剛經碑
任君碑
棲霞寺明徵君碑

王行滿書聖教序記

王居士磚塔銘

騎都尉李文墓志

太宗文皇哀冊

兒寬贊

枯樹賦

景龍觀鐘銘

菩薩戒本碑

太宗廟碑

淄川公李孝同碑

大照禪師碑

延陵季子廟記

嵩山少林寺碑

贈池州刺史馮公碑

碧落碑

碧落碑釋文

騎都尉薛良佐塔銘

中岳永泰寺碑

茅山紫陽觀法師碑

清河郡王李公紀功載政頌

左金吾衛將軍臧希晏碑

華岳題名

文宣廟新修三門記

孔廟殘碑

嵩山圓澈禪師禪林真訓

鐵像頌

憫忠寺墖頌

朔方節度李光進碑

太保李良臣碑

義陽郡王苻璘碑

嵩陽觀碑

臨淮武穆王李光弼碑

姜遐斷碑

高邑縣殘碑

本願寺銅鐘銘

龍門山大盧舍那像龕記

卷十一

涿鹿山石經記
處士馮公墓誌銘
褚河南千字文
柳宗元書
大達法師玄秘塔碑
西平忠武王李晟碑
朔方節度使清源王公碑
圭峯禪師碑
姜嫄公劉廟碑

目
五

杜府君夫人韋氏墓誌

濟瀆北海壇跑物銘

李陽冰三墳記

李輔光墓誌

楊州都督段行琛碑

彌勒佛頌

華州城隍神濟安侯廟記

鄭太常恒暨夫人崔氏墓誌

李克用北岳題名

華嚴九會之碑
石柱題名
易州石浮圖頌
張祥師墓志
法門寺重修墖廟記
後唐汾陽王真堂記
後晉重修瑶巖閣記
後漢不其縣令童府君碑
後周晋州慈雲寺長講維摩經僧普静捨身記

重修嵩岳中天王廟碑
祥符玄聖文宣王賛
宣義大師夢英十八體書
勸慎刑文并箴
承天觀碑
龍門銘
永興軍修文宣王廟大門記
中岳中天崇聖帝碑銘
重修北嶽碑

蔡卞曹娥碑

于真菴記

韓魏公墓誌銘

靈巖寺疏

善感院新井記

題介子廟碑

永興軍香城善感禪院主海公壽壇記

韶州寶林禪院記

汾州平遥縣清虚觀記

泰山建長脚竿記

龍圖梅公瘴説

重修泰岳廟記

游師雄墓誌銘

封豐澤廟神勑

昭祖庵記

祀岳神頌

泰山題名

陸放翁帖

蘇文忠歸去來辭舊本

蘇東坡海市詩

蘇東坡黄州雪堂詞

蘇文忠廣濟大師行錄小楷書

蘇東坡表忠觀

蘇文忠乳母銘

蘇東坡羅池銘碑

蘇長公半月泉詩

靈巖慈受和尚披雲臺頌

蘇書豐樂亭記
蘇子瞻王郎碑
蘇長公詩寄徑山和尚
蘇黄馬券帖
黄山谷晦堂開堂疏
黄魯直七佛偈
黄山谷食時五觀
山谷書經伏波祠詩
黄山谷書歐陽永州廬山高歌

卷十五

重脩中嶽廟碑

趙隶文閑、圭峯草堂寺詩并偈

圭峯草堂雜題

党懷英孔廟碑

輋山題詩

梁公畫像記

興慶池題名

定兩縣水碑

華州城隍神濟安侯新廟記

重修微子廟記

重修東岳廟記

京大慈恩寺貴戒師圓寂銘記

隴西郡李公墓誌銘

黄華老人汾州大字詩

重修京兆府學記

龍興寺碑

孔廟留題雜詩

獲鹿縣靈巖院淙公塔銘

刻大開元寺興致

漢武帝秋風辭

重修淮陰侯廟記

重脩闕里廟垣記

重修尉遲迥廟碑記

重修晉祠廟記

重修媧皇廟碑

元遺山先生墓銘

抱一無爲真人馬丹陽道行碑

萬安寺茶牓
泰山題詩
加號大成至聖文宣王牒文
何山寺安定書院牒文
李晉王影堂碑
嘉定州東岳行祠記
察罕帖木爾祀宣聖記
東岳仁聖宫碑
孔廟詩

卷十六

裕公和尚道行碑

證道藏真説

泗州普昭寺靈瑞墖記

臨濟正宗禪師塔銘

孫公道行之碑

御服碑

清河郡伯張公墓碑銘

大興路知教大師道行碑

前赤壁賦

白雪齋帖

雪賦

臨右軍道德經

爲定慧師作法語

小楷過秦論

松雪文賦

觀妙齋藏金石文攷略卷一

夏禹岣嶁銘

此無慮數十刻唯楊用脩所得之石爲最先凡此等皆一石所摹也勿論古篆奇逸即題後廿餘字亦非千年內物以爲出自夏后氏未必然然當非隋唐以來人所能辦也 墨林快事

禹碑七十七字在衡嶽密雲峯楊用脩得之張僉憲云宗嘉定中何致子一遊南嶽脫其文刻於嶽麓書院用脩又刻於滇中安寧州近世楊

時喬又刻於棲霞山天開巖余所收二本其一稍泐跋數十字尤不可辨隱隱有何致字當是子一舊本其一則楊時喬刻也用脩謂韓愈劉禹錫朱熹張栻諸人求之不得而已得之以為奇幸而王元美復疑之謂銘辭未諧聖經類汲冢穆天子語何也用脩金石古文并楊時喬皆註餘釋亦有不同元美亦有二本釋亦不同時喬本出在元美后元美所得豈即何子一楊用脩二刻耶何其牴牾同也但其文所謂龍畫

螺書鸞鳳漂泊雖經摩刻猶可想見古人惜

不得衡嶽石上蹟耳 石墨鐫華

徐靈期衡山記云夏禹導水通瀆刻石書名

山之高劉禹錫寄呂衡州詩云傳聞祝融峯上

有神禹銘古石琅玕姿秘文龍虎形崔融云

於鑠大禹顯允天德龍畫傍分螺書匾刻韓

退之詩峋嶁山尖神禹碑字青石赤形模奇文

云千搜萬索何處有森森綠樹猿猱悲古

令文士稱述禹碑者不一然劉禹錫蓋徒聞

其名矣未至其地也韓退之至其地矣未見其
碑也崔融所云則似見之蓋所謂螺書匾刻非
目覩之不能道也宋朱晦翁張南軒游南嶽
尋訪不獲其後晦翁作韓文攷異遂謂退之
詩爲傳聞之誤蓋以耳目所限爲斷也王象之
輿地紀勝云禹碑在岣嶁峰又傳在衡山縣
密雲峯昔樵人曾見之自後無有見者宋
嘉定中蜀士因樵夫引至其所以紙打其碑七十
二字刻於夔門觀中後俱亡近張季文僉憲

自長沙得之云是宋嘉定中何致子一模刻於岳麓書院者斯文顯晦信有神物護持武韓公及朱張求一見而不可得余生又後三公乃得見三公所未見一奇矣禹碑凡七十七字輿地紀勝云七十二字誤也其文云承帝曰嗟翼輔佐卿洲渚與登鳥獸之門參身洪流而明發尔興久旅忘家宿嶽麓庭智營形折心罔弗辰往求平定華岳泰衡宗疏事裒勞餘伸禋鬱塞昏徙南瀆衍亨衣制食備萬國其寧竄

三

舞永奔輿地志江西廬山紫霄峯下有石室室中有禹刻篆文有好事者縋入摸之凡七十餘字止有鴻荒漾余乃攆六字可辨餘叵識後復追尋之已迷其處矣福建莆田縣陳嵒山有自然仙篆以紙摸之形類禹碑何喬詩鳥書蟲文不可識如讀峋嶁神禹碑禹之遺蹟靈閟如此號曰神禹抑有由矣余既得禹碑刻作禹碑歌

酈道元水經注云禹治洪水血馬祭衡山於是

得金簡玉字之書按省玉字通水理也或曰此即
金簡玉字之文云宋嘉定中蜀士有好奇者不
憚高峻始陟其所乃濡紙脫其文七十二字刻
於夔門觀後亦磨滅張季文得之云是岳麓
書院者余流辟窩土乃獲坐玩之亦奇且幸矣
遂拓刻之安寧州法華山之晚照峯仍建亭
曰岣嶁亭　二條升菴外集
古今雜體書勢章續述之凡五十六種祖云夏
禹作鐘鼎書不言有岣嶁銘然見於吳越春秋

南嶽記湘中記南岳總勝集劉夢得寄呂衡州詩有云嘗聞祝融峯上有神禹銘古石琅玕姿秘文螭虎形昌黎韓子謁南岳廟兼賦岣嶁山詩上言岣嶁山尖神禹碑字青石赤形模奇科斗拳身薤倒披鸞飄鳳泊拏龍螭下言事嚴蹤跡鬼莫窺道人獨上偶見之千搜萬索何所有森森綠樹猿猱悲是韓子僅得之道人之口而銘文仍未見之也地志稱宋嘉定中有何賢良致於祝融峯下樵子道之至碑所手模其文以歸

奉曾轉運彥約時人未信致遂刋之岳麓書院鄱陽張世南作記事或有之是銘攷古家率以爲僞袒目箋釋者太支離故疑信相半蒙著於録下配壇山之石不亦可乎 曝書亭集

峋嶁銘碑余所藏二本一乃嘉定壬申何致遊南嶽至祝融峯下遇樵者訪禹碑樵者言石壁有數十字俾之導前過隱真屏復渡一二小澗攀蘿捫葛至碑所得古篆七十餘字乃取隨行市曆碎而摹之歸獻長沙轉運曹彥約

刻之岳麓書院一乃湛甘泉先生重刻新泉精舍者其碑韓昌黎劉夢淂俱有詩稱不淂見而歐陽集古録趙氏金石録鄭漁仲金石畧俱未載其爲真僞不可知然字畫奇古非近代人所能爲自可寶也　銷夏記

禹碑在祝融峯重刻者二本而録釋亦微不同大抵多以意會耳非必盡能識之也按昌黎歌科斗拳身薤倒披鸞漂鳳泊拏虬螭是書形勢亦誠有之及讀盛弘之荊州記劉禹錫

寄呂衡州詩此碑 流蹟已久不當叅之蜉蝣之足
但銘辞雖古未諧聖經極類汲冢周書穆天
子傳中語豈三代之季好事者託大禹而刻之
石耶然宣王石鼓文亦類是似更有不可曉者
余直以為秦以前文猶勝作西京後人語而用
脩所謂龍畫傍分螺書扁刻不啻倍蓰嶧
山琅琊也留以冠諸刻 弇州山人稿

周武王銅盥銘

此文元延祐間摩汝帖刻於石者辞旨簡遠雖非

六

原物亦可重也 石墨鐫華
今在汲縣北十里比干墓上衛輝府志曰周武王封比干墓銅盤銘碑石殘斷字畫失真萬曆十五年知府周思宸重摹汝帖立石於墓前薛尚功鐘鼎款識言唐開元中偃師縣土人耕地得此盤篆文甚奇古其釋文云左林右泉後岡前道萬世之藏茲焉是寶一作前岡後道藏一作霻一作寧茲一作於寶一作保今攷張邦基墨莊漫錄曰政和間朝廷求三

代鼎彝器程唐爲陝西提點茶馬李朝儒爲陝西轉運遣人於鳳翔府破商比干墓得銅盤徑二尺餘中有款識一十六字又得玉片四十三枚其長三寸許上圓而銳下濶而方厚半指玉色明瑩以盤獻之於朝玉留秦州軍資庫道君皇帝曰前代忠賢之墓安得發掘乃罷朝儒退出其盤其玉久在秦庫近年王庶知秦州日取之而去祁寬居之嘗見之爲余言之然則此碑之得自鳳翔不自偃師即其爲何代之物不可知而比

干殷人必無葬鳯翔之理也疑以傳疑姑存之以俟金石文字記

唐開元中偃師農人𢚩之地中文甚奇古計十六字天下金石志

周在篆隸之先而此前後口道世之是寶等字皆帶有篆隸之筆其爲後人妄作也無疑況云封墓之盬則四語更無謂然其傳甚遠必漢以來人所謂比干之仁甚偉封比干之事甚懿宜其生後世之仰欽而爲之點飾也以爲三代之典則大

不類以爲漢晉之遺則亦不啻古矣況是兩河故寔尤當先表章者墨林快事

周宣王石鼓文

石鼓有說成王時又有說宣王時然其辭有似車攻甫田詩韓恐是宣王時未可知朱子詩傳遺說

左傳云周成王蒐於岐陽而韓退之石鼓歌則曰宣王所謂宣王憤起揮天戈蒐於岐陽騁雄俊是也韋應物石鼓歌則曰文王所謂周文大獵岐之陽刻石表功何煒煌是也唐蘇氏載紀云石鼓

文謂周宣王獵碣共十鼓東坡石鼓詩亦云憶昔周宣歌鴻鴈方名聯翩賜圭卣不知韋詩云周文安所據乎歐陽永叔云前世所傳古遠奇怪之事類多虛談而難信況傳記不載不知韋韓二君何據而有此說也　韻語陽秋

金馬定國傳石鼓自唐以來無定之論定國以字畫考之云是宇文周所造作辯萬餘言明楊用脩最稱好古亦以為非今在京中國學戟門　金石文字記

鼓文出入雅頌書法渟質出周宣王時史籀筆亾疑都玄敬楊用修王元美諸人辯之已詳余借得一本雖磨泐特甚真三代物也古人有以爲秦物者已非又有以爲宇文周物者尤可笑歐陽公最號博古乃亦疑之遂令後人譏駁無地自容矣今石鼓猶在太學門内余從李典籍又覓得此本湯滅視余借本尤甚而護持無人惜哉 石墨鐫華

陳倉石鼓從來便以爲周宣物退之大儒亦無

九

復剖決宜後人之不復置猜也攷其文詳其字必非姬氏之鼓無疑古人尚質簡秦以前未多見以石爲久計也况一獵較宥紛〻爲此數十石散於田野之中乎經孔子大聖録車攻吉日於詩此婁〻數百千言何無一言及此漢武好古右文不啻饑渴此物切近輦下乃無一人録而獻之何也唐太宗以書自聖不惜官賞以收遺跡亦不入御而待餘慶乎此必宇文周之物於時事〻仿姬至於皇帝亦抑而天王之此必遥聞

車攻之響依而撰此以為繼周一班其云公謂天字似字公護攝政氣岸唐初尚明了所以不取後漸妄目之耳中多篆籀古文總一好異未必即思偽為宣王也然其制亦可取字復雅馴此退之輩所以愛而為之價與　墨林快事

三代之文字存於今者唯穆王吉日癸巳史籀石鼓文及商周鼎彝款識夫吉日癸巳數字而已商周款識又不多得然嚴正婉潤端姿旁逸銛利鉤殺則唯石鼓文耳惜其歲久剝落

至唐始顯遂至紛紛疑議歐陽文忠謂其書
非史籀不能作但疑其自宣王至宋千有九百
餘年理難得存是不然也夫石刻之易湯者
以其摹搨者多故也今石鼓委置草莱泥土
之中兀然不動至唐始出以故完美如初况其
石之質頑性堅若爲碓磑者哉此不足疑一也
鄭漁仲謂是秦篆曰其以殹爲也見於秦
斤以丞爲丞見於秦權其文有曰嗣王有曰天
子天子可爲帝亦可謂王秦自惠文稱王始皇

稱帝以爲惠文之後始皇之前所作也余按易
書經文無也字則知古轉用殹丞字正當從山取
奉丞高意六月宣王之詩也曰王于出征以佐天子
吉日宣王田獵之詩也曰天子之所曰以燕天子祈父
剌宣王之詩也曰予王之爪牙此不足疑二也温彥
威使三京以爲後周文帝獵於岐陽所作盖因
史大統十一年西狩岐陽之語而云也尤爲謬妄
夫自秦漢晉宋隋唐以來嵓能書者如斯冰
瑗邕諸人皆名後世豈後周時有能書若此

而不名乎況其詩詞嚴古尤非當時之人所能及且蘇勗韋韓諸公去後周未遠不應謬稱如是此不足疑三也故余斷然以為周宣王田狩之詩而史籀之書也 趙古則石鼓文跋

石鼓文宋代搨本洪武中藏於餘姚儒者趙古則後歸余家石鼓昔人論之詳矣趙氏跋謂溫彥威使三秦以石鼓為後周文帝獵於岐陽所作而斷其繆妄余按姚氏殘語云彥威使三秦此得之偽劉詞臣馬定國然亦非也金元好問編

中州詩定國小傳云仕金翰林學士攷石鼓字畫定為宇文周時所造作文辯之萬有餘言元天台劉仁本爲石鼓論本之定國而斷其非史籀之書二字謬妄固不俟言跋復謂蘇勗韋韓諸公去後周未遠不應謬稱如是而以其言爲可信余觀應物退之其去後周似爲遼濶勗貞觀時仕吏部侍郎視後周則誠未遠又按李嗣真書後品張懷瓘書斷亦皆以石鼓爲史籀書嗣真高宗時人懷瓘老於開元則稱

石鼓爲籀書者始於蘇氏繼於李張而退之直據之耳

鄭夹漈謂石鼓至唐始出於岐陽鄭餘慶取置鳳翔孔廟而亡其一皇祐四年向傳師求於民間得之十鼓遂足王順伯謂五代之亂鼓復散失司馬池復輦致府學其一鼓已亡向傳師搜訪足之二說皆同余近見傳師跋謂數内第十鼓較之文亦不類訪於閭里果獲一鼓字雖半缺驗之書體眞得其跡遂易而置之其數方倫

乃知第十鼓其先蓋嘗有僞爲者至傳師而真鼓始復此皆王鄭之所未及豈其未嘗見向跋耶鄭復謂大觀中鼓置之辟雍復取入保和殿經靖康之變未知其遷徙與否王則謂大觀中鼓歸京師詔以金填其文靖康之末保和珍異北去或傳濟河遇風棄之中流而存亡未知後王子充題此謂金人入汴剔取其金而棄去之至元乃輦至京師置於國學廟門之下余按胡世將資古錄云崇寧中

蔡京作辟雍取十鼓置講堂後辟雍廢徙置禁中則置之辟雍者蔡氏而所謂禁中即保和殿也若王鄭之未知其遷徙存亾蓋當是時北方非中國所有而二公又皆南人故云然也及觀之虞伯生云金人得汴梁鼓亦北徙留王宣撫宅〻後為大興府學伯生助教成均言於時宰得置之國學大成門內則淪入濟河與夫金人棄之〻說皆不足信不知二王何從而得此也鼓今在北京國子監即元之舊地余官禮部時

嘗命工搨之字多湯滅較之宋本僅十之二三而已

二條金薤琳瑯

石鼓文在大學潘迪有音訓凡四百九十四字余得唐人拓本於李文正先生凡七百二字蓋全文也嘗刻之木以傳矣然都元敬金薤篇劉梅國廣文選所收仍是殘鈌四百九十四字本蓋亦未見此也

石鼓文韋應物以爲周宣王臣史籀作韓退之蘇子瞻皆以爲然而後人或以爲後周宇文時

十四

所刻則毀之卑之甚矣余按宣王之世去古未遠所用皆科斗籀文今觀説文所載籀文與今石鼓文不同石鼓類小篆可疑一也觀孔子篆比干墓及吴季札墓尚是科斗則宣王時豈有小篆乎又按南史襄陽人伐古冢得玉鏡竹簡古書江淹以科斗字推之知爲宣王時物則宣王時用科斗書可知矣鞏豐云岐本周地平王東遷以賜秦襄公矣自此岐地屬秦秦人好獵是詩之作其在獻公之前襄公之後乎地秦地也字秦字也

其爲秦物可知此說有理余切信之書以俟知者二

條叔菴外集

石鼓籀文雖與大篆小異然雖鐘鼎款識未遠其爲三代物信矣而諸家或疑之馬子卿至謂宇文周所刻誠僞父之言也十鼓向闕其一皇祐間始得之歐陽永叔見之最早文存四百六十五字尔薛尚功則云歲月深遠缺蝕殆盡今款識所載乃得之前人刻石者方之永叔僅多二字胡世將資古紹志錄云所見者先世藏本在集古之前

僅益九字至潘愜山作音訓時止存三百八十有六字而已楊用修謂從李賓之所得唐人拓本多至七百有二字又言及見東坡之本人多惑焉愚攷第三鼓潘氏音訓有避衆既簡句古文苑脱避字有衆字用修不取易以六師二字第四鼓潘本有四馬其寫六轡□驁句驁上脱一字古文苑本驁作重文用修亦不取更以六轡沃若第五鼓霝雨上古文苑有蔞〻二字薛氏施氏本則有天字用脩亦不取增我來自東四字夫車攻狩於

東故云駕言徂東〻有甫草若岐陽在鎬京之西豈得云我來自東乎至於第六鼓因民間窪以爲臼其上湯濾以諸鼓驗之每行多者七字少者六字此鼓行僅四字上皆缺二三字用脩每行增一字强以成文又如第七鼓用修增益徒御嘽〻會同有繹或群或友悉率左右以燕天子咸與小雅同文不知鼓文每行字有定數難以增益尤有異者鼓有⿱罒大文鄭氏云恐是臭字古老反大白澤也用脩遂以惡斁白澤入正文中其

亦欺人甚矣攷賓之石鼓歌中云家藏舊本出梨棗楮墨輕虛不盈握拾殘補缺能幾何以一消埃裨海岳夫以歐陽薛胡諸家所見止四百餘字若賓之本有七百餘字拾殘補缺而已多矣賓之不應為是言也子瞻之詩曰韓公好古生已遲我今況又百年後强尋偏傍推點畫時得二三遺八九糢糊半已似瘢胝詰曲猶能辨跟肘子由和之有云形骸偃蹇任苔蘚文字皴剥困風雨字形漫汗隨石缺

蓍蛇生角龍折股夫用修之本既得自賓之傳自子瞻是子瞻亮見其全子由亦得縱觀子瞻子由又不應為是言也杜子美詩曰陳倉石鼓久已訛韋蘇州詩曰風雨缺譌苔蘚澁而韓吏部歌曰公從何處得紙本毫髮盡備無差訛又曰年深豈免有缺畫則石鼓在唐時已無全文故吏部見張生之紙本以為難得也吴立夫詩亦云岐右石鼓天下觀駱駝載歸石盡爛夫以唐宋元人未見其全者用修獨得見之此陸

文裕亦不敢信由石鼓而推之用修他所攷証吾亦不能已於疑無惑乎陳晦伯有正楊一編矣 曝書亭集

周宣王石鼓文在國子監廟門内其形如鼓其數盈十盖周宣王田獵之事史籀之跡也諸家紛紜之説不足存舊在陳倉野中韓昌黎爲博士時請於祭酒欲輿之太學不從鄭餘慶遷之鳳翔孔廟經五代之亂遂至散失宋司馬池知鳳翔復輦致府學廡已失其一皇祐四年向傳師搜足大觀

二年歸於汴京詔以金填其文初致之辟雍後移至保和殿金人破汴輦致於燕置王宣撫家後移大興府學元皇慶移置文廟戟門内其文漫滅不可讀潘迪音訓載三百八十六字薛尚功帖載四百五十一字今三百二十五字數雖少於薛帖然遒朴而饒逸自是上古風格薛刻不逮遠矣殘璣斷璧終當以真者爲寶也

元至元己卯國子司業潘迪音訓刻鼓傍其自跋畧云迪自爲諸生往来鼓傍每撫翫不忍去

今纔三十餘年昔之所存今已磨滅數字不知
後今千百年所存又何如也間取鄭氏樵施氏
宿薛氏尚功王氏厚之等數家之説攷訂其音
訓刻諸石俾習籀篆者有所稽云
余家有宋搨薛氏石鼓文自跋云右岐陽十鼓周
宣王太史籀所書歲月深遠剥泐殆盡前人嘗
以其可辨者刻之於石以甲乙第其次雖不成文
然典型尚在姑勒於此與好事者共之薛帖余
淂之故内精工之甚恐後人並此不及見矣

石鼓文據楊升庵愼金石古文載其全文謂得之唐人拓本於李文正家余讀而竊歎已録於京師古石攷中然陸文裕深謂石鼓經博洽之儒如王順伯鄭漁仲搜訪靡遺餘力咸存斷缺歐陽公集古録才四百六十有五字胡世將資古所録僅多九字孫巨源於佛龕中得唐人所録古文乃有四百九十七字近世吾衍子行自謂以甲秀堂譜圖隨鼓形補缺字列錢爲文以求章句又參以薛尚功諸作亦僅得四百三十餘字

不知近日何緣淂此十詩完好如用修之所從來果有的據固是千古一快如以補綴為奇固不若缺疑為愈然細讀十詩古致翩翩恐非用修所能辦然用修謂淂之李文正家而文正懷麓堂稿絕不道及何也四條銷夏記

石鼓文辭既深典出入雅頌而書法渟質是籀史跡其為宣王田獵之語可據歐陽公偶以臆見疑之為書家諸學士貶擊殆無地可容而若以夫子之所不應刪則非也詩固有夫子之所未

盡見者此石今猶在太學而人不知護持豈亦所謂舍周鼎而寶康瓠者耶　弇州山人稿

右石鼓文周宣王之獵碣也定為史籀書無疑三代石刻存於世者惟壇山吉日癸巳與岐陽此刻耳其鼓有十因其石之自然粗有鼓形字刻於其旁石質堅頑類今人為碓磑者其初散在陳倉野中韓吏部為博士時請於祭酒欲輿致太學不從鄭餘慶始遷之鳳翔孔子廟經五代之亂又復散失宋司馬池知鳳翔復

輦至府學之門廡下而已其一皇祐四年向傳師搜訪而足之大觀中歸於京師詔以金填其文以示貴重且絕摸搨之患初致之辟雍後移入保和殿金人入汴携取其金而棄去之元朝都燕乃輦至京師置於國學廟門之下至今存焉 金石文

孔子比干墓題字

此書程邈李斯不為而曰仲尼手書洪氏隸釋漢隸字源辯其謬矣然以比干之忠烈尼父是

其族孫姑妄信之亦足爲忠臣吐氣也 石墨鐫華

水經注云比干冢前有石銘題隸云殷大夫比干之墓所記惟此今已中折不知誰所誌也隸續云僅有殷比干墓四字比水經闕其三字畫清勁乃東都威靈時人所書者收碑如歐趙皆未之見石公弼跋云世傳孔子書然錄始於秦非孔子書必矣字畫勁古當是漢人書 顧南原隸辨

碑攷

秦李斯嶧山碑

右秦嶧山刻石者鄭文寶得其摸本於徐鉉刻石置長安此本是也封演聞見記載此碑云後魏太武帝登山使人排倒此碑然而歷代摸拓之以為楷則邑人疲於供命聚薪其下因野火焚之由是殘缺不堪摹寫然猶求者不已有縣宰取舊文勒於石碑之上置之縣廨令人間有嶧山碑者皆是新刻之本而杜甫詩直以為棗木傳刻者豈又有別本與按史記本紀二十八年始皇東行郡縣上鄒嶧山立石與魯諸儒生議刻石頌秦德而其頌詩不

載其他始皇登名山凡六刻石史記皆具載其詞而獨遺此文何哉然其文詞簡古非秦人不能爲也秦時文字見於今者少此雖傳模之餘然亦自可貴也金石錄

觀妙齋藏金石文攷略卷二

魯孝王刻石

八分書

有高德齋記

此石金高德齋脩孔廟掘得之太子釣魚池中池在靈光殿基南三十步太子者景帝子劉餘封魯故俗以太子呼之也石曰五鳳二年宣帝號也又曰魯卅四年德齋以為餘孫孝王時也又曰六月四日成者必當時創建或鑿池而記其成

功之日也西漢石刻傳者極少此字簡質古朴存之以示後人 石墨鐫華

五鳳二年者漢宣帝有天下之年也魯卅四年者魯孝王有國之年也上書天子大一統之年而下書諸侯王自有其國之年此漢人之例也三代之時侯國之爲史者則但書本國之年而不書天子之年春秋隱公元年者何自魯人書之也泰誓十有三年者自周人書之也 金石文字記

昔歐陽公著集古錄不得西漢字劉原父出

守秦中得古銅器數件以款識寄之得償其
願蓋碑文起於東漢而西漢無之也金明昌
中詔修孔廟於靈光殿基南三十步有太
子釣魚池取池石充用得一石刻曰五鳳二年魯
卅四年六月四日成十三字按五鳳乃宣帝時號
字形朴質此西漢之物絕無僅有者也使歐
陽公當日見之不更爲欣慰耶　錢夏記
右漢五鳳二年甎一出嵌曲阜孔子廟庭前
殿東壁書以篆文一行志塼埴之歲月後有

金高德裔題跋西京陶瓴之式存於今者惟此亦東京則有建武二十八年北宫衛令邯君千秋之宅瓴亦作篆書其餘載於洪氏所紀者有永平八年瓴一建初三年汝伯寧瓴一七年曹掾文瓴一元和三年謝君墓瓴一永初元年景師瓴一其文皆隸書也或云萬歲舍大利善或云千萬歲署舍子孫貴昌未央大吉或云大吉陽宜侯王蓋東京人尚讖緯民間造宅墓爭作吉祥之語與西京不侔矣 曝書亭集

蕩陰令張遷碑

八分書　中平三年　碑今在東平州儒學

右漢蕩陰令張君碑〻云君陳留己吾人治京氏易少爲縣吏徵拜郎中除穀城長遷蕩陰令後云中平三年二月故吏韋萌等刊石立表蓋其去思碑也字特完好可讀漢碑中之不易得者攷之東漢地里志蕩陰屬河内郡即今彰德府之湯陰縣己吾屬陳留郡即今開封府夏邑縣　此碑余官京師時常於景太

史伯時屢見舊搨本不及録近得之友人文徵仲

按隸釋云東漢及魏其碑到今不毁者十才一三凡歐趙録中所無者世不復有余生去宋數百年而此本兩見歐趙録中蓋未嘗載隸釋并隸續亦無其文通志金石略所載碑目雖多然亦未之及乃知昔人之言未必可信而舊物之在天壤間者固不可盡謂之無也 金薤琳瑯

張蕩陰碑建於中平十年石完好無缺而書法方整亦雅漢石中不多見攷之通志金石略

既無其目而集古録金石録及隸釋隸續並不
載豈亦出有近代耶而近代人如秦中趙涵及郭宗
昌搜訪舊碑亦不之及何也此碑及樊巴郡碑俱
完整而佳一旦獲見前人所未見天下事孰有快
於此者　銷夏記

右蕩陰令張遷碑歐趙俱無惟金薤琳琅載其
文闕者五字以此碑按之徵拜下當是郎字燒
平下當是城字流化下當是八字八基者謂字
賊以下八事又開下作𨕖字當是遷通作泛乳

蔑下當是二字若尒則爲全文矣又張良善用下釋作蕭何此碑是籌策字轂城長下釋作墊碑是蟄字晉陽珮下釋作踺碑是瑋字吏民頡下釋作頷碑是穎字于是劉名下釋作憖碑是豎字此則南濠公之偶誤存恤高下釋作年字孔蔑下釋作貳字碑皆湯滅難識此則南濠公之意測乎〻繇〻下有一字不可識而不釋此則南濠公之刪削碑曰問禽狩所有當是禽獸荒遠既殯當是既賓爰既

且於君當是既祖中蹇於朝當是忠蹇蘗沛棠樹當是蔽芾此則古字之相通也 金石評攷

今在東平州儒學其文有云荒遠既殯者賓之誤中蹇於朝者忠之誤而又有云爰既且於君則曁之誤古字多通而賓旁加丏已爲無理又何至以一字離爲二字也歐陽趙洪三家皆無此碑山東通志曰近掘地得之豈好事者得古本而摹刻之石遂訛謬至此耶 金石文字記

右蕩陰張遷碑不著於歐陽氏趙氏洪氏之

錄殆後時而出者碑額字體在篆隸之間極其
飛動銘書蔽芾棠樹爲蔽芾沛揆兕毋𥡴睦
魏元丕三碑其書蔽字略同而芾作沛則此碑
所獨也碑陰率錢從事二人守令三人督郵一人
故吏三十二人昔賢謂東漢鮮二名者是碑范巨
范成韋宣而外自韋狱琢下皆二名或書其字
然邪南濠都氏金薤琳琅少碑陰不若此本
之完好　曝書亭集

金石文字記以碑中賔誤殯忠誤中暨誤既

且疑後人摹刻摟以殯爲賓見禮記曾子問以中爲忠與魏呂君碑同説在第一卷東眞三韻摟第一卷云禮記曾子問反葬而後辭於殯鄭氏注云殯當爲賓皺之誤也辭於賓謂告將葬啟期也此碑仍禮記之誤耳書仲虺之誥建中於民釋文云中本作忠中忠字古或通用又魏橫海將軍呂君碑君以中勇顯名州司亦以中爲忠惟以既且爲暨有不可解然字畫古拙恐非摹刻也　顧南原隸辨碑攷

執金吾丞武榮碑

八分書

執金吾武榮碑歐陽公謂其文字殘缺不見

卒葬年月及氏族所出余家本殘缺與歐公同而隸釋所載者則又往〻可讀如云君即吴郡府卿之子燉煌長史之次弟此乃其氏族之所出也但碑文簡短不書卒葬年月歐公特未之知耳 金薤琳琅

武榮碑久稱殘缺剥落集古録載其名金石録並不載然石非全磨滅者文既簡質字亦如之自是東京風格可珍也榮之父吴郡丞武開明兄燉煌長史武班俱有碑載金石

録何以獨遺此碑耶　銷夏記

武君榮碑在濟寧州學儀門漢制執金吾一人丞一人月三繞行宮外戒司非常水火之事秩六百石緹騎二百人輿服導從光滿道路光武甞歎曰仕宦當作執金吾而樂府古歌辭稱陛下三萬歲臣至執金吾盖中興以後官不常置榮之本末惜碑文已湯滅年月無攷僅存其廓落焉耳　曝書亭集

今在濟寧州儒學殘缺婁樸漢隸字源曰

碑言遭栢帝大憂哀隕而已當是靈帝時也

王弘撰曰碑額漢故執金吾丞武君之碑十字作陰文亦起他碑所無 金石文字記

孔宙碑

八分書　延熹七年　碑今在曲阜縣廟中

宙融之父孔子十九代孫也卒以延熹六年碑造於七年而趙明誠歐陽永叔王元美皆曰四年宙字季將隸書易辨而永叔集一作秀持皆不知何據鄭漁仲金石略又載兩孔宙碑

尤課　石墨鐫華

孔季將碑字法古逸尚存今體漢石之佳者王元美乃謂文與書皆非至甚矣鑒定之難也　銷夏記

右漢泰山都尉孔宙碑宙孔子十九世孫而融之父也其事實不見史傳然碑稱其齊聖達道德音孔昭又稱其治泰山旬月之間民皆解甲服罪可謂無愧聖人之後者碑在曲阜延熹七年立通志金石略常載其目云未詳所在後

載泰山太守孔宙碑云在兗州立於延熹六年是漢有兩孔宙而碑復有二何其繆哉

右孔宙碑陰不云碑陰而云門生故吏名此漢碑中之僅見者前碑云故吏門人陟山采石勒銘示後則此所載皆其人也今按宙門生四十二人門童一人弟子十人故吏八人故民一人隷釋謂漢儒開門授徒親受業者則曰弟子次相傳授則曰門生未冠則曰門童緫而稱之亦曰門生舊所治官府其掾屬則曰故吏占籍者則曰故民非吏非民

則曰處士素派所莅則曰義士義民此皆讀漢碑者之所當知而餘釋人間少傳故著之二條金薤琳琅

漢泰山都尉孔宙碑在曲阜縣孔子廟庭大中大夫融之父也裴松之注魏志引司馬彪續漢書亦作宙又韓勑碑陰出私錢數列郎中魯孔宙季將千當以碑爲據而後漢書融列傳作伷攷宙卒於靈帝熹平四年而伷於獻帝初平元年拜豫州刺史籍本陳留字公緒別是一人竊疑范史不應紕繆若是或發雕時爲

妄人所更後學遂信而不疑也　曝書亭集

額題云漢泰山都尉孔君之碑九篆字爲一行碑首行題云有漢泰山都尉孔君之銘隸釋云凡漢碑有額者首行即入詞無額者或題其前如張納樊安之比亦甚少已篆其上復標其端唯此碑亦又文十四行行二十八字末行銘辭下空十一字刻年月　顧南原隸辨碑攷

余有谷口鄭先生臨此碑墨本其跋語有云字體寬舒古勁允爲東漢大家　光瞬識

史晨請出家穀祀孔廟碑

八分書　建寧二年　今在曲阜縣廟中

飲酒畔宮者泮宮之異文也益州太守高眹修周公禮殿記亦作畔宮　金石文字記

此史晨上尚書奏章蓋漢制郡國曰尚書以達天子如今通政司事也晨初到官自出俸錢以供禮祀可謂知尊聖人矣　又一碑紀晨姓字載當時廟享觀禮者九百七人復修瀆置井及守墓人可謂盛事　石墨鐫華

此碑漢靈帝建寧二年立晨姓氏見於後碑此乃其所上尚書奏章蓋當時之制郡國不敢直聞朝廷曰尚書以達之也碑云到官秋享無公出酒脯之祠自用俸錢以供禋祀知其爲魯之賢相也 金薤琳琅

余有鄭谷口臨前碑墨本其跋語云漢建寧二年魯相史晨饗孔廟有前後二碑前碑敘奏請之章後碑陳典禮之盛使鄒魯學者得覩前修之美也 光暎識

史晨饗孔廟後碑

八分書

今在廟中後有武后天授二年馬元貞題名金石文字記

題名馬元貞下有楊景初郭希元又有楊君尚歐陽智琮李㭬度余表兄萊畦沈先生曾臨此本極佳可想見當時墨跡萊畦爲余臨孔林百石碑郃陽令曹全碑又以漢隸書開元磨崖太山銘余珎藏之 光眹識

魯相韓勑造孔廟禮器碑

八分書　永壽二年　碑在曲阜縣廟中

孔廟禮器碑建於永壽二年碑完好所缺不多而筆法波拂具存漢碑存世者不必皆佳而以遒逸有古致者爲上如此碑者未易屈指也　銷夏記

是碑隸書與卒史碑無二且記法簡質非今所能而元敬乃以雜用讖緯薄之余竊不取焉

石墨鐫華

祡吏民立以頌令君之德政者曰其載有孔顏氏族得以附於孔氏以永世而世主之為孔子立者反多逸焉石亦有幸不幸與字意奇古蓋時之有書技者所為聖人或取其藝而收之門墻閒乎令之捂擊者何心哉漢石如此首尾完者更少每一拜觀不覺肅然生敬 墨林快事

右漢魯相韓勑造孔廟禮器碑說者謂其文雜用讖緯不可盡通余觀東漢自光武以赤伏符即位篤好圖讖臣下則而效之流弊浸

廣至漢末而其說尤熾見之金石者不特此碑然
也帝堯碑云堯遊於玄河之上有龍授圖堯乃
受命成陽靈臺碑云堯母慶都遊觀河濱
感赤龍交而生堯魯相史晨孔廟碑云孔子乾
坤所挺西狩獲麟爲漢制作皆怪誕恍惚不
經之甚後之君子以漢儒之陋狹如此而不知其
所從來孔子曰上有好者下必有甚焉者矣以
光武之明智而慮不及此嗚呼於漢儒乎何
尤金薤琳琅

闕里孔子廟廷漢魯相韓勑將節建碑二前碑紀造禮器後碑以志修廟謁墓碑陰兩側均有題名金陵鄭簠汝器相其陷文深淺手搨以歸勝工人椎拓者百倍汝器以余於金石之文有同好也遂遺書寄余乃取題名之參錯不齊者齊之裝訂成冊思夫孔子既沒褒崇之典歷代有之世本王侯大夫莫不有宗譜族牒聖人之後獨無聞焉歟後仙源宗子琛扈宋南渡金源立別子為祖嘉熙雖仍錫文遠以爵而授之田

里俾居三衢宗之巨也忽焉元人思復立大宗而宗子辭不受能以禮讓是人之所難也以余所見明嘉靖中孔門僉載一書先聖六十一代孫家德郎魯府審理正知幹所撰有世表有宗系圖其於三衢一支棄而不録莫系世辨昭穆者宜如是乎可爲長歎息也矣勅前後碑陰載孔氏苗裔有襃成楨建壽御史翊元世東海郎中訢定伯豫州從事方廣平故從事樹君德朝升高守廟百石卒史恢聖文文學百石芝德英

故督郵丞伯序賴元夏進幼逵相史誧仲助術子佑賛元賓曜仲雅遵公孫旭連壽番安世太尉掾凱仲悌處士徵子舉巡白男憲仲則汎漢光九二十三人而後碑稱碑係孔從事所立殆方也伏念聖人之後有賢子孫攺修闕里志孔門僉載則宗子支子之流派及書名史冊碑碣者具書之惟沭其族必去沭聖人之言必削之庶乎其可已 曝書亭集

淳于長夏承碑

八分書　建寧三年

金石録云碑在洺州元祐間因治河得於堤土中刻畫完好如新余所收亦無剝落者其字隸中帶篆及八分洪丞相謂其奇怪真奇怪也有疑其僞者然筆致有一段英氣決非後人所能及元人王惲謂爲蔡中郎書恐未必建寧三年蔡邕伯喈書後人附會其說耳漢碑如郭有道碑最爲名跡今假刻可厭之甚何可與夏碑同日語耶　銷夏記

此碑隸釋云字體奇怪唐人蓋所祖述又引梁庾元威論書載隸有十八種此乃其間之一體宗鄭僑書衡云漢石經諸刻乃隸體八分夏承碑乃篆體八分然三家皆不云何人書也元王文定公惲跋此碑云蔡邕書夏承碑如夏金鑄鼎形模怪譎雖蛇神牛鬼庬雜百出而衣冠禮樂已胚胎乎其中所謂氣凌百代筆陣堂堂者乎余由是始知為中郎之跡碑在今廣平府學後刻尚書蔡邕伯喈及永樂

七年等字乃庸妄人所加然心竊疑之楊文貞公集中亦有此跋謂近歲廣平府民因治河得此蓋廣平古洺地也所謂近歲恐即永樂七年余向官京師時廣平通判山西宋孟清為余言府學後有一碑字與此類余蓋疑焉江陰徐子擴好奇士也嘗得舊刻雙鉤其字近以惠余與此絕異此云勤紹舊刻作勤約且其間字之缺者四十有五字而此獨完好則其偽不俟乎言而余昔日之疑始釋

然矣　金薤琳琅

都玄敬引證極慱大略以此碑自元王文定公惲定爲蔡邕書謂其氣淩百代筆陣堂堂洪丞相隸釋謂此字體竒怪鄭僑書衡謂其兼篆體八分合數説而起碑非真跡又云江陰徐擴有舊刻缺字四十有五此獨完好則其僞始信余亦覓得一本非漢刻似不待辯而楊用修謂爲漢刻之僅存者王元美亦云其隸法時〻有篆籀筆骨氣洞達精

彩飛動沠中郎不能豈所見別一碑耶 石墨鐫華

有明嘉靖四年知府唐曜重刻今在漳川書院

金石文字記

右漢淳于長夏承仲兗碑在今廣平府宋元祐閒治河隄得於土中崇禎癸未予年十五隨第六姊父子蕃觀同里卜氏所藏猶是宋時拓本今爲主人所摹失其真矣 曝書亭集

予所藏夏承碑一本闕一百四字不知原碑所闕或輾轉流傳遺失之故也其後無尚

書蔡邕伯喈及永樂七年等字都元敬謂庸妄人所加者幸無此辱據都云舊刻作勤約而此本作勤紹則又未敢遽定爲舊刻惟是此本筆法歸奇於雅含勁於圓古意盎然似非後世所能摹王文安公讚爲如夏金鑄鼎者殆不媿斯目云 光暎識

魯相請置孔廟卒史碑

八分書 永興元年 碑在曲阜廟中

漢魯相置孔廟卒史碑今在曲阜盖魯相

乙瑛上書請置百石卒史一人典主守廟司徒吳雄司空趙戒以聞制從之蓋在元嘉三年三月後魯相平補以孔和上書於司空府則永興元年六月也攷之范史桓帝紀元嘉惟有二年碑云元嘉三年三月者蓋是年五月始改永興至十月而雄戒亦罷矣金薤琳琅

此碑都元敬攷據甚明楊用修金石古文全錄之但碑中奏洛陽宮下有司徒公河南口口口口字季高司空公蜀郡武都口口字意伯廿四字內

關六字而二公不之及何耶
碑後有刻云後漢鍾太尉書宋嘉祐七年張稚圭按圖題記按此碑永興元年造元常獻帝初始為黄門侍郎距永興且四十年此非元常書明甚未知張稚圭所按何圖其叙事簡古隸法遒逸令人想見漢人風采政不必附會元常也碑中趙戒范史注字志伯今云意伯趙明誠云疑是避桓帝諱戒袁宏又作誡二條石墨鐫華

此漢元嘉永興間孔子廟置百石卒史一人以掌祭器之碑也相傳以爲鍾元常今書即古石質朴不志主名然詳其筆意與余所藏繇書道德經同一軌格蓋彼楷而存分法此分而存楷法其方正平達無不欣合決爲鍾無疑也其初書數百字筆畫渾淪全不顯承接縫鏬求簡鋒鋩畫出如群峰亂水不可遏抑變化無窮神情不滯所云郊廟俎豆者可遐想其概人能以此立腳以老子言爲橋梁入宣宗門逕其造

於鍾氏闇輿也何難焉脫而由季直戎輅即無從見法象矣此學書人第一宗祖而多盲瞶何耶敬為開千古之謬 墨林快事

孔廟卒史碑文既尔雅簡質書復高古超逸漢石中之最不易得者都元敬謂此碑殘闕余所收碑則完善當在都所見本以前後云後漢鍾太尉書則後人附會之耳 銷夏記

余嘗捡洪丞相隸釋見此碑列於第五而近世都元敬楊用修徐獻忠俱以此為第一豈先

數者已零落不可得是刻在孔林尚無恙耶勉字下隱起是學字蓋崇聖道勉學藝詞理俱暢而人往〻缺之故敬爲補之而記其說如此蒼潤軒帖跋

上由奎文閣西偏門出閱永樂弘治碑前至同文門觀門右漢碑孔尚任奏曰此漢元嘉三年魯相乙瑛始置卒史碑今謂之百户碑

上問何謂百户碑尚任奏曰歷代優崇之典於廟庭設官四員典籍以教習禮儀司樂以典司樂

舞管勾以經理屯田百戶以守衛林廟謂之禮樂兵農四司衍聖公孔毓圻奏曰今典籍司樂管勾皆奉

朝選惟百戶止由臣劄委於典制未全伏望

皇上特恩一體選設

上命毓圻具疏上請是月

詔復設聖廟百戶與典籍司樂管勾一體咨部

題授

臣毓圻按元嘉始置百石卒史其職掌領禮器

黄初之詔則云令魯郡修起舊廟置百石卒史
以守衛之蓋以漢之制禄秩自二千石至百石百石以
下爲斗食碑文是百石非百户而其職則令之百
户職也歷代復民供灑掃守衛率百户有差
卒史初置選於孔氏子弟其後選於諸儒
生弘治十一年准於灑掃户才德兼優者委用
其職掌專司林廟户籍訓以武事守衛林廟
司掃除啓閉收掌禮器凡祭祀則造酒餇牲燎
炬滌濯陳設省眎至期充監宰官瘞埋血毛其脤

如各衛所百户其禄與管勾同在免粮田内支給盖
本於漢魏之百石卒史以其管灑掃百户之人故
亦謂之百户云我
皇上攷古驗今錄其籍於司馬重其職於
朝選責以游纓干掫之任禮樂兵農爛然並
列而祠官無不備之物所以尊吾夫子者百代
莫與京也已 二條牽魯盛典
魯相乙瑛以孔子廟在闕里褒成侯四時來祠
事已即去廟有禮器無常人掌領請置

百石卒史一人典主守廟元嘉三年司徒吳雄司
空趙戒聞於朝詔如瑛言選年四十以上經通
一藝者乃舉文學掾孔龢任之按漢書儒林
傳郡國置五經百石卒史臣瓚以為卒史秩
百石者劉昭注漢書百官志引應劭漢官儀
河南尹百石卒史二百五十人黃霸傳補左馮
翊二百石卒史蓋秩有不同故舉石之多寡別
之今本杜佑通典乃謂百石卒史為百戶吏卒
我聞在昔有釋戰國策音義者更雞咋

雞尸貽笑藝林以百石爲百户是雞尸之類也曝書亭集

今在曲阜縣中後人刻其上曰漢鍾太尉書洪氏隸釋曰按圖經云鍾繇書繇以太和四年卒上距永興七十八年圖經所云非也金石文字記

北海相景君碑

八分書　漢安二年

右漢北海相景君銘其碑首題云漢故益州太守北海相景君銘其餘文字雖往往可讀而

漫滅多不成文故君之名氏邑里官閥皆不可
攷其可見者云惟漢安二年北海相任城府君卒
城下一字不可識當為景也漢功臣景丹封櫟
陽侯傳子尚〻傳子苞〻傳子臨以無嗣絶安
帝永初中鄧太后詔封苞弟遷為監亭侯以
續丹後自是而後史不復書而他景氏亦無顯
者漢安順帝年號也君卒於順帝時蓋與
遷同時人也碑銘有云不永麋壽余家集録
三代古器銘有云眉壽者皆為麋蓋古字簡

少通用至漢猶然也　集古錄

此石殘缺幾不成文攷集古錄蓋自歐陽永叔時已然而都玄敬錄其全文止缺三十字不知何據玄敬云家藏漢碑不完者皆以洪丞相隸釋足之此是耶　王元美曰隸法故自古雅但益州部當言刺史不當言太守額曰銘碑曰誄亦屬未妥東京作者往往如是而碑中眉壽作麋壽歐公以爲古字通用良是　石墨鐫華

景君碑據金石錄云在濟州任城縣今乃在

二十三

濟寧州學不知何年移此〻碑集古録云文字漫滅金石録云此碑最完何也豈搨者有先後耶余所收本文已漫滅惟碑陰差存其書方整有今法王元美稱之曰古雅非溢美也銷夏記

此碑金石録云在濟州任城縣蓋任氏在漢為任城人也余按濟州即今之濟寧州今碑乃在州學不知何年移置於此通志金石略以不知其地故直云未詳姚江謝中舍大中近過濟寧

搨以見惠余家自祖宗来藏碑頗富兼以余所好
收録中間得於朋友之助者十常四五如此碑是
也

景君碑陰列門下書佐及故吏等中有脩行九十
九人趙氏謂後漢書百官志注河南尹官屬有
循行一百三十人而晋書百官志亦有循行以為
循脩字畫相類遂致譌謬余謂景君碑刻
於漢而後漢書舊皆出傳録則以脩為循者
特傳録之誤耳趙氏不信碑本而信漢書且

引晉書為證殊不知晉書修於唐其亦曰循行

蓋仍漢書之誤云然也二條金薤琳琅

簡翁嘗言碑之有額猶身之有首裝者不可棄

今觀此帙乃得其實也然洪跋謂任城有景氏三

碑而近世收者獨此何耶昔人謂漢碑在世猶

鳳翎麟角不可因其殘剥而輕舍淵泉其慎

守之也蒼潤軒帖跋

濟寧州儒學孔子廟門列漢碑五其制各殊

北海相景君碑其一也地志不載何年所立余

孜之元天曆閒幽州梁有字九思曾奉勅歷河南北錄金石刻三萬餘通上進顏其副本爲二百卷曰文海英瀾於濟得漢刻九於泗水中葛邏祿迺賢寄以詩云泗水中流尋漢刻泰山絕頂得秦碑闕歐陽趙氏著錄斯碑本在任城其移置於學者必天曆閒矣碑辭湯漶其陰旁右壁工以不能椎拓辭余留南池三宿强令拓之題名有督郵督盜賊議史書佐騎吏〻行義修行午小史豎其云午者不載於續漢書百官

志即趙氏亦不知也廣韻詮郎字稱漢複姓凡卌有四引何承天姓苑漢有司隸校尉水郎岑而斯碑有修行水郎郃營陵人又有修行都昌台郎暹故午都昌台郎遷則在四十四姓之外亦足資異聞也已 曝書亭集

郃陽令曹全碑

八分書 中平二年

萬曆初郃陽縣舊城掘得此碑中平二年造內稱全為戊部司馬征疏勒王和德攻城野戰謀

若湧泉感牟諸貴和德面縛歸死還師振旅諸
國禮遺且二百萬悉以簿官按范史西域傳和德
射殺其王自立涼州刺史孟佗遣從事任涉將燉
煌兵五百人與戊巳司馬曹寬西域長史張宴將
諸國兵合三萬人討疏勒攻楨中城四十餘日不能
下引去二說不合且司馬爲曹寬非曹全豈即其
人范史傳寫誤耶即紀功者張大其詞而面縛
歸死似非虛飾抑又何也碑又稱光和七年史光
和止六年蓋七年冬十一月始改元中平耳碑文錄

書道古不滅卒史韓勑等碑且完好無一字缺壞真可寶也余曾與友人論及古碑友人曰吾輩幸生此時猶得見漢晋人書恐後世無復存者余曰神物顯晦有時寧無沉埋以待後死者如曹全碑歐陽公趙明誠都玄敬楊用修諸公豈得見哉相眡一笑 石墨鐫華

曹景完碑萬曆年間始出郃陽土中々惟一因字半缺餘俱完好且字法遒秀逸致翩々與禮器碑前後輝映漢石中之至寶也 銷夏記

漢碑之存於世者今皆烏有惟託跡孔廟者間
有一三然或殘毀盡世物之不可常如此不謂
埋坳土中不與浮在人耳目者爭一日之耀反
可以發身千古之後褒爲衆稱之長如此石者
也自晚漢迄今二千有餘年而字如新鏤幸
矣此發自我師葉龍潭少保方以名侍御謫
居郃陽丞乃見於世漢世近古民於今者有元首
之戴意猶可想而文家亦雅璞實無不情之
譽皆令人神往即其字全不作意如僅辨筆

畫而後之作意求工者乃遜焉又於八分之體裁了然可信今傳後知妄作者之爲詭至於銘言三字爲句甚醇古且用二足字相連又以明手足之足與滿足之足可各押也 墨林快事

門人蒲城趙善昌貽曹全碑碑在漢隸中最爲完好書法圓美此碑萬曆時出於郃陽歲月未久故鮮剥缺趙崡石墨鐫華于奕正金石志始載之都玄敬金薤琳琅未及見也碑尾署中平二年十月丙辰造 帶經堂

萬曆中郃陽縣民掘地得漢曹全碑以其最後
出字畫完好漢碑之存於今者莫或過焉按碑
文全爲隃麋侯相鳳之孫鳳嘗上書言燒當事
得拜金城西部都尉屯龍耆而全以戊部司馬討
疏勒又定郭家之亂信不愧其祖矣時人語曰
重親致歡曹景完蓋其孝友之性尤人所難
能也嗚呼今之爲吏者雖遭父母之喪必問其
親生與否投牒再三始聽其去而全以同產弟
憂得棄官歸以此見漢代風俗之厚其敦

孝友若是士君子顧惜清議而自好者不乏也全以禁絕隱家巷者七年可以補後漢史黨錮諸人之闕史載疏勒王臣磐爲季父和得所射殺而碑云和德弑父篡位德與得文亦不同史稱討疏勒有戊巳司馬曹寬而不曰全又云其後疏勒王連相殺害朝廷亦不能禁而碑云和德面縛歸死司寇蓋范蔚宗去漢二百餘年傳聞失真要當以碑爲正也 曝書亭集

漢郃陽令曹君碑神廟初始出渭水磧中未

經𤋮蝕字畫完好較之宇內所存東漢諸碑剥落殆盡好古之士未有不閣筆興歎者也此碑一出東南漸知有漢法矣癸丑春夏之交養痾荒園晝長多暇漫臨一通勒於灌木樓中是歲臘月謁天壽山晤左羽先生識以求教谷口小弟鄭簠 汝器先生臨本書後

司𨽻校尉魯峻碑

八分書 熹平二年

右漢魯晉峻碑云君諱峻字仲嚴山陽昌邑人監

營謁者之孫修武令之子治魯詩顏氏春秋舉孝廉除郎中謁者河内太守丞辟司徒司空府舉高第御史東郡頓邱令遷九江太守拜議郎太尉長史御史中丞司隸校尉遭母憂自乞拜議郎服竟還拜屯騎校尉以病遜位熹平元年卒門生于商等二百三十人謚曰忠惠父其餘文字亦粗完故得遷拜次序頗詳以見漢官之制如此惟云遭母憂自乞拜議郎又其最後爲屯騎校尉而碑首題云漢故司隸校尉忠

惠文魯君碑二者莫曉其義治平元年四月二十三日 集古錄

右漢司隸校尉魯峻碑云君諱峻字仲嚴酈道元水經注引戴延之西征記曰焦氏山北金鄉山有漢司隸校尉魯恭冢冢前有石祠四壁皆青石隱起自書契以來忠臣孝子貞婦孔子及七十二弟子形像像邊皆刻石記之今墓與石室尚存惟此碑為人輦置任城縣學矣余嘗得石室所刻畫像與延之所記合又其他地里書如方輿志

三十

褎字記之類皆作峻惟水經注誤轉寫爲菾

亦金石録

漢司隸校尉魯峻碑水經注以峻爲菾趙氏謂

方輿志褎字記皆作峻而辨水經之誤余家舊

藏此碑峻字明白可識趙氏果有其本何乃不知

而必證之以地里書也歐陽公謂峻最後爲屯騎

校尉而碑首題云司隸校尉莫曉其義隸釋

云漢人碑志或以所重之官揭之司隸官尊而職

清非列校可比故書之也此足以袪歐公之惑鄭

來豨又謂此碑書於蔡邕按徐浩古迹記其叙邕書惟三體石經西嶽光和殷華馮敦數碑及弦其他字書亦未聞邕嘗書此不知鄭氏何所據也 金薤琳琅

右魯君碑熹平二年四月立隸書額穿其中文十一行本在金鄉山墓側趙德甫撰金石録時已輦置任城縣學至今存焉相傳是蔡中郎書惜其文不入集中石久崩剥僅識其百一而已 曝書亭集

峻後爲屯騎校尉而額題司隸者隸釋云漢人書碑或以所重之官揭之司隸權尊而秩清非列校可比亦猶馮緄舍廷尉而用車騎也趙氏洪氏皆云水經注亦載此碑而誤以峻爲恭今按水經注所載乃石壁畫象非此碑也顧南原隸辨碑攷

豫州從事尹宙碑

八分書　熹平四年

尹宙碑土中晚出文字尚完結體遒勁猶存篆籀之遺是本焗楮悉舊對之如百年前物尤爲

盡善太原傅山青主藏檇李曹溶潔躬審定朱彝尊錫鬯書康熙乙巳秋八月　曝書亭集

豫州從事尹宙碑今在鄢陵縣豫字磨滅以其潁川人而言本州知其爲豫州也左傳襄公三十年傳有尹言多當周景王之世漢書酷吏傳尹賞字子心楊氏人也以右輔都尉遷執金吾卒官今碑曰楊縣按楊氏縣屬鉅鹿郡於文不當省氏字也河東郡自有楊縣又鉅鹿之廮不當從金位不福德福字亦副字之誤

二條金石文字記

右碑是漢靈帝時作前無題後無書撰人名長一丈餘廣四尺許額中一孔徑三四寸孔傍有篆書從銘二字文是隸書如蔡中郎筆近日鄢陵地中得之嘉靖十七年通政鄢陵劉訒以貽許吏部穀董生子元復以貽余者也金石文

顧南原碑攷云金石文字記作豫州從事尹宙碑云豫字磨滅以其潁川人而言本州知其爲豫州今碑甚完好無一字磨滅惟云仕郡歷主簿

督郵五官掾功曹守昆陽令州辟從事而已無豫字也或亭林所見之本傳拓不清以爲磨滅耳按金石文字記載有全文所云仕郡歷主簿以下二十字極明豈不知無豫字而云然耶當是亭林所見之本其首行有標題豫州等字而謂豫字磨滅也余所藏無標題想南原所見之本亦然故以無豫字爲疑耳又南原云額題從銘二篆字金石文亦云有篆書從銘二字而余本無之金石文字記亦不言有此二字蓋碑

本不同如此 光暎識

溥陵太守孔彪碑

八分書 建寧四年 在曲阜縣

按彪爲孔子十九代孫仕終於河東太守而碑額仍云溥陵或碑乃溥陵故民所建每閱漢人碑陰載出錢名字或其門生故民非其子弟所置也彪名及字元上碑中猶存集古錄謂名字磨滅不可見豈當日所見不及今本耶書法媚美開鍾元常法門矣 銷夏記

右漢博陵太守孔彪碑按碑彪字元上孔子十九世孫與孔宙蓋弟兄行嘗為尚書侍郎治書御史可謂顯矣闕里志世表宗譜皆不見其名字徵此則世不復知有彪矣

右孔彪碑陰故吏出博陵者凡十有三人故其額不稱後官而直書博陵洪氏以為故吏函甘棠之惠痛夏屋之傾相與立碑遂以本郡題其額也此或得之然予觀漢碑亦往往有書前官者又似不必拘此金石錄乃云不知何謂非也 二條金薤琳琅

右漢愽陵太守孔彪碑曲阜石闕多置孔子廟廷獨此碑在林中歐陽子集古錄第云孔君碑惜其名字皆亡趙明誠以爲碑雖殘缺名字可識諱彪字元上證以韓勅史晨二碑率錢人姓名是本彙見之於宛平孫侍郎宅文愈斷爛諱及字形模尚存乃知治中修闕里志改彪爲震都少卿穆遂謂撰志者遺之不知震即彪字之誤也孫氏所藏漢隸約三十餘種尚有張表衡方夏承王純侯成臧伯著諸碑皆宋時拓本

令盡散佚覩此如覿故人又絶類郃陽令曺全筆法此正永叔所云碑石不完者則其字尤佳者哉言也 曝書亭集

此碑雖剥落已甚然字有挑法漢人中出色者 蒼潤軒帖跋

溧陽長潘乾校官碑

八分書 光和四年 有單禧跋

右漢溧陽長潘乾校官碑在今南畿溧水縣學蓋溧水即漢溧陽地也余初得此碑而

不知其有釋文迨始得之乃元至順四年校官單禧所為而刻之者也禧謂此碑宋紹興中縣尉喻仲遠得於固城湖濱置之官舍則其得免於毀棄仲遠之力也禧又有跋謂攷訂碑文與隸釋不同者二十七字而復辨溧陽志之失可謂有功於文字者 金薤琳琅

紹興十三年溧水尉喻仲遠得漢碑於固城湖中驗之則靈帝光和四年溧陽丞尉吏掾為其長潘校官乾元卓立其出也晚故猶未

湯潓辝稱惠我犂蒸犂黎通蒸犂字乃倒用之其曰尚旦在昔我君存今盖以周公太公喻乾擬人非其倫矣　曝書亭集

宋趙彥衛雲麓漫鈔曰范蔚宗後漢書永平十年閏月甲午南廵狩幸南陽祠章陵日北至又祠舊宅禮畢台校官弟子作雅樂奏鹿鳴帝自御塤篪和之以娛嘉賓則東漢時縣有校官矣　碑詞末云永世支百民人所彰子子孫孫俾尔熾昌宋吳棫韻補引之作民

人所贍以証詩桑柔贍字可讀爲彰今此碑正作彰字不知才老何所據而改爲贍也單禧跋云宋紹興十一年溧水尉喻仲遠得於固城湖濱置之官舍才老時此碑未出或據類文錄之耳　金石文字記

郎中鄭固碑

八分書　延熹元年　在濟寧儒學

右漢郎中鄭固碑文字磨滅其官閥卒葬年月皆莫可攷其僅可見者云君諱固

字伯堅孝友著於閨門至行立乎鄉黨初受業於歐陽仕郡諸曹掾史主簿督郵五官掾功曹又曰忠以衛上清以自修其餘殘缺不復成文又云延熹元年二月詔拜而不見其官惟其碑首題云漢故郎中鄭君之碑以此知其官至郎中尔漢隸刻石存於今者少惟余以集錄之勤所得爲獨多然類多殘缺不完蓋其難得而可喜者其零落之餘尤爲可惜也集古錄

右漢郎中鄭固碑歐陽公謂碑文磨滅官閥卒葬年月皆莫可攷余家本磨滅尤甚蓋以去歐公之遠也而隸釋所載文字獨完其云君著君之子延熹元年四月廿四日遭命隕身年四十二則門閥與卒固可攷也歐公所錄在隸釋之前而乃云云若此不可曉也金薤琳琅

已酉之春泊舟任城南池步入州學見儀門旁列漢碑五左二右三郎中鄭君固碑其一也碑文全漫漶不可辨識舍之去明年冬同

崑山顧寧人嘉定陸翼王觀北平孫侍郎藏本文有逡遁字寧人謂是逡巡之異文退而引三禮注以証之且博稽晏子春秋作逡巡遁漢書作逡循莊子作蹲循璧樞經尤翕君子作遵循又謂逡遁之異文筆之金石文字記以余攷之集韻逡遁浚三字韋連書之均七倫切音義則一說文釋辵字云乍行乍止也遁字雖音徒困切而配之以辵當讀如是縮縮如有循之循以爲假借則可不得謂之異文矣

寧人作音論惜集韻不存未知是書尚存天地間故於諸書疑義未盡晰尔 曝書亭集

郭有道碑

此碑在介休余邑人王氏已曾爲其縣令余從其家覓一紙乃氏已重刻者深恨不得原刻近有晉人爲余言舊石曾在一秀才極愛之每往碑下摩挲累日一夕盜碑舁去縣令無奈重刻一石以應求者後又磨泐而王氏已再刻之秀才所盜之石竟不得出異哉

介休縣城東有徵士郭林宗宗子浚二碑宗沖以有道司徒徵林宗辟司徒舉太尉以疾辭其碑文云將蹈洪崖之遐迹紹巢由之逸軌翔區外以舒翼超天路以高峙稟命不融享年四十有三建寧四年正月丁亥卒凡我四方同好之人永懷哀痛乃樹碑表墓銘景行云陳留蔡伯喈范陽盧子幹扶風馬日磾等遠來奔喪朋友服心喪朞年者

如韓子助宋子浚等二十四人其餘門人著錫衰者千數其碑文故蔡伯喈撰伯喈謂盧子幹馬日磾曰吾爲天下碑文多矣皆有慙容唯郭有道無愧於色矣 水經注

九疑山碑

八分 蔡邕書 有李襲之題

碑在廣西梧州府

漢碑既亾搨本亦少而二京遺法付之寥寐金石古文用修容有補以史傳等書者此蔡邕

九疑碑銘分法甚嚴可以闢後人之訛然既無可

証真贋何以別乎余藏宋版漢隸分韻諸碑

略備欲類出各爲一本已者缺之良足大觀後此

書寄一友人郎中爲水所浥失其十二三遂休此

志可惜也 石墨鐫華

白石神君碑

八分書 光和六年

白石碑不甚剥落光和四年民盖高等爲無

極山詣太常求法食至六年而衆民比例爲白石

神君以請碑文云居九山之數參三條之壹語殊荒

唐　銷夏記

右漢白石神君碑在無極縣立石者常山相南陽馮巡元氏令京兆王翊與歐陽氏集古錄所載無極山神廟碑略同文稱神君能致雲雨法施於民則祀之宜也然所云蓋高者合之無極廟碑特常山一長男子亦先是光和四年巡詣三公神山請雨神使高傳言即與封龍無極共興雲雨賽以白羊高等遂詣太常索法食

越二年具載神君始末上尚書求依無極山爲比即見聽許蓋斯時巫風方熾爲民牧者宜潛禁於將萌乃廼翊輕信巫言輙代爲之請何與泚所云國將亡而聽之神者與碑陰有務城神君李女神馭石神君壁神君名號殆同白石而充類名之者碑建於光和六年是歲妖人張角起矣 曝書亭集

漢人分隸固有不工者或拙或怪皆有古意此碑雖布置整齊略無纖毫漢字氣骨全

與魏晉間碑相若雖有光和紀年或後人用

舊文再刻者尔 錄釋

魏受禪碑

八分書　黄初元年

世傳是司徒王朗文梁鵠書太傅鍾繇刻石謂之三絶碑又云即鍾繇書亦未有的據然謂爲鍾書者出顔魯公言或不妄隸法大都與勸進碑同王元美曰以太傅手腕使書前後出師表刻七尺碑不遂與日月照映哉但其文與事海内士所指而唾罵者寳玩不忍釋手孰謂

書一藝也　石墨鐫華

此碑余家有舊搨本無一字斷裂上有晉府圖書蓋宋時搨也書法同勸進金石史云雖小遠漢人雍雍雅度衫履自飭亦復矯矯　銷夏記

右受禪表上尊號奏皆元常梁鵠妙跡學書者自此求之而進乎中郎可全見古人面目澗泉其珍之哉嘉靖甲寅四月十二日記　蒼潤軒帖跋

右魏受禪表一通劉禹錫以為王朗文梁鵠書鍾繇鐫字世號之為三絕筆法勁挺

如鑄鐵所成蓋得蔡中郎之遺意至唐人致之則流於娬媚矣朗字景興東海郯人也史稱其文博而富贍觀此碑蓋可見矣　宋學士集

吴天璽元年斷碑

右吴天璽元年断碑其前云上天帝言又云帝曰大吴一萬方又云天發神讖文天璽元年七月己酉朔又云天讖廣多不解〻者十二字嗚呼其言可謂妖矣據吴志天璽元年秋八月鄱陽言歷陽山石理成字凡二十明年改元大赦以協石

文今此碑乃在金陵驗其文與吳志所載亦異莫可攷究孫皓在位凡八改元而六以符瑞然竟不能保其國蓋人事不修而假託神怪以矯誣天命其不終宜矣 金石録

皇象書吳大帝碑在江寧府書雖本漢隸然探奇振古有三代純樸氣自是絶蓺非如東漢遺書循一矩律藉蹈綴襲竊而自私也自王志愔定録古今書而象已在著録中至庚肩吾以象品入上中其後李嗣真曰之不改不

知當時所定何據也羊欣稱象善草書世稱沉
著痛快而張懷瓘惟稱象小篆入能品其他不
見稱於人今官書有象章草帖故自精深奇
崛前世獨不言象爲隸字何也意謂既以書
入品第則或不盡著其言又諸人或有兼毀書
著者此又不可知也余疑此碑近出書畫尚完
故是前人未見當其評書時不得睥睨於其
閒也不然書隸至此而可遺其品目哉象尺
書曰太子屛風在此已久而未得之又曰想必醉

三

令作鱧魚梅羹相待其自矜持如此 廣川書跋

吴後主紀功三段石碑傳是皇象書其二段之陰有襄陽米芾四字亦爲人磨礲幾盡 米海岳志林雜記

嘗覽黄長睿東觀餘論稱休明書人間殊少唯建業有吴時天發神讖碑若篆若隸字勢雄偉後又閲趙明誠金石録頗載碑所謂上天帝言大吴一萬方等語以爲妖而不著其竒昨省甫中丞搨一本見寄大抵與漢隸殊異亦不

用批法而挑跋平硬又盡去碁筭斛環之累隸與篆皆不得而名之信所謂入分也雖稍磨泐不可讀而典型盡在因録之漢中跋尾胡宗師不著臨池名而絕得魯公宋文貞碑側記法亦可取也　弇州山人稿

吳天璽元年紀功碑亦名天發神讖舊在巖山段石岡山謂之丹陽記巖山東有大碣石長二丈折為三段今其石移置學舍中累之高止數尺謂之蓋神其說尔碑文倒置錯誤不可

讀令依祥符周在後雪客攷定裝潢之相傳文出華覈余為雪客撰碑攷序已辯其非矣觀其字在篆隸之間雖古而近拙亦未必定出於皇象手跡也金陵瑣事謂是蘇建書不知何據 曝書亭集

江寧府南天禧寺門外有石三段乃吳後主天璽元年巖山紀功德石其文不全宋元祐六年轉運副使胡宗師葺致漕臺後圃仍題其末今在府學顧起元曰府學中三段石碑按實

録吳天冊元年吳郡臨平湖開又於湖邊得石函中有小石青白色長四寸廣二寸刻上作皇帝字於是改元天璽立石刻於巖山紀吳功德其文乃東觀令華覈作黄長睿東觀餘論曰皇象書人間殊少惟建康有吳時天發神讖碑若隸若篆字勢雄偉相傳乃象書也咸光續志云象書獨步漢末況體兼篆籀誠宜居周鼓秦刻之次魏鍾繇諸碑勿論也其石四方面背濶書各八行兩傍狹書口行其文書

滿三方而虛其一辟雖不可讀其可識者百八十餘字首曰上天帝言次曰天發神讖曰天讖廣多曰將軍裨將軍關內侯曰詔遣中書郎曰章咸李楷賀口吳寵建業丞許口等十二人曰永歸大吳上天宣命曰文字炳朖曰在諸石上其後又別書曰蘭臺東觀令曰巧工九江曰吳郡曰東海夏侯此蓋列與事之臣於正文之後猶秦碑刻制亦泰山碑似方非方四面廣狹皆不等正與此石類

晉葛洪曰吴之善書則有皇象劉纂岑

伯然朱季平皆一代之絶手如中州有鍾元常

胡孔明張芝索靖各一郛之妙並用古體俱

足周事二條金石文字記

右天發神讖碑世稱爲皇象又定爲蘇建

若纂若篆字勢雄偉舊在韱巖山後歸

天禧寺又歸籌思亭又移府學櫺星門

近歲復徙入尊經閣下余屢欲搨之未果今

得觀元白所收本摩挲之誦書疑皇象多

六

之句以歸然以爲建書者是也斷碣之亭元
白想知之久矣
世稱此爲三段石誌言乃華覈文皇象書者
余向見一書辨此碑與國山碑俱蘇建書
甚詳今已失記然陳后山詩云書疑皇象多
則亦未以爲決然也玉泉公自蜀還寄升菴
楊先生爲余所作蒼潤軒記言升菴索及拓
本余因拓一本致之一本貽陳公一本留軒中而
因附其事於下云 二條蒼潤軒帖跋

周孝侯碑

宜興周孝侯墓有古碑一通云晉平原内史陸機撰右軍將軍王羲之書跋尾云唐元和六年歲次辛卯十一月十五日承奉郎守義興縣令陳從諫重樹此碑後又有一條前試太常寺協律郎黄口書名與書俱糢糊而書字微可推當是後人自陸機撰下有空石妄增右軍將軍王羲之書以重其價耳文内初載處事大約與傳同至於弦絶矢盡左右勸退處按劒怒曰此是吾効節授

命之日何以退爲我爲大臣以身殉國不亦可乎下
忽接韓信背水文差不成句又云莫不梯山架壑
襁負来歸云云元康九年冐疾增加奄捐舘舍春
秋六十有二天子以大臣之葬師傅之禮親臨殯
壤建武元年冬十一月甲子追贈曰孝侯禮也賜
錢百萬葬地十頃京城地五十畝爲第又賜王
家田五頃詔曰處毋年老加以遠人朕每愍念
其二年　月日葬於義興舊原按處以永平七年
戰殁贈平西將軍賜錢葬地及給處母醫藥

酒米俱如碑蓋又十五年而元帝稱制追封孝侯建武其年號也時陸平原殁已久矣豈於樹碑之際而爲處後者竄入謚孝侯一句耶然不應以永平之語移入建武後至所謂梯山架壑奄捐館舍天子以師傅之尊等語又似平原他文錯簡然致之矣及晉初俱無元康年號不可曉也書結構雖小蹤筆亦過强而中間絶有姿骨牘策之際大得鍾王意在李北海張從申間又不可以其譌而易之也 弇州山人稿

士君子貴砥礪名節不貴遂迴甘忍周子隱少年名陷輕薄至父老比之三惡一旦發奮遂爲江左名流頃於陸士衡集見其碑令人慨然遠想意欲適宜興上斬蛟橋摩挲石刻以還今日秋澗兄出所藏石本觀之愈爲暢快秋澗文雅慱達家有古刻數百種居復近子隱讀書臺旁每風日晴美上故基宿莽想像當日丰韻誦少陵蕭條異代之句以歸而燈下在古石洞天展平原文章會稽守畫夜滌而寢恨余不能從之遊也余既

渴厭觀此本而秋澗命書數字於上捉筆笑曰佛頭堆糞正是此類座中如遇米顛幸勿出示被必連道惶恐殺人也嘉靖甲寅七月四日記 蒼潤軒帖跋

宜興縣周孝侯碑相傳平原内史陸士衡撰文會稽内史王逸少書孝侯戰没而碑辭云元康九年舊疾增加奄捐館舍乖謬已甚然書法亦不惡但假逸少之名是爲不知量矣末題元和六年歲次辛卯十一月承奉郎守義興縣令陳從諫重樹疑文字皆此君僞託尔 曝書

晉周孝侯碑今在宜興縣首曰晉故散騎常侍新平廣漢二郡太守尋除楚內史御史中丞使持節大都督塗中京下諸軍事平西將軍孝侯周府君之碑晉平原內史陸機撰右軍將軍王羲之書其末曰唐元和六年歲次辛卯十一月十五日承奉郎守義興縣令陳從諫重樹前試太常寺協律郎黄以下缺張爕編次陸士衡文集收入此篇謂其中多訛謬文

理不接且孝侯戰沒而云癃疾增加奄捐館舍明是不讀史者僞作按此碑本唐人之書故葉字晉諱而直書不避其於唐諱則世字二見皆作廿虎字二見一作虍一改作獸基作基豫作預而塗中亦當作涂中已下辯作塗之非極詳節之碑作塗非也士衡逸少既不同時而晉以前碑亦未有署其人書者其文對偶平仄全是唐人可定其爲僞作也書梁王肜作彤尤誤金石文字記

余初得周孝侯碑一本其末云唐元和六年歲次

辛卯十一月十五日承奉郎守義興縣令陳從諫重樹前試太常寺協律郎黃□書丹弇州山人稿金石文字記曝書亭集所論之碑也既云重樹則舊碑固已毀然豈無搨本流傳於世而諸先生並不論及豈於舊碑搨本皆未之見耶蒼潤軒帖跋此碑題曰晉王右軍行書周孝侯碑按重樹碑是正書而此曰行書想舊碑本係行書而重樹碑自作正書也繼得行書本於好古之家據云此是舊碑其首晉散騎常

◎

侍云云及撰人書人皆與重樹碑同惟平原內史上無晉字亭林先生所疑不諱業字而諱虎世基豫字此本基字全文其餘則同重樹碑重樹碑業有書人黄某某其非右軍自明若行書本疑亦唐人所爲筆法與聖教序如出一轍當是集右軍書也較重樹碑實爲過之

光暎識

王公神道碑

王公諱重光字廷宣濟川其號也灤南人仕晉

終光祿大夫左柱國大將軍吏部尚書神道碑
是右軍將軍王羲之撰并書〻法與聖教序絕
相類缺字約一百六十餘當是其来已久而大槩
記金石文者皆不及此碑何也末紀年月云永和
戊戌正月之吉攷永和無戊戌且年號下不紀歲
年徑書甲子古者無之是則可疑耳此本得自
好古家據云傳雲館舊物頗有賞鑒印章
文休承其一也　光暎識

開皇本蘭亭序

蘭亭叙六朝時已有刻石余收開皇本是隋時刻者唐文皇因見刻本遂訪真跡於越州辨才得之命湯普澈馮承素褚遂良歐陽詢各摹一本原與隋時本相似不知宋代何以獨稱定武爲歐陽詢摹下真跡一等群公聚訟緣此而起以至點畫波撇之間各加辨證又有五字損本七字損本及會字首行有闕有全紛紛同異如王順伯尤延之輩而吴興踵之爲十三跋十七跋獨尊定武不知右軍宵點頭否　容臺集

卷三

王逸少書惟禊帖摹本最多南渡内府所藏凡一百一十七本賈師憲竄逐朝廷命王孟孫簿錄其家石刻蘭亭八千匣令陶九成所載目錄唐以前本無聞焉茲册為爛溪潘氏家藏序後具書開皇十三年歲次壬子十月模勒上石高頻監刻一十九字觀者或疑之按桑澤卿博議載有智永臨本蓋永師本逸少七世孫傳其家法學書永欣寺閣梯桄不下者四十年其勤苦若是且於陳天嘉中蘭經真跡曾歸之宜其筆精

墨妙過於趙韓馮葛數子也明胡祭酒若思亦云永嘉本是智永臨寫宋紹興間太守程邁刻置郡齋末有孫興公後序是唐乾封三年僧懷仁集書斯言先後符合竊疑是冊即永師所臨至煬帝時又有大業石本見周公謹雲烟過眼録則禊帖流傳隋代已有二本攷古之君子可以釋其疑已 曝書亭集

蘭亭者晉右將軍會稽内史琅邪王羲之逸少所書之詩序也右軍蟬聯美胄蕭散

名賢雅好山水尤善草隸以晉穆帝永和九年暮春三月三日宦游山陰與太原孫統承公孫綽興公廣漢王彬之道生陳郡謝安安石高平郗曇重熙太原王蘊叔仁釋支遁道林及其子凝之徽之操之等四十有一人修祓禊之禮揮毫製序乘醉而書用蠶繭紙鼠鬚筆遒媚勁健絕代所無凡二十八行三百二十四字有重者皆搆別體其中之字最多乃有二十許字變轉悉異遂無同者是時殆有神助及醒後他日更

書數十本終無及者右軍亦自愛重此書留
付子孫傳至七代孫智永〻即右軍第五子
徽之〻後安西成王諮議參祖之孫廬陵王胄
曹昱之子陳郡謝少卿之外孫也與兄孝賓
俱舍家入道俗號永禪師禪師克嗣良裘精
勤此藝常居永欣寺閣上臨書所退筆頭置
之於大竹簏受一石餘而五簏皆滿凡三十年於閣
上臨得真草千文八百餘本浙江東諸寺各施
一本今有存者猶直錢數萬孝賓改名惠欣兄

第初落髮時住會稽嘉祥寺即右軍之舊宅也後以每年拜墓便近因移此寺自右軍之墳及右軍叔薈已下塋域並置山陰縣西南三十一里蘭渚山下梁武帝以欣永二人皆能崇釋教故號所住之寺為永欣焉事見會稽志其臨書之閣至今尚在禪師年近百歲乃終其遺書並付弟子辯才辯才俗姓袁氏梁司空昂之玄孫辯才博學工文琴碁書畫皆得其妙每臨禪師之書逼真亂本辯才甞於寢

房伏梁上鑿爲暗檻以貯蘭亭保惜貴重甚於禪師在日至貞觀中太宗以德政之暇銳志翫書臨右軍真草帖購募備盡唯未得蘭亭尋討此書知在辯才處乃降勅追師入內道場供養恩賚優洽數日後因言次乃問及蘭亭方便善誘無所不至辯才確稱往日侍奉先師實嘗獲見自禪師殁後洊經喪亂墜失不知所在既而不獲遂放歸越中後更推究不離辯才處又勅追辯才入內重問

蘭亭如此者三度竟靳固不出上謂侍臣曰右
軍之書朕所偏寶就中逸少之跡莫如蘭亭
求見此書勞於寤寐此僧暮年又無所用
若爲得一智略之士設謀計取之尚書右僕射
房玄齡奏曰臣聞監察御史蕭翼者梁元
帝之曾孫今貫魏州莘縣負才藝權謀可
充此使必當見獲太宗遂名見翼翼奏曰若作
公使義無得理臣請私行詣彼須得二王雜帖
數通太宗依給翼遂改冠微服至洛陽隨商

人船下至於越州又衣黃衫極寬長潦倒得山
東書生之體日暮入寺廻廊以觀壁畫過辨
才院止於門前辨才遙見翼乃問曰何處檀
越翼因便前禮拜云弟子是北人來此鬻蠶
種歷寺縱觀幸遇禪師寒溫既畢語議便
合因延入房內即共圍棋撫琴投壺握槊談
說文史意甚相得乃曰白頭如新傾蓋若舊今
後無形跡也便留夜宿設堈面藥酒茶果等
江東云堈面猶河北稱甕頭謂初熟酒也酣樂

之後請各賦詩辨才操得来字韻其詩曰初醞一瑶開新知萬里来披雲同落莫步月共俳佪夜久孤琴思風長旅雁哀非君有秘術誰照不燃灰蕭翼操得枱字詩曰邂逅歎良宵殷勤荷勝招彌天俄若舊初地豈成遥酒蟻傾還泛心猿躁似調誰憐失群翼長苦葉風飄妍蚩畧同彼此諷咏恨相知之晚通宵盡歡明日乃去辨才云檀越閒即更来此翼載酒赴之興後作詩如此者數四詩酒爲務

僧俗混然遂經旬朔翼示師梁元帝自畫職
貢圖師嗟賞不已因談論翰墨曰弟子先世皆
傳二王楷書法弟子自幼来耽翫今亦有數帖自
隨辯才欣然曰明日可攜来看翼依期而往
出其書以示辯才辯才熟詳之曰是即是矣然
未佳善貧僧有一真跡頗亦殊常翼曰何帖
辯才曰蘭亭翼佯笑曰數經亂離真跡豈
在必是響搨偽作耳辯才曰禪師在日保惜臨
亡時親付於吾付受有緒那得參差可明日

来看及翼異到師自於屋梁上檻内出之翼異見訖故駁瑕指纇曰果是嚮搨書也紛競不定自示翼異後更不復安於梁檻上并蕭翼異二王諸帖並借留置於几案之間辯才時年八十餘每日於窗下臨學數遍其老而篤好也如此自是翼異往還既數童弟等無復猜疑後辯才出赴靈汜橋南嚴遷家齋翼異遂私来房前謂弟子曰翼異遺却帛子在床上童子即爲開門翼異遂於案上取得蘭亭及御府二王書帖便赴永

安驛告驛長淩愬曰我是御史奉勅来
此有墨勅可報汝都督知都督齊善行聞
之馳来拜謁蕭翼因宣示勅旨具告所由
善行走使人召辨才辨才仍在嚴遷家未
還寺遽見追呼不知所以又遣散直云侍
御須見及師来見御史乃是房中蕭生也
蕭翼報云奉勅遣来取蘭亭蘭亭今
得矣故喚師来取別辨才聞語身便絶
倒良久始蘇翼便馳驛而發至都奏御

十八

太宗大悦以玄齡舉得其人賞錦綵千段
擢拜冀爲員外郎加入五品賜銀瓶一金鏤
瓶一瑪瑙枕一並實以珠内廐良馬兩匹蕭寶
裝鞍轡莊宅各一區太宗初怒老僧之秘悋
俄以其年耄不忍加刑數日後仍賜物三千
段穀三千石便勑越州支給辯才不敢將入己
用迴造三層寶塔塔甚精麗至今猶存老僧
因悸病不能强飯唯歠粥歲餘乃卒帝命
供奉搨書人趙模韓道政馮承素諸葛貞

四人各搨數本以賜皇太子諸王近臣貞觀二十三年聖躬不豫幸玉華宮含風殿臨崩謂高宗曰吾欲從汝求一物汝誠孝也豈能違吾心耶汝意如何高宗哽咽流涕引耳而聽受制命太宗曰吾所欲得蘭亭可與吾將去及弓劍不遺同軌畢至隨仙駕入玄宮矣今趙模等所搨在者一本尚直錢數萬也人間本亦稀少絕代之珎寶難可再見吾嘗爲左千牛時隨牒適越航巨海登會

稽探禹穴訪奇書名僧處士猶倍諸郡固
知虞預之著會稽典録人物不絶信而有徵
其辯才弟子玄素俗姓楊氏華陰人也漢太
尉之後六代祖佺期爲桓玄所害子孫避難
潛竄江東後遂編貫山陰即吾之外氏近屬
令殿中侍御史瑒之族長安二年素師已年
九十二視聽不衰猶居永欣寺永禪師之故
房親向吾說聊以退食之暇畧疏其始末庶
將來君子知吾心之所存付永明温超等兄弟

其有好事同志者亦無隱焉於時歲在甲寅季春之月上巳之日感前代之脩稧而撰此記

唐何延之蘭亭始末記

余嘗見開皇石本褚河南臨本與此雖小有不同然皆行筆也定武稍真為一時賞重然米南宮絕不喜之其後摹者日益楷而小非復故步矣相傳定武為歐陽率更臨故楷法勝褚河南臨則行法勝蓋皆以其質之近為之耳米筆佻以故不欲為定武在祖與公瑕之

二十

謂此本不如定武者俱非篤論也　弇州山人稿

朱竹垞太史開皇蘭亭本跋云煬帝時又有大業石本禊帖流傳隋代已有二本按太史所跋本是開皇十三年十月上石高熲監刻而余得一本序後書開皇十八年三月廿日無其人監刻則開皇時已有二本也　光暎識

定武本蘭亭序

蘭亭真跡隱臨本行於世臨本少石本行於世石本雜定武本行於世何延之記云右軍書

此時乃有神助他日更書數十百本終無祓稧所書右軍亦自珎愛此書付子孫傳掌至七代孫智永禪師永付弟子辯才太宗求之不得及遣監察御史蕭翼以計取之太宗殂殉葬昭陵及唐末温韜盜發昭陵其所藏書皆剔出取裝軸金玉而棄之於是魏晉以來諸賢墨跡遂復流落人間然獨蘭亭亾矣前輩之言云尒又張芸叟云靖康中有得蘭亭真跡者謟閹獻之半途而京城破後不

知所在此真跡之本末也

按劉餗傳記與延之不同劉謂梁亂出在外陳天嘉中爲永所得太建中獻之隋平陳或以獻晉王〻即煬帝〻不知寶僧智果借搨不還果死弟子辯才得之太宗見搨本驚喜使歐陽詢求得之以武德二年入秦王府高宗以蘭亭殉葬太宗從褚遂良之請也又前輩謂行間僧字爲徐僧權 縫吴傳朋家古石本僧字上又有一察字當是姚察如此則劉說似可信

然梁武帝收右軍帖二百七十餘軸當時惟言黄庭樂毅告誓何爲不説蘭亭此真跡之異同也

太宗既得真跡乃命供奉搨書人趙模韓道政馮承素諸葛貞四人各搨數本以賜皇太子諸王近臣如歐陽率更褚河南庭誨皆曾臨搨傳之本朝者蘇舜元家所藏褚河南臨本也藏之館閣後有崔潤甫李後主徐鉉題者唐儒臣所臨也藏之鄧洵仁家後歸米

氏者諸葛貞所臨也周越所藏者唐名手傳搨本也蘇舜欽胡家公所藏者唐粉蠟本也夔頃年亦嘗見褚河南臨本但經墨皆晦未敢斷其真贋此臨本之本末也

若石刻則有智永臨本見於周越法書苑褚庭誨臨本見於山谷跋唐勒石本見於天禧中僧元靄進唐刻本在泗州杜氏家集古録四本其一流俗所傳其二得於王廣淵其三得於王沂公家與定州民家本無毫髮之異其四得於蔡君謨

家自以爲盡於此矣厥後京師別木刻定本亞之
逼真成都刻蘇氏本洛陽張景元劚地得石
本此本獨無僧字米元章父子自刻板本號三
米蘭亭今諸本皆寫傳而海内妄刻無慮百
本獨定武見重於世耳此石本之本末也
自昔相傳以定本爲歐陽率更所臨石晉之亂
契丹自中原輦寶貨圖書而北至真定德
光死遂棄此石謂之殺虎林本慶曆中士人
李學究者得之不以示人韓忠獻守定武李

生以墨本獻公〻堅索之生乃瘞地中别刻本以獻
李死其子乃出石散摹售人每本須錢千好
事者爭取之其後李氏子負官緡無從取償
宋景文爲定師乃以公帑金代輸而石匣藏庫
中非貴遊不可得也熙寧中薛師正出牧其子
紹彭又刻副本易之以歸長安斷損湍流帶右
天五字以惑人碑目云斷損再刻以爲識殊有
典型余嘗得損本較之字差肥而刻畫明白
此說信矣大觀閒詔取薛氏所藏石龕置宣

和殿內丙午怨至與岐陽石鼓俱載而北矣或云嘗置艮嶽瑪瑙亭亂後宗汝霖居守東都得之以獻思陵維揚南渡倉卒失之後向子固帥淮南密旨搜訪寘索不獲此定本之本末也王性之云慶曆中宋景文帥定武有遊士攜此石死於營妓家樂營吏孟水清以獻子京愛而不敢有也留之公帑又據蔡絛所記國初有著說者謂僞吳時遣內客省使高踰聘於蜀踰以石本獻於孟氏世子乃右軍在時刻

於蘭亭者定本即此石也錢氏末天下一統而定武富民好事者厚以金幣從會稽取之及後户絶沒官因置諸定帥便坐廨間孫次公侍郎帥定日有盲納其石禁中則又刻石而還之廨或謂石歸薛氏不知雖非古矣大觀初詔索諸尚方則無有或謂此石亦殉裕陵矣乃更取薛氏石入御府此定之本之異同也

蘭亭之説略備於此矣今世傳定本雖肥瘦不同只是一石但帋有精粗石有燥濕墨有濃淡

故亦然有鋒芒稜角為上若五字不損乃熙豐前本尤為可寶或謂石歸御府時薛氏父子意欲取捷以三重紙拓既入石有深淺故字亦有肥瘦此亦一說也夔嘗疑前輩不專尚定本定本之重自山谷始近見劉清卿出學易所藏洛陽斷地本但手大十餘字以定本較之宛在其下乃知前輩所見者博矣嘉泰壬戌八月八日番易姜夔堯章 已上蘭亭攷

王右軍蘭亭草號為最得意書宋齊間以

藏秘府士大夫間不聞稱道者豈未經大盜兵火時盖有墨跡在蘭亭右者及梁州之間焚蕩千不存一永師晚出此書諸儒皆推為真行之祖所以唐太宗必欲得之其後公私相盜至於發塚今遂亾之書家得定武本盖仿佛古人筆意耳褚庭誨所臨極肥而洛陽張景元斸地得缺石極瘦定武本則肥不剩肉瘦不露骨猶可想其風流三石刻皆有佳處不必寶已有而非彼也此本以定州土中所得石摹入棠梨板者字雖

肥骨肉相稱觀其筆意右軍清真風流氣韻冠

映一世可想見也今時論書者憎肥而喜瘦黨同而妬

異曾未夢見右軍脚汗氣豈可言用筆耶二

條黄山谷集

蘭亭墨本最多惟定武刻獨全右軍筆意

此舊所刻者不待聚訟知爲正本也

蘭亭帖自定武石刻既亡在人間者有數有

日減無日增故博古之士以爲至寶然極難辨

有鑱損五字者又有五字未損者獨孤長

老送余北行攜以自隨至南潯北出以見示因從
獨孤乞得攜入都他日來歸與獨孤結一重翰
墨緣也獨孤名淳朋天台人
頃聞吳中北禪主僧名正吾號東屏有定武
蘭亭從其借觀不可一旦得此喜不自勝獨
孤之與東屏賢不肖何如也
河聲如吼終日屏息非得此卷時時展玩何以
解日盖日數十舒卷所得為不少矣
蘭亭當宋未度南時士大夫人人有之石刻既亡

江左好事者往〻家刻一石無慮數十百本而真
贋始難別矣王順伯尤延之諸公其精識之尤
者於墨色紙色肥瘦穠纖之間分毫不爽故
朱晦翁跋蘭亭謂不獨議禮如聚訟蓋笑
之也然傳刻既多實亦未易定其甲乙此卷乃致
佳本肥瘦得中與王子慶所藏趙子固本無異
石本中至寶也
蘭亭誠不可忽世間墨本日亡日少而識真者
益難其人既識而藏之可不寶諸

學書在玩味古人法帖悉知其用筆之意乃爲有益右軍書蘭亭是已退筆因其勢而用之無不如志茲其所以神也

大凡石刻雖一石而墨本輒不同盖紙有厚薄粗細燥濕墨有濃淡用墨有輕重而刻之肥瘦明暗隨之故蘭亭難辨然其知書法者一見便當了然政不在肥瘦明暗之間也

靜心云此卷乃得之李公曾伯盖宗畫士王曉之所藏曉徐黄同時人觀其寶惜如此誠不易

也

至大閒僕偕吳靜心先生北上得此蘭亭與獨孤長老所惠本並觀船窗中三十二日得意甚多屈指計之已復七年矣其子景良馳驛來京師復出見示使人眷戀不能去手噫靜心仙去其子能寶藏如此為之感歎

昔人得古刻數行專心而學之便可名世況蘭亭是右軍得意書學之不已何患不過人耶

書法以用筆為上而結字亦須用工蓋結字因

時相傳用筆千古不易右軍字勢古法一變其雄秀之氣出於天然故古今以爲師法齊梁間人結字非不古而乏俊氣此又存乎其人然古法終不可失也

蘭亭與丙舍帖絕相似

東坡詩云天下幾人學杜甫誰得其皮與其骨學蘭亭者亦然黄太史亦云世人但學蘭亭面欲換凡骨無金丹此意非學書者不知也

右軍人品甚高故書入神品奴隸小夫乳臭之子

朝學執筆暮已自詫其能薄俗可鄙可鄙以

上趙松雪諸跋

柰世昌澤御蘭亭攷定武禊序李學究殁

於妓家時定師宗景文以入官庫此真本也名

玉石蘭亭薛師正師定武其子紹彭別刻

置公寢師正殁日乃悟曰頗瘦此瘦本也紹彭

又刻肥本遂缺真本湍流帶暎天五字易之以

歸謂之公庫本真本則名五字損本公庫本

宣和中入內府繹曾見定武多矣唯鮮于伯

機郎中趙子昂學士二家本叙字波脚作
螳螂肚形趙本墨色頗晦鮮于本膠礬潯
所最爲精妙欣字脚作九轉折餘所見皆
肥瘦本耳侍御王公得此真玉石本有紹興
希世印淳化榮芑跋右丞東平姓齋馬公舊
饒州仲山校書并西王公之子慶皆今代絶識印
誌唯謹叙字波脚正與鮮于趙氏本相同真
百世奇寶也陳繹曾記 六研齋載
蘭亭帖世有定武本爲第一金陵清凉本爲第

二其定武本薛珦作帥別刻石易去宋宣和間於薛珦家取入禁中建炎南渡不知存亡清涼本洪武初因寺入官其石留天界寺住持僧金西白謚去後事覺其僧繫獄死石亦不知存亡

格古要論

定武以玉兎金龜爲證此不足之證〻當以拙如椎含蓄如瑣窗處子一字一換轉秃毫之致可掬也此本柯丹邱家藏余以三十四千得之王子廓用四十貂皮易之 邢子愿跋

蘭亭繭帋既入昭陵書家之論以定武本為第一熙寧間納諸禁中或云此石亦殉裕陵則是人間不合有是本矣按歐陽永叔集古錄謂定武二民家各有一石較之纖毫無異然則定武原有二本也相傳趙子固覆舟於嘉興疾呼蘭亭在否舟人負以出子固大書云性命可輕此寶難得好事者目為佳話又子昂仕元子固不仕其弟過之行後拂塵於坐以余觀袁伯長跋禊帖稱子固死帖入賈相家賈敗籍於官

有官印然則子固卒於宋未亡之前侗長所云蓋不誣矣茲来柘湖覩定武本則未知孫次公所納石與柳薛向所藏石與要之肥瘦適中努啄生動勝於他本因以所聞述之　曝書亭集

東陽本蘭亭序

按王劉清揮麈錄云薛紹彭既易定武石刻裕陵取入靖康之亂金兵悉取御府珍寶而北此石非其所識獨得留焉適宗汝霖爲留守見之併取內府所掠不盡之物馳進高宗駐蹕維揚得而愛之置

諸左右踰月金兵至倉卒渡江亟奔杭州遂失此石及向子固爲揚師高宗令寘摉之竟不獲茲余承乏兩淮運使治維揚石壖寺者古之木蘭院也寺僧浚井掘出此石缺其一角字多剥落然書法遒勁較之世傳歐陽率更摹本逼真遠甚其紹彭所易高宗所失者與政淂紹彭易時鐫損天流帶右數字果然因稽来歷此石失於宋建炎己酉至我明宣德庚戌實三百有二年矣嗟〻此石一物也而得失有時向以亂季而失今以盛世而出豈偶然哉

因紀其顛末以告來者　何士英跋

瘦本定武帖缺角處有柯九思印盖其所藏也姜白石言蘭亭石本以有鋒芒稜角爲正此本羣帶右流天五字已缺而鋒穎神采奕奕擟法之最工者也濟南邢子愿曾翻刻之視此相去千里矣甲午始來余家余曾題之云昔人謂評蘭亭如聚訟其實有不然者蘭亭之有定武如衆星之有斗群峯之有嶽也舉目可辨寧待聚訟乎蘭亭之妙法度悉備而不以法見神力俱足而不以力

見所謂純緜裹鉄此其是矣宋人極力規撫不下百本或學其純緜而失之嫵媚或學其褁鉄而失之硬直即面貌已遠况精神乎此本在趙中舍士禎家濟南邢太僕得之太僕殁歸於新城王氏兵亂淄川人以五斗米易得携至京師不知重也劉安卿見之歎賞其人乃珍秘之時余物色定武帖不得再四購求不許其人愛余唐人維摩説法圖及宣鑄乳鑪乃彼此相易未幾趙子固所藏五字未損本亦至予固本肥此本瘦盖經有學

薄溼燥之不同寔一石也於是字内秀氣盡在我几研前矣銷夏記

往有吳寧之游訪及蘭亭石刻金職蕃語余云曩者某令去任時舁此石而去庠士三人追之及以爭奪致石碎爲三矣三人各藏其一於家搨則合之搨畢仍各歸焉以故搨之不甚便嘗以一本贈余余謝以詩有湯言優孟衣冠是須認廬山面目真之句據職蕃言他刻多唐人臨本此刻摹自真跡也心齋筆記

余所得定武蘭亭一本前有定武二小字一本前有定武蘭亭四行楷字内缺三十二字一本前有定武蘭亭四小字有神品二字小印一本前有定武正本四字有賈平章家藏六字一本有唐模瘦本四字一本前有臨晉王羲之蘭亭叙八行楷字一本東陽本有何都運跋又有前無題字後無跋語者數十本肥瘦不同各見妙趣所傳薛紹彭刻損湍流帶右天五字蘭亭攷所載諸家之言皆然按東陽本湍字不損羣

字則損銷夏記所云是也何都運跡中但云
天流帶右亦不及湍字　光暎識

賜潘貴妃蘭亭序

世傳王羲之書蘭亭叙惟定武所藏石刻獨得其真乃歐陽詢所摹刻之唐內府者也熹嘗見三本肥墨不同而字跡無異縉紳題者剖析毫末議論紛然大約奇秀渾成無如此搨陳舍人至浙東極論書法携此本觀之看來後世書者刻者不能及矣亦可為一慨云淳熙壬寅歲渊

東提舉常平司新安朱熹記題帖後

此禊帖所謂蘭亭叙正本賜潘貴妃者及秘殿圖印乃是作一小冊子於綾面書記耳是元初人裝[illegible]池皆零落後有朱紫陽及柯丹邱題仲穆諸公跋末又一老僧作胡語末云付之東屏永鎮山門按趙吴興獨孤長老蘭亭十三跋内稱吴中北禪主僧東屏有定武蘭亭從其借觀不可一旦得此喜不自勝獨孤之與東屏其賢不肖可知也此本爲六觀堂周氏世藏豈真北禪

物耶第細看是木本及取姜堯章偏傍攷証之所謂仰字如針眼殊字如蟹爪列字如丁形云字微帶肉頗可據他未必盡尒又中所註曾字乃作一鈎磔黃長睿謂押縫僧字之誤今亦不然也字形視他本差大而中多行筆雄逸圓秀天真爛然又聖教序古刻佳字皆從此中摹出吾不知於定武何如復州以下皆當雁行矣始吾一再題皆謂定武不能辨木本所以後閱米海岳書史稱泗州杜氏收唐刻板本蘭亭與吾家所收

俱有鋒勢筆活回視定本及世妄刻之本異又云錢塘關景仁收唐石本佳於定武不及余家板本遠甚米高自標樹乃尔即世所聞三米蘭亭是也理廟題作正本且所謂有鋒勢筆活語豈三米耶抑杜氏本耶若老僧付東屛一跋恐是好事者附會成畫蛇足耳語云蘭亭如聚訟吾嚮者不熟律湯為長歌遂作一番錯斷公案然此本亦自不辱也　弇州山人稿

閣前人跋語監本東陽本皆為定武凡屬云定

武者字形一同止分肥瘦此本字形迥異全似聖
教序宜非定武矣朱文公題語定爲定武本必有
所據則凡世人所謂定武者非矣而趙文敏借東
屏本不與獨孤肖借因歎其賢不肖則獨孤本
宜與東屏本同而文敏所臨本字形又悉同於凡
世所云定武者雖定武云有三本又云悉一石所摹
不應不同若此〻是彼非彼非此是未能折衷敢質
諸高明 王典在跋
此本前書蘭亭叙正本賜潘貴妃後有老僧付

東屏跋有朱文公跋余觀此本筆法殊類聖教朱夫子所謂奇秀渾成者也又一本前無題後無跋者筆法相類而意思更古有長洲王祖枝墨筆跋最稱賞之又一本前有賜潘貴妃四字者甚不佳　光暎識

監本蘭亭序

蘭亭自殉昭陵後人間僅留歐虞褚薛四臨本今虞褚尚有墨跡爲好事家所藏以余所見聲價俱重然斷以爲二公真手筆則終未敢定也楔

帖石刻以定武爲正嫡子孫石晉時爲契丹將去帝羓歸日棄置中途今所傳宋搨本皆屬之定武然其價已不貲頃乙酉丙戌間北雍治地掘得一石其行款肥瘦與定武畧同説者遂以爲真廣運時所棄即未必然固亦佳刻時吴中韓敬堂宗伯爲祭酒搨得數百本以貽友朋今石已敲摹年久漸就剝蝕并韓初搨已不可得矣今曰褚摹曰王枕曰寶晉齋曰神龍本絲絲翻刻幾數十種又出桑世昌蘭亭攷之外不可勝紀

然質之定武則遠矣 飛鳧人語畧
書至右軍入聖右軍書至蘭亭而變化無方後人評品以定武本為最歐陽率更所臨也流傳有玉有石有棠梨版字有濶行有𢿱損有肥有瘦有始肥終瘦各本不同相傳石晉廣運中契丹輦歸棄之中道而縈次新言宋定國使金云在中京中京遼之南京金海陵改為中都即燕京也吾鄉沈先輩虎臣撰野獲編云萬曆乙酉丙戌間北雍治地

淂禊帖行款肥瘦與定武本畧同識者疑是廣運所棄石時長洲韓公存良官國子祭酒拓數百本遺友朋合之次新所述或即薛氏摹勒未可定尔　曝書亭集

蘭亭序以定武本爲最佳其真者已不可淂即宋人重刻之本存於世者亦少惟京師國子監一石爲諸家刻本之冠然不知其所自来元史周伯琦傳言順帝以伯琦工書法命摹王羲之所書蘭亭序智永千字文刻石宣

文閣中意此佰琦所摹後人因閣癈而移於此也金石文字記

此本明初出於天師菴土中送置國學字法遒秀氣味深厚宋人諸家所臨遠不及矣每疑燕京自石晉後淪於外境此石何時所刻何時入土定在石晉以前姜堯章云定武本在官庫中熈寧中薛紹彭刻一副本易之取原石刻損五字以歸此本五字未損或薛氏所刻副本乎又云大觀間詔取薛氏所藏石龕置宣和殿內丙午寇至與岐陽石鼓俱載

而北今石鼓具在而蘭亭何在此本五字未刻損

非薛氏所藏石也蓋定武今之定州也去京師不

遠薛氏所臨副本金元人移之於此理或然

也銷夏記

國學本相傳即是薛紹彭所刻攷紹彭欲易真

本別刻一本其父師正不辨其僞數日乃悟曰頗

瘦則此本幾可亂真矣紹彭又刻一肥本今國

學本是瘦本非肥本也光暎識

天曆之寶蘭亭序

三九

唐相褚河南臨禊帖白麻墨跡一卷曾入元文宗御府有天曆之寶及宣政紹興諸小璽宋景濂小楷題跋吾鄉張東海先生觀於曹涇楊氏之衍澤樓蓋雲間世家所藏也筆法飛舞神采奕奕可想見右軍真本風流寔為希代之寶余得之吳太學每以勝日展玩輙為心開至於手臨不一三卷止矣苦其難合也容臺集

董文敏極賞此帖墨跡余收得石本所云天曆之寶及諸小璽皆存而宋跋不存焉此本

肥而有骨逸而不佻可想見墨跡之妙摹刻可謂最工其年月無可攷石微有損壞大抵元時所刻也如在明代則以宋學士之題跋豈不增重而乃刪去耶文敏不言及石刻或偶不及見此且自跋墨跡不言石本固無足怪耳 光暎識

神龍本蘭亭序

蘭亭序在唐貞觀中舊有二本其一入昭陵其一當神龍中太平公主借出搨摹遂亡

其後温韜發諸陵蘭亭復出太宗朝留神
書學嘗出使購求羲文諸書當時已無蘭
亭矣仁祖復尚書篆求於四方時關中得蘭
亭墨書入錄字畫不逮逸少他書其後秘閣
用此刻石爲後法帖今諸處蘭亭本至有十
數惟定州舊石爲勝此書雖知皆唐人臨搨然
亦自有佳致若點畫校量固有勝劣惟仿
像得真爲最佳也　廣川書跋
評禊帖者十九多推定武獨陳長方謂唐人模

本非定武石刻所能及是本有神龍半印正唐
人摹本也墨跡存項子京天籟閣今授其子
德弘鋟諸石康熙壬午夏余購得之經熙寧
元豐諸賢審定元人賞識畧同比於瘦本差
肥然抑揚得所骨力相稱假令孫莘老見之
定移入墨妙亭矣　曝書亭集
神龍蘭亭吾邑項氏刻石有項氏印記今歸
潛采堂朱氏先有刻於烏鎮王氏者有王氏
印記此二本前後二小半印神龍二字而余文

淂二本一則前有左半印後無右半印或擱者遺之一則前有左半印而右半印在中間此其異也四本皆佳尤以半印在中間者爲最每一展閲其恬静古穆非諸刻所及又有李氏續帖本萬曆庚戌年刻似從此本鉤摹者已損其妙 光暎識

米跋褚摹蘭亭序

蘭亭叙以行款爲重米元章淂褚摹真跡割截成袖珎帖乃知續皃截鶴皆不爲害容

昔人稱宋搨蘭亭自定武外以復州爲滕豫章次之劉無言重刻張澂褚摹蘭亭爲第三本今此帖稱張澂摹勒上石盖昔人偶未見澂原石耳所謂循王家藏本恐不甘復州豫章下也記余少時得石刻褚摹禊帖前四字爲張即之書次爲馬軾圖褚摹狀又次爲米元章跋及賛於尾云元祐戊辰獲此書崇寧壬午六月大江濟川亭舟對紫金避暑手裝

禊帖之下僅紹興二字御記及後有政和六年夏汝南裝觀察使印而已餘七印皆米氏識也英景閣吴中陳叅酒緝熈得此本謁館閣諸大老跋凡十有三雙鈎入石余獲石本後十餘年而陳裔孫以墨本来售僅餘忠安等五跋而增元陳涤十三跋於前詰之則曰近以倭難竄身失後毀亦耳陳涤書尚固未登石也余時不甚了了損三十千收之踰月小間較以石本不及遠甚又踰年攜都元敬書畫見聞

記云祭酒沒此卷燬於火余悶悶不能已然怪所以存此五跋者蓋陳命工吏臨一本而刻此跋以授少子今此其本也又數年始獲此宋搨本內有范文正仲淹王文忠堯臣手書杜祁公蘇才翁印識及米老題贊與前本同異幾二十許字跂之米老書史無一不合而光堯秘記數文鑒定又甚明確始悟陳所得蓋米本耳陳本輕俊自肆至米跋翻翻可喜使他人故不易辦此然亦不敢出入乃尔意米老嘗別為臨本以

四十三

應人又懼異時奪嫡故錯綜之耶此老白戰慱
書畫船其自叙以王維雪景六幅李主翎毛
徐熙梨花易之損虆裝矣能無作此狡獪
也余不足言獨怪陳以平生精力與諸老先生
法眼不能辨故詳記其事於張本以歎失真
賞之不易得也余㕑本爲友人尤子求乞去余
笑曰售之第無損人三十千　弇州山人稿

褚摹禊帖先是宋張澂刻石所謂循王家本也

劉無言重刻明英景間陳祭酒緝熙又刻王

氏欝岡齋帖亦有之余所得本米老題較王本字句之不同者甚多竊所不解又容臺集言元章得褚摹真跡割截成袖珎帖而王本與余所得本皆非袖珎有作袖珎者海寧陳氏刻入渤海藏真帖中近又見劉孟倬方伯所刻其所題與王本同按王弇州題褚摹禊帖有云意米老當別爲贋本其言大抵不誣所以題有不同又有袖珎非袖珎之異耳余所得本所題與弇州言少時所見者合徵有湯滤而古意

蓋然即非宋刻亦自可貴余姊夫王典在云凡蘭亭本領字無山惟褚摹本作嶺孫北海所刻跋稱稧帖領字從山本固別其爲褚摹也　光暎識

潁上井底蘭亭序

此石出最晚萬曆間始有得之於潁上井中者與黃庭共一石不知其刻自何年風滑完美意態娑然余初見而大驚乃拓之同籍田寗二君致本甚富及海內漸知有此刻搨工至

集四十年來石損壞因有持示余者大非昔日出井之初矣余倍爲惋惜幸其釁致有此也大抵蘭亭之患患在模多字形空存全無筆意而右軍之妙妙在筆意字形非所計矣如此安見右軍於蘭亭中乎則此刻之勝俗所借名定武者多已況刻即潛于地下數百年是起古人於旦夕寧不爲書家奇遘耶 墨林快事

潁上縣有井夜放白光如虹亘天縣令異之乃令

人滌井中得一石六銅罍其石所刻黄庭經蘭亭記皆宋刻也余得此本以較各帖所刻湝在其下當是米南宫所摹入石者其筆法頗似耳辛卯四月舟泊徐州黄河岸書容臺集

嘉靖八年穎上村民耕得此石送縣治縣官都不省視送之學宫學官亦不復省視齋夫移置鄰壁磨房凡來磑者俱坐其上真如明妃嫁呼韓有餘辱矣逮丁酉清明孔文谷先生涖憲此邦聞而索之亟屬姜尹僉龍諸明倫堂

中黄庭另一石龕左右列此本搨法不減周藩東書禊序初搨墨光如漆何必李廷珪潘谷乎　邢子愿

嘉靖中顛上人見地有奇光發得古井函一石上刻蘭亭黄庭經前有思古齋石刻五篆字下有唐臨絹本四楷字復有墨妙筆精小印印細而匀疑是元人物識者定爲褚河南筆曰唐以諸臣臨本頒賜天下學宫事或然也初搨不斁張希惡而字甚完好次搨希墨

皆精蘭亭額字遂爾殘缺最後爲一俗令妄補大可憎且搨皆竹紙草畧殊甚僅存形似耳今此石碎已久即竹紙者亦不易得余游金斗時得一本猶是次搨固足寶也筠廊偶筆

潁上縣王版蘭亭黄庭本出井中藏於縣庫後又摹刻一本寘文廟中明末流寇之亂庫石碎於賊惟摹本尚存學宮居易録

此帖筠廊偶筆云始搨字甚完好次搨額字已殘缺補之者可憎今則石碎久矣不言缺字

余所得本缺二十七字而無碎石痕跡當是原刻所缺類字誠可憎知是次搨也字畫圓勁流整意有餘閑美無不具字缺何害其爲善本乎後有李陽春補全本改補類字亦不佳各刻類字行書李作正書一誤正書米下从大而李因舊補从女又誤又名爲補二十七字實則通本重摹而刻之筆法殊嫩遜缺字本多矣余處有白榆徐先生臨缺字本墨跡可知此本固書家之所重也家藏此帖有三本

其一稍覺漫漶蓋次搨而有先後耳 光睽識

宋憲聖吳皇后蘭亭序

慈福皇太后（高宗内禪稱吳皇后為太上皇后名所御殿曰慈福）喜親翰墨尤愛蘭亭常作小楷一本全是王體流傳内外故陸升之代劉珙造春帖子有云内仗朝初退朝曦滿翠屏硯池添不凍端爲寫蘭亭 桑世昌蘭亭博議

憲聖慈烈皇后嘗臨蘭亭帖佚在人間咸寧郡王韓世忠得之表獻上驗璽文知爲中宮

臨本賜保康軍節度使吴益刋於石　蘭亭攷

東書堂帖初刻無此本蓋後人續入許人傳聞乃先憲王宮中人所臨後人悞收傳以宋后然莫可詰也攷之蘭亭各刻中元自有小字一本比世傳定武微減細豔冶明媚如不勝羅綺或藩府兼有此本遂疑以爲婦人之書與然蘭雪軒蘭亭至五六本此獨不在焉何也集中又有徽主一臨本樸直窘急大不及此則人之材質已定即前規在目固有不可

强者乎昔永叔集古録以髙氏兩碑為婦人僅見豈生此一班以足奇話耶乃書苟可取不問其婦人與否總之宇宙之靈氣耳　墨林快事

陸玄素摹唐摹蘭亭序

右甫里陸繼之摹右軍蘭亭序唐太宗既得蘭亭真本命當時群臣能書者搨賜諸王余平日所見何啻數十本求其弄翰能存右軍筆意者蓋止二三耳此卷自褚

河南本中出飄撇醖藉大有古意一洗定武之習爲可尚也今世學書者但知守定武刻本之法寧知繭紙龍跳虎臥之遺意哉繭紙既不可復見得見唐摹斯可矣唐摹世亦艱得之保茲卷勝世傳石刻多矣當有精於賞鑒以吾言爲然 柯九思

先兄子順父得唐人摹蘭亭序三卷其一迺東昌高公家物余竊慕焉異日見用河北鼠毫製筆精甚因念常侍先師筠菴姚先

生文敏趙公聞雙鉤填廓之法遂從兄假而效之前後凡五經兄見而喜輒懷去已而兄卒其所藏皆散逸至元戊寅夏得此於兄故隸家既喜且慨吁吾兄不復生唐摹不復見予年已中六不復可爲撫卷增歎 陸繼善

舊見馮承素米禮部及趙文敏公所臨禊帖未嘗苟同今觀此本筆勢翩翩風神峻發文絶異欲以參較之而不能不以四者之難并爲恨也

黃溍

蘭亭璽紙固不可得見茍非唐世臨摹之多後之人寧復窺其彷彿哉今觀陸氏素雙鈎一卷筆意具在展玩不忍舍置也倪瓚已上四跋皆刻在帖本

薛稷臨蘭亭序

薛少保臨本罕見於評論唯沈景倩飛鳧語畧謂蘭亭自殉昭陵後人間僅留歐虞褚薛四臨本云云按唐書本傳稷外祖魏徵家多藏虞褚書故銳精臨倣結體遒麗遂以書名天下又書斷云薛稷書師褚河南尤高綺

五十

硇媚好膚肉得師之半矣今覯此帖洵然 光瑛書

小字蘭亭序

定武禊帖惟賈秋壑所藏至百餘本其客廖瑩中縮爲小本或云唐時褚河南已有之此本余巳丑所書亦從館師韓宗伯借褚摹縮爲蠅頭體第非定武帖耳 容臺集

蘭亭帖自唐以後分二派其一出於褚河南是爲唐臨本其一出於歐陽率更是爲定武本若玉枕本則河南始縮爲小體或謂率更亦

嘗爲之宋景定間賈氏柄國凡蘭亭遺刻之在世者鮮不資其玩好此本後有右軍小像且題曰秋壑珍玩其賈氏所重刻者耶王忠文集

董華亭縮褚摹本猶未爲蠅頭也趙松雪有蠅頭書刻在麻姑山顏碑之陰近陳香泉太守臨玉枕本字樣同趙而筆畫更細其自跋云臨有三本余所得石刻蓋第三本筆意舒展自如若絶不知作小字者以視前賢有過之無不及也曾于坊間見翻刻本遠不如

此矣　光暎識

草書蘭亭序

余初見此帖大駭已論與右軍存跡毫髮不相似其縱愕生釋即唐開元以前無之獨於楷策處小近筆陣圖耳楊用修謂筆陣圖乃江南李後主僞作及覽蔡子正跋尾謂陶穀學士得之李後主所後穀之裔孫遺之且云迹者定州石刻小字朝廷尚取而置之禁中則此書尤可寶重也蓋陶性貪甚而篤識

又以豪壓李主所以句奪無厭李故用懷琳故事作僞書裝潢古色以戲陶〻果不察而寶藏之其孫又賂子正於樞廷代朱提而蔡文不察最後降虜强作解事引沈學士饑鷹夜歸渴驥奔泉語與之石俱可笑也世固有寶燕石者猶似玉也此書固朴之於璞哉 弇州山人稿

宋搨黄庭經

黄庭經二篇皆不著書人姓名余得後本已愛其字不俗遂録之既而又得前本於殿中丞張造

造好古君子也自言家藏此本數世矣與其藏於家不若附見余之集録可以傳之不朽也余因以舊本較其優劣而並存之使覽者得以自擇焉世傳王羲之常寫黄庭經此豈其遺法耶 集古録

黄庭世有數本或響搨或刋刻皆正書蓋六朝及唐人轉相摹仿所以不同此卷臨學殊工字勢源仿歐率更固自合作殊可佳歎世傳黄庭真帖爲逸少書僕嘗攷之非也按陶

隱居真誥翼真檢論上清真經始末云晉哀帝興寧二年南岳魏夫人所授弟子司徒公府長史楊君使作隸字寫出以傳護軍長史許君及子上計掾〻以付子黄民〻以傳孔默後爲王興先竊寫之始濟浙江遇風淪漂以真誥校惟有黄庭一篇得存蓋此經也僕按甲子歲逸少以晉穆帝升平五年卒是年歲在辛酉後二年即哀帝興寧二年始降黄庭於世安得逸少豫書之又按梁虞龢論書表

云山陰曇壤村養鵝道士謂羲之曰久欲寫
河上公老子縑素早辦而無人能書府君
若能自屈書道德經兩章便合群以奉於
是羲之便停半日爲寫畢攜鵝去而晉書
本傳亦著道士云爲寫道德經當舉群相
贈耳初未嘗言寫黃庭也以二書致之郎黃
庭非逸少書無疑然陶隱居與梁武帝啟
云逸少有名之跡不過數首黃庭勸進告
誓等不審猶有存否蓋此啓在著真誥

前故未之攷訛耳至唐張懷瓘作書估云樂毅
黄庭但得成篇即爲國寶遂悮以爲逸少
書李太白承之作詩山陰道士如相見應寫
黄庭换白鵝苟欲随之耳初未嘗攷之而韓退
之第云數紙尚可博白鵝而不云黄庭豈非
覺其謬與然今此帖始見於梁代蓋晋興
寧以後或宋齊人書也僕頃在洛見冢直郎
李鵬擧家畜此帖一卷乃唐褚令摹單廓
未填筆勢精善乃錢思公家本歸玉軸

黃庭中有五行為周越摹搨之今歸御府矣世所傳本無出其右今題此卷聊尒論之東觀餘論

宋黃伯思東觀餘論辨駁古今法書最為精刻乃其辨黃庭經一節實欠詳審已下述伯思所云余已全錄之於前故刪去伯思自以為至當矣不知右軍寫道德經換鵝又寫黃庭經換鵞自是兩番事而太白詩亦兩見一云右軍本清真瀟洒在風塵山陰遇羽客要此好鵝賓掃素寫道

德筆精妙入神書罷籠鵝去何曾別主人一云
鏡湖清水漾晴波狂客歸舟逸興多山陰
道士如相見應寫黃庭換白鵝實互用之也
攷道藏黃庭有數種有內景黃庭有外景
黃庭又有黃庭遁甲緣身經黃庭玉軸經
魏夫人所出乃內景一種係楊真人羲寫其
外景經元君所作先出行世右軍所書爾不
相涵也張懷瓘書斷張彥遠法書要錄並
載右軍黃庭六十行褚遂良右軍書目黃

庭經書與山陰道士其時真跡自在又武平一徐氏法書記親在禁中見武后曝書太宗所遺者六十餘函有黃庭何所復疑哉他人無誤正伯思自誤耳 六硯齋

右軍書黃庭經有以時代置喙者有謂爲吴通微筆者如黃伯思董逌輩要是胷中微有書眼中無珠耳無論陶通明啓事可據試取宋搨石本觀之唐以後人能辨此否也趙吴興臨筆精微之甚第不可合看合之則石

本如絳雲在霄舒卷自如臨本或不免羊欣之歎耳吾此語殊有意須於宣城諸葛家叩之乃能得所以　王弇州題

昔人謂右軍黃庭不傳世而傳者乃吴通微學士書余所見多文氏停雲館本往往纖促無復遺藴以爲真通微贋作及覩此宋搨乃木本耳而增損鍾筆圓勁古雅小法楷法種種臻妙乃知停雲自是文氏家書耳且通微院吏體安能辦此狡獪耶曾君其寶之異日受白雲子訣見

飛天僊人鸞鶴時更當一大快也
黄長睿以陶隱居翼真檢興寧二年南岳魏
夫人授弟子楊君黄庭經使作隸字寫傳許
長史時右軍沒已二歲爲辨然隱居上梁武
書云逸少有名之跡黄庭勸進不審猶得
存否長睿以隱居破隱居亦似癡人説夢也弟
唐人謂是换鵝經則可笑耳此木本宋搨摹
拓展轉失真而中間尚存意態如所謂王謝
家子弟猶可想也　二條　弇州山人稿

褚登善於西堂錄右軍書目正書止樂毅論黃庭經東方朔贊三種而已此外太史箴大雅吟不傳遺教經譌訣過半樂毅論亦亡其一角惟黃庭經獨完宋人謂其不類疑後世依仿爲之然登善著錄其爲右軍書信矣余嘗論周公孔子之文屈原之楚辭篇各異體不成一家之言右軍於書亦若是也曇雲壞摸鶩之後傳刻者衆漸失其真佳本難得斯於謹柬中審視之似雖橫逸生面畢露殆汴

京名手所鐫亦名手所拓洵銘心絕品也已曝書亭集

潁上井底思古齋黃庭經

黃庭經以思古齋爲第一乃遂良所臨也淳熙續帖亦有之

吳用卿得此卷余乍展三四行即定爲唐人臨右軍既闋竟中間于淵字皆有缺筆盖高祖諱淵故虞褚諸公不敢觸耳小字難於寬展而有餘又以蕭散古淡爲貴顧世人

知者絶少能於此卷細參當知吾言不謬也

黄庭經稍近鍾體與樂毅論東方像贊小異宋時所刻是吴通微摹本又經王著臨手已非右軍本色惟米元章書史所載褚河南綠綾臨本致佳耳

此搨當是褚本余曾於沈純甫司馬齋頭見之今歸問卿收藏弇州先生所謂日臨一本當作飛天僊人者是在問卿矣 已上容臺集

余所蓄最淳古黄庭既爲海内鑒定家評

爲第一矣嗣又得潁上井底本與禊序并爲一石似宋盛日所刻故以金彝之亂沉井中耳此石字體大不類淳古文纖利細帖却最與内景全本相似蓋在梁陳時書者不一臨者亦不一又可信黄庭之不出於右軍也而此與禊序一石又以明宋以來人漸以之屬右軍矣而東書堂帖遂又以内景爲右軍令人知内景之非會稽而不能決此之非王也然字實可以名之王而無忝則王非王何害況古人已有信而好之者余

乃仍之王籍亦猶東書堂之志也　墨林快事

右軍筆陣圖

筆陣圖有二本一本刻自周邸者小額歐陽率更僞本無疑此本作行筆而稍大數行之後筋距横出至訛張昶爲張旭蓋亦非真跡也或云出江南李主手李用筆踈而婉媚此則遒勁有格恐亦非宋人所可到也　弇州山人稿

筆陣圖乃羊欣作李後主續之今陝西刻石李後主書也以爲羲之誤矣　天祿識餘

舊搨玉版十三行

此刻傳爲賈秋壑家藏武林陸正伯於葛嶺掘地得之石色如瑪瑙其底嶔崎不平作架扶之乃可搨耳余所見十三行頗多求如此帖光采陸離殊不可得惠余者郎午在三也併紀以志感行童錢光繡書於孤竹菴

墨跡跋

翁藏玉版十三行

陸氷修先生云賈秋壑得子敬十三行鐫於

于闐碧玉萬曆間或從葛嶺斫地獲之歸㳟和
令陸夢鶴朱文盎云此非宋刻也乃錢塘洪清
遠所刻余從祖四桂老人親見玉工鐫字是二說者
向未知其孰是甲申三月於維揚吳禹聲家見
宋搨本與此纖毫無異但我字戈法尚細宣
和印宣字尚全耳始信宋時已有此刻若洪
氏本亦於維揚杜氏見之妍媸不啻霄壤文
盎徒聞四桂老人之言遂誤認爲一不知其又
從此本翻刻也至陸說余亦未敢深信蓋此

刻獨有宣和印而無悅生長字印又無米友仁跋與容臺集所載秋壑家晉時麻牋不同豈秋壑所刻非麻牋耶抑此玉不刻於秋壑而刻於宣和耶自泰和後又經觀橋葉氏王氏數年前轉入京師主者意欲閒售余謂同里諸公曰此吾浙舊物也豈忍使之流落於此蘿軒先生遂以重價購之乙酉丙戌間余客閩中蘿軒則揹學嶺南貽余墨搨數本且屬余考其源流因為述所聞見如此若夫字之秀勁圓潤行

世小楷無出其右者趙文敏題曹娥卷云親見吕仙闇吹玉笛余於此刻亦云 楊可師跋

右帖圓勁瘦硬運腕靈活剥蝕之餘彌見精采其爲宋刻無疑非近代所能規摹也潯吾友可師論定之益信癸未之春持節嶺南携之行篋至丙戌立秋日謝任蕭然無事以端州一片石識其本末後人其慎守之無忽 翁蘿軒跋

王子敬十三行

王獻之所書洛神賦十三行二百五十字人間止

有此本是晉時麻牋字畫神逸墨彩飛動
紹興間思陵極力搜訪僅獲九行一百七十六字
所以米友仁跋作九行定為真跡宋末賈似道執
國柄不知何許復得四行七十四字欲續于後則
與九行之跋自相乖忤故以紹興所得九行裝於
前仍依紹興以小璽款之郤以續得四行裝於
後以悅生胡蘆印及長字印款之耳孟頫
數年前竊祿翰苑日在都下見此神物
託集賢大學士陳公顯委曲購之既而孟頫

告歸延祐庚申忽有僧䦨門持陳公書并此卷數千里見遺云陳公意甚勤〻也陳公誠磊落篤實之士不失信於一言豈易得也因併及之至治辛酉既裝池適老疾不能跋壬戌閏五月十八日雨後稍涼力疾書於松雪齋

又有一本是宣和書譜中所收七璽完然〻是唐人硬黃紙所書而畧高一分来六同十三行一百五十字筆畫沉著大令韻勝余屢嘗細觀當是唐人所臨後却有柳公權跋兩行三十二

字云子敬好寫洛神賦人間合有數本此其一焉寶曆元年正月廿四日起居郎柳公權記所以吾不敢以爲真跡者蓋晉唐帋異亦不可不知也　二條松雪齋集

子敬能作方丈大字觀其細書巧妙方丈不足爲大令右軍法雖同其放肆豪邁大令差異古人用功精深所以絶迹也治平三年三月廿八日襄　刻帖後

趙文敏得宋思陵十三行於陳灝蓋賈似道所

購先九行後四行以悦生印款之此子敬真跡至
我朝惟存唐摹耳無論神采即形模已不相
肖惟晉陵唐太常家藏宋搨爲當今第一曽
一見於長安臨寫石刻恨趙吳興有此墨跡未
盡其趣蓋吳興所少正洛神蹤雋之法使我得
之故當不啻也　容臺集
子敬洛神賦舊僅見石本十三行今刻之吳中
章氏者雖結法小異翩翩有格外姿態昔
人評右軍洛神如凌波僊女今絶不可復得

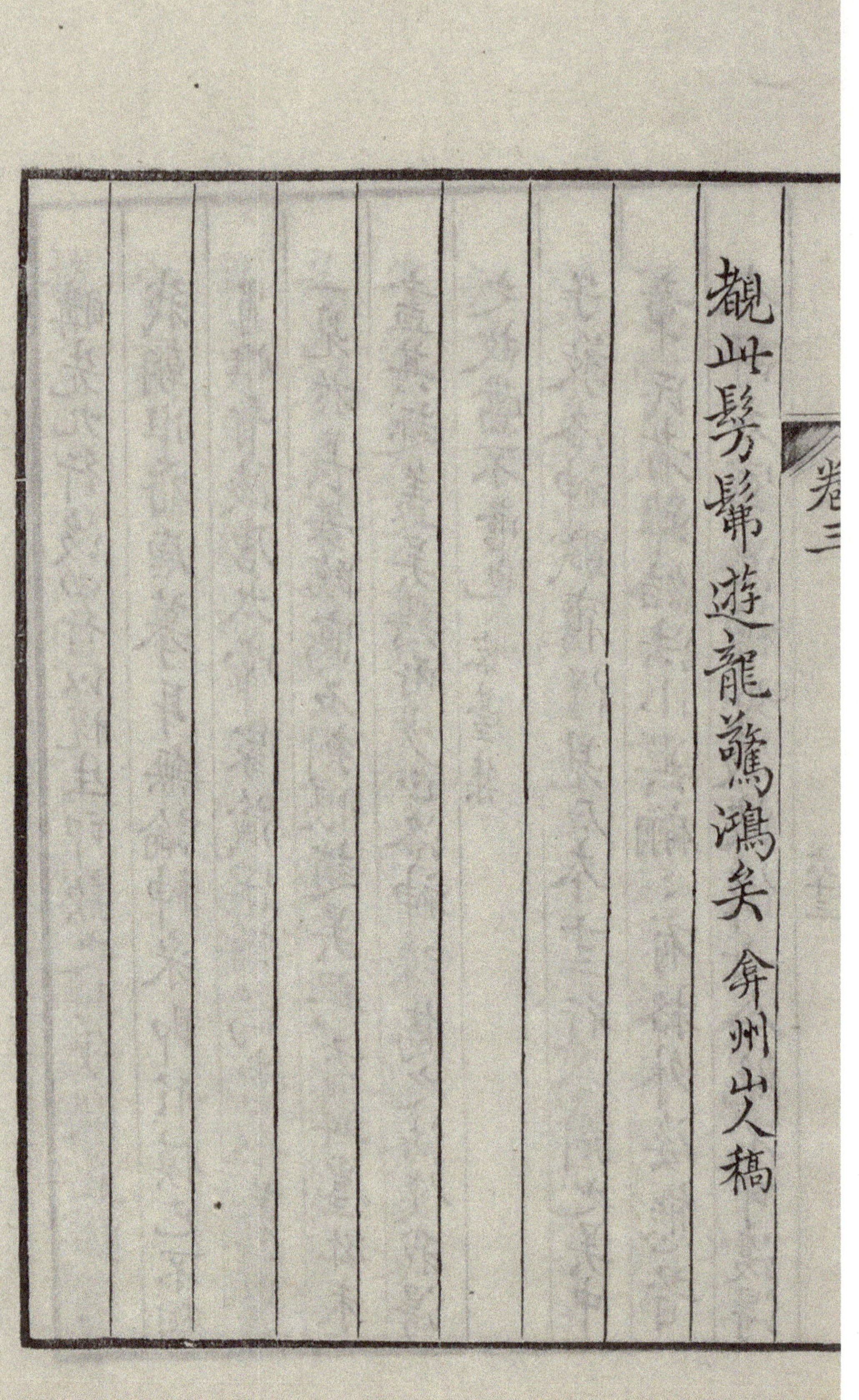

觀此髣髴遊龍驚鴻矣　弇州山人稿

卷三

瘞鶴銘

瘞鶴銘攷汪退谷太史一編最為詳核今依其本錄之

鶴壽不知其紀也壬辰歲得於華（闕一字當甲為亭）午歲化於朱方天其未遂吾翔（闕一字當為寥）廓耶奚奪（闕一字）遽也迺裹以玄黃之幣藏乎茲山之下仙家無（闕四字）我（竹艸字不全）故立石旌事篆銘不朽詞曰

相彼胎禽浮邱闕二字余欲無言尔闕五字當有雷門二字

去鼓闕一字當作華表留闕二字當為形義唯髣髴事亦微

寘尔將何之解化闕五字丿此字不全又闕五字惟寧後蕩

洪波前固重扃右害莽尸〻〻又闕八字華亭爰

集真侶塵尔闕二字或文但止於此未可知也丹陽真宰此四字不

知其次　邱字非銘文奉今上欽定字後同

右鄮資政攷次瘞鶴銘文附東觀餘論卷後

按今現存石云相此胎禽則此云相彼胎禽者

誤石云後蕩洪流此云洪波者誤

瘞鶴銘　華陽真逸撰　上皇山樵闕一本有書字

鶴壽不知其紀也壬辰歲得於華闕一字當爲亭甲午歲化於朱方天其未遂吾翔闕一字當爲寥廓邪奚奪字闕一遽也迺裹以玄黄之幣藏乎兹山之下仙家無字闕四我竹此字不完故立石旌其事篆銘不朽詞曰

相此胎禽浮邱字闕二余欲無言闕三字當有雷門二字去鼓闕一字當爲華表留闕二字當爲形義唯髣髴事亦微冥尔將何之解化字闕五丿此字不完又闕一字惟寧後蕩洪流前

囿重扃右此六字不完又闕八字華亭旻集真侶瘞尒闕兩字或但止于此未可知也丹楊真宰此四字不知其次

右張子厚記瘞鶴銘文載廣川書跋

按今現存石云旌事篆銘此云旌甚事者誤也

按此本惟寧上云一字不完又闕一字郤本云闕五字今現存石惟寧上有厥土二字凜秬闕一字郤本或傳寫之誤

按銘文華亭上郤本云不全五字又闕八字

此本云不完六字又闕八字今現存石上有瘞壇
勢揜四字此古人所未見惟張力臣所得字有
之

鶴壽不知其紀壬辰歲得於華亭甲午歲化
於朱方天其未遂吾翔寥廓耶奚奪余仙
鶴之遽也迺裹以玄黃之幣藏之茲山之下故
立石旌事篆銘不朽詞曰
相此胎禽仙家之真山陰降迹華表留名真
唯彷彿事亦微冥西竹法里宰尓歲辰鳴語

解化浮郎去華左取曺國右割荊門後蕩洪流前固重扃我欲無言尓也何明爰集真侶鏖尓作銘宜直示之惟將進寧丹楊僊尉江陰真宰立石

右金山經度唐人書瘞鶴銘文刁景純所得亦見廣川書跋

按此本唐人於經後所書刁學士就金山經度中得之以校郘張二本其字錯亂失序爲多其左取曺國則張力臣圖內取之以補原文

其西竹法里四字則鋑取之以補厥土之上山陰

二字取之以補奠壇之上者也景純名約

瘞鶴銘　華陽真逸譔　上皇山樵

鶴壽不知其紀也壬辰歲得於華亭甲午歲

化於朱方天其未遂吾翔寥廓耶奚奪之

遽也迺裹以玄黃之幣藏茲山之下仙家無隱

故我立石旌事篆銘不朽詞曰

相此胎禽浮邱著經迺徵前事我傳爾銘

余欲無言爾其藏靈雷門去鼓華表留形

四

義唯彷彿事亦微寘尒將何之解化惟寧後

蕩洪流前固重扃右割荊門歷下華亭奚集

真侶瘞尒作銘　丹陽外仙尉　江陰真宰

右輟耕録瘞鶴銘文

按此序文與諸本大略相同惟藏下少一字銘

文較俗本不同二句俗本云出於上真此云我傳

尒銘俗本云紀尒歲辰此云尒其藏靈未下

華亭作歷下爰集譌奚集惟留聲作留

形我惟作義惟與郎張二本不異至我傳

尒銘瘞尒作銘韻既重複義亦相類更不然也

瘞鶴銘并序　華陽真逸撰

鶴壽不知其紀也壬辰歲得於華亭甲午歲化於朱方天其未遂吾翔寥廓耶奚奪之遽也迺裹以玄黄之幣藏乎兹山之下仙家有立石旌事篆銘不朽詞曰

相此胎禽浮邱著經迺徵前事出於上真余欲無言紀尒歲辰玄門去鼓華表留聲我唯

髣髴事亦微寘尔其何之解化惟寧後蕩洪流前固重扃右割荊門未下華亭爰集真侶瘞尔作銘 上皇山樵人逸少書 夆山徵士丹楊外仙尉 江陰真宰立石

右近代流傳瘞鶴銘碑刻文此世所流傳之本海昌陳氏刻之玉烟堂法帖中者也以較鎮江府〻治後石刻臨本皆同惟夆山以下至立石十五字耳又按丹徒縣志載宋咸淳間所存者其文亦同玉烟堂本惟題名夆山

徵士仍作徵君與今現存石字不異耳

按此文較之古本前後改竄文義不同字體譌舛張力臣辨之最詳其上皇山樵下有逸少二字此緣潤州圖經以爲王右軍書故遂增入其傳已久當不始於玉烟堂也大槩前人不曾按原石地位故所補字多少不同如序内仙家下添一有字直接立石字則少六七字浮郎著經下則又多添出八字皆與原石地位不符字之錯訛又其餘矣

右銘文共五本其字句各異今並列於前以備參攷其郃張二本雖缺字數尚與原石地位不亂銘文共二十句後二本只十八句也

右瘞鶴銘題云華陽真逸撰刻於焦山之足常爲江水所沒好事者伺水落時模而傳之往往極得其數字云鶴壽不知其紀而已世以其難得尤以爲奇惟余所得六百餘字獨爲多也按潤州圖經以爲王羲之書字亦奇特然不類羲之筆法而類顔魯公不知何人書也

華陽真逸是顧況道號今不敢遂以爲況

者碑無年月不知何時疑前後有人同斯號

者也集古録集本

右在焦山之足常爲江水所没好事者伺水落

時模而傳之徃徃秪得其數字云鶴壽不知其

幾而已世以其難得尤以爲奇惟余所得獨若

此之多也潤州圖經以爲王羲之書字亦奇放

然不類羲之筆法而類顔魯公不知何人書

也或云華陽真逸是顧況道號銘其所

作也集古録真蹟

按此碑原文首尾不足三百字文忠以爲所得六百餘字盖傳寫之誤當時所得秪六十餘字故東觀餘論以爲印書者誤以十爲百也文忠以華陽真逸爲顧況道號真跡云銘其所作今按廣川書跋云余於崖石上又得唐人詩々在貞觀中已刻銘後銘之刻非顧況時可知此爲定論即歐陽集本亦自改真跡云不敢遽以爲況也

屺瞻云皮襲美顧道士亾弟子乞銘詩云大椿枯後新為記仙鶴亾來始有銘亾用瘞鶴銘事若近出逋翁肯以對莊子乎

右軍嘗戲為龍爪書今不復見余觀瘞鶴銘勢若飛動豈其遺法耶歐陽公以魯公書宋文貞碑得瘞鶴法詳觀其用筆意審如公說　黄山谷題

余嘗戲為人評書云小字莫作癡凍蠅樂毅論勝遺教經大字無過瘞鶴銘隨人作計終後人

自成一家始逼真然適作小楷亦不能擺脱規矩

客曰子何捨子之凍蠅而謂人凍蠅予無以應之

固知書雖棊鞠等技非得不傳之妙未易工也

山谷題樂毅論後

頃見京口斷崖中瘞鶴銘大字右軍書其勝

處乃不可名貌以此觀之遺教經良非右軍筆

畫也若瘞鶴銘斷爲右軍書端使人不疑如

歐薛顔柳數公書最爲端勁然纔得瘞

鶴銘髣髴尒唯魯公宋開府碑瘦健清拔

在四五間 山谷書遺教經後

觀山谷三跋所以推崇瘞鶴銘者至矣直以爲右軍書不疑也

朱方鶴銘陶貞白書在焦山下石頑難刋且爲水泐故字無鋒穎若掘筆書昧者從而斅之深可一笑 東觀餘論

按鶴銘定爲陶弘景書始發於黄祕書也而若谿漁隱叢話云東觀餘論黄伯思所作其跋陶華陽書云隱居書故自出流俗其

九

三四七

在華陽淂許楊顏三真跡顏最多而學之故蕭遠雅淡若其為人伯思此跋稱賞弘景若此故以瘞鶴銘為顏之第余初曾見弘景書未敢遽以為然按此則沈存中固疑非弘景書矣

右瘞鶴銘資政郎公充嘗就焦山下跌石攷次其文如左其不可知者闕之故差可讀然文首尾似粗可見雖文全亦止此百餘字尔而歐陽文忠公集古録謂好事者往往只淂數字

唯余所得六百餘字獨爲多矣蓋印書者傳
訛誤以十爲百當時所得蓋六十餘字故氾
數家本爲多此銘相傳爲王右軍書故蘇
舜欽子美詩云山陰不見換鵞經京口新傳
瘞鶴銘文忠以爲不類王法而類顔魯公又
疑是顧況云道號同又疑是王瓚僕今審定文格
字法殊類陶弘景自稱華陽隱居今曰真逸者
豈其別號與又其著真誥但云己卯歲而不著
年名其他書亦尔今此銘壬辰歲甲午歲亦不

十

書年名此又可證云壬辰者梁天監十一年也甲午者十三年也按隱居天監七年東遊海嶽權駐會稽永嘉十一年始還茅山十四年乙未歲其弟子周子良仙去爲之作傳即十一年十三年正在華陽矣此銘後又有題丹楊尉山陰宰數字及唐王瓚詩字畫亦類似瘞鶴銘但筆勢差弱當是效陶書故題於石側也或以銘即瓚書誤矣王逸少以晉惠帝大安二年癸亥歲生年五十九至穆帝升平五年

辛酉歲卒則成帝咸和九年甲午歲逸少方三十二至永和七年辛亥歲年四十九始去會稽而閒居不應三十二年已自稱真逸也又未官於朝及閒居時不在華陽以是攷之此銘決非右軍也審矣 東觀餘論跋部資政攷次

按西清詩話云陶隱居外傳隱居號華陽真人晚號華陽真逸則真逸者固隱居之別號矣

劉昌詩蘆浦筆記云攷銘引雷門鼓事按

臨海記昔有鶴晨飛入會稽雷門鼓中於是鼓聲聞洛陽孫恩斫鼓鶴乃飛去恩起兵攻會稽殺逸少之子凝之蓋在安帝隆安三年所鼓必此時豈復有羲之誰肯遽取以爲引證哉然則非晉人文不辨可知矣漁隱攷訂華陽真逸爲陶隱居或庶幾焉

余又云焦山鶴銘俗傳王逸少書非也一小書中載云陶隱居書此或近之然此山有唐王瓚一詩刻字畫全類此銘不知即瓚書抑瓚

學銘中字而書此詩也劉曰嘗親至彼觀疑即瓚書也下有云上皇山樵人逸少書非王逸少也蓋唐有此人亦號逸少耳東觀餘論與劉無言論書

按劉無言疑爲王瓚書而黄長睿駁之是已然此銘斷爲六朝人書即逸少與右軍同號亦决非唐人此又誤也

山陰不見換鵞經京口今傳一作新傳一作今存瘞鶴銘

蕭洒集仙來作記風流太守爲開亭兩篇

玉蕊塵初滌四體銀鈎蘚尚青我久臨池無所得顛觀遺法快沉冥 蘇子美寶墨亭詩集本原題云丹陽子高得逸少瘞鶴銘於焦山之下及梁唐諸賢四石刻共作一亭以寶墨名之集賢伯鎮爲之作記遠來求詩因作長句以寄 按此則直以爲右軍書矣别本今傳譌空傳集仙作記譌謫仙作鄰蘚尚青譌跡尚新

師示以瘞鶴銘辨今同以所得陀羅尼經右軍

書遺之郡志有墨寶二即此帖之在郡治者與華陽真逸書也隱而顯離而合於是古潤二寶俱萃於焦山之下矣趙溍題僧如玺瘞鶴銘辨後

按此亦以銘為右軍書也

鎮江府志云銘之所餘斷石今在山之西南觀音菴下濱江崩崖亂石間春夏水漲石沒秋冬水落始可摹搨崖上者乃翻本也

瘞鶴銘今存於焦山及寶墨亭者蓋盡於此凡文字句讀之可識及點畫之僅存者

三十餘言而所亾失幾五十字計其完書蓋九行〻之全者卒二十五字而首尾不領焉熙寧三年春予與洛陽鄭遵原公域范陽范禕子厚索其遺逸於焦山之陰偶得十二字於亂石間（袁留惟寧十字完餘二字譌缺）石甚迫隘偃卧其下然後可讀故昔人未之見而世不傳其後又有丹楊外仙江陰真宰八字與華陽真逸上皇山樵爲似是真侶之號今取其可攷者次序之如此其間缺文雖多如華亭寫鶴之類亦可

以意讀也二月一日南陽張學子厚記張子厚跋銘文列前

瘞鶴銘在潤州焦山下初刻於崖石久而崩摧覆壓掩沒故不復得其全文余嘗怪唐人尚書學而此銘字特奇偉宜世賞愛而卒不見傳於人自張懷瓘張愛賓徐浩論書備有古今字法亦不見錄攷其歲月雖不可得然此山之摧裂圯垝莫知何時而是書壓覆其下知其刻已久但隱沒石間自昔或未知之然其刻畫亦幸至今尚完歐陽文忠公以舊記稱

王羲之書爲非又疑顧况自號華陽真逸謂
此書顔顔太師况存中直謂顧况所書况不
知所書如何而碑書篆者上皇山樵也則謂况書
將於是乎取不可得也往時郃興宗攷次其文缺
四十二字而六字不完又有六字不知其次其後張
壆自力求之摹兩山閒其缺字三十有五不完
者七而又别得十二字與興宗不同昔刁景純
就金山經庋中得唐人於經後書瘞鶴文以
校興宗字厚其字錯雜失序多矣宜直示

之惟將進寧則不可究今並列序之末者可以攷矣文忠集古錄謂得六百字今以石校之爲行凡十行爲字廿五安得字至六百歟書之誤也余於崖上又得唐人詩〻在貞觀中已列銘後則銘之刻泝顧況時可知集古錄豈又并詩繫之耶

廣川書跋張子厚銘後

黄伯思與學士以瘞鶴銘示余世謂晉右軍將軍王逸少書歐陽公疑華陽居士唐顧況道號然逸少遒翁其書可見不與此類嘗攷次其年

羲之生晉惠帝大安二年癸亥歲至穆帝升
平五年辛酉歲卒當五十九年而成帝咸和九年
太歲在甲午逸少當三十二歲逮四十八年辛亥
始去會稽其時未嘗至朱方華陽又非其
郡邑所望不得以此為稱顧況卒於貞元末
當元和七年為壬辰九年為甲午良不及也
上推壬辰歲為天寶十一載況當晁釋其號
華陽子蓋自貞元以後皆不合於此昔陶弘
景嘗以其居華陽觀故自號華陽隱居

貞白平時著書不稱建元直以甲子紀其歲今曰壬辰歲得之山陰甲午歲瘞於朱方壬辰歲當天監十一年甲午則其十三年也隱居以天監七年遊海岳佳會稽來永嘉至十年還茅山十二年弟子周子良仙去貞白作傳即十一年在華陽此其可知也或曰茅山碑前一行貞白自書與今銘甚異則不得爲陶隱居所書然華陽真逸特其撰銘若其書者上皇山樵也四人各以其號自別固不得

識其姓名疑皆隱君子也然其書在江巖石壁摹搨最難又石摧壓其上人不得至風雨霜雪不及故字畫至今尚完或疑梁世書傳遠六百年不應如新刻於石余求銘後王瓚書蓋自貞觀至今亦無譌缺貞觀去梁未久可攷而知也　廣川書跋　黃學士銘後

按東觀餘論直以為陶弘景書而廣川則以撰人為弘景而書者乃上皇山樵固非出於一人也

右瘞鶴銘題華陽真逸撰莫詳其爲何代人歐陽公集古録云華陽真逸是顧况道號余遍撿唐史及况文集皆無此號惟况撰湖州刺史廳記自稱華陽山人尓不知歐公何所據也金石録

焦山瘞鶴銘不著姓氏但稱華陽真逸世因謂羲之書雖前輩名賢皆無異論獨章子厚丞相不以爲然緣石刻在崖下水中非窮冬水落不能至其處其側復有兵司叅軍王瓚

題名小字數十與鏖鶴銘字畫一同雖無歲月可攷官稱乃唐人則韋丞相可謂明鑒矣

蔡佑雜記

按廣川跋瓚爲貞觀中人此云兵司叅軍則又得其官職矣

江水初不凍今年寒復遲衆芳且未歇近臘仍裌衣載酒適我情興來趣漸微方舟大川上環酌對落暉兩片青石稜波際無因依三山安可到欲到風引歸滄溟壯觀多心目

豁暫時況得窮日夕乘槎何所之（墨莊漫錄載王瓚詩）
按大石山人瘞鶴銘攷載王瓚詩祗四句云宋尤文簡公云瘞鶴銘側一小碣云徒步不知遠夕陽猶未回好花隨意發流水逐人來無名氏與刻石之歲月碣傍復一小石刻詩云江外水不凍今年寒苦遲三山在何處欲到引風歸題云丹楊掾王瓚作（京口志作江外水不凍冲際無目依）
宋曾旼潤州類集以瘞鶴銘蔡邕焦光贊江淹焦山集王瓚詩爲山中四絶

余淳熙己酉歲爲丹楊郡文學暇日游焦
山訪此石刻初於佛攋前見断石乃其篇首
二十餘字有僧云往年於崖間震而墜者
余不信然遂拏舟再歷觀崖間尚餘兹山
之下二十餘字波間片石傾倒舟人云此断碑
水落時亦可摹搨今因請於州將龍圖閣直
學士張子顔發卒挽出之則甲午歲以下二十
餘字偶一卒曰此石下枕一小石亦覺隐指如
是刻畫遂併出之其文與佛攋所見者同

持以較之第闢二字而筆力頓異乃知前所見者爲僧所紿耳因摹數本以遺故舊近觀陶隱居諸刻反覆詳辯乃知此銘眞陶所書前輩所稱者衆矣惟長睿之説得之馬子嚴題

按宋淳熙中是石已嘗發卒挽出但不知置之何地又不知何時復没於江也

瘞鶴銘在今鎮江府大江中焦山後巖下冬月水落布席仰卧乃可摹印紹興中訪舊

本有使者過命工鑿取之石頑重不可取祗得十許字又以重不能携但携一兩字去棄其餘今通判東廳者是也　雲麓漫抄

此條屺瞻所採云此碑殘缺之所由始也余以爲此碑一毀於雷再毀於人其攜去者已莫可蹤跡而所謂通判東廳本又不知何往矣豈不惜哉

右瘞鶴銘刻在鎮江焦山下頑石上潮落方可模相傳爲晉王右軍書惟宋黄長睿東

觀餘論云為陶隱居書良是決非王右軍書又疑華陽是顧况道號又疑王瓚書皆非﨔字長孺號雲林子郃武人又董逌書跋第六卷載南陽張學子厚所記取其可攷者次第之又董君自書其後云余於崖上又得唐人詩詩在貞觀中已刻銘後則銘之刻非顧况時可知君字彥遠號廣川東平人又國朝鄭杓衍極第二卷論瘞鶴銘而劉有定釋云潤州圖經以為王羲之書或曰華陽真逸顧况號也

蔡君謨曰瘞鶴文非逸少字東漢末多善書惟隸最盛至於晋魏之分南北差異鍾王楷法為世所尚元魏間盡習隸法自隋平陳中國多以楷隸相參瘞鶴文有楷隸筆當是隋代書曹士冕曰焦山瘞鶴銘筆法之妙為書家冠冕前輩慕其字而不知其人最後雲林子以華陽真逸為陶弘景及以句曲所刻隱居朱陽館帖參校然後衆疑釋然其鑒賞可謂精矣以余考之一本山樵下有書

字真字下有立石二字一本我傳亦銘作出於上真亦其藏霊作紀亦歲辰張學本作丹楊外仙郎元本作丹楊仙尉又有作丹楊外仙尉者且中間詞句亦多先後不同尚俟挐舟過揚子手自摹印以稽其得失之一二可也　輟耕錄

按鄭杓字子經羅源人泰定中辟南安儒學教諭著衍極五篇衍極記載三篇其書自倉頡迄蒙古凡古人籀篆以極書法之變皆在所論

曹士冕字端可號陶齋南宋人有法帖譜系劉有定莆田人

按張力臣瘞鶴銘辨云再察陶南邨輟耕錄本亦有不同諸句末又云尚僕夢舟過揚子手自模印以稽其得失可見南村亦是懸揣之詞在元時已無定準無怪近日之紛紛也

瘞鶴銘余往歲遊焦山後崖水落時得之僅數字耳而此帖乃一百許字蓋取舊本刻之壯觀亭者刻手精頗不失初意可玩也其

書炳烺今古第不知爲何人造潤州圖經謂爲王右軍至蘇子瞻黄魯直確以爲右軍不能也歐陽永叔疑爲顧況尤無據黄長睿謂爲陶隱居又謂即丹楊尉王瓚〻腕力弱不辨此隱居雖近似要之亦懸斷也余不識書竊以爲此銘古拙奇峭雄偉飛逸固書家之雄而結體間涉踈慢若手不隨者恐右軍不得尒至於鋒禿穎露爲盡其本質亦以石頑水泐之故而魯直極推之又極愛之得無作

捧心鄰女耶

焦山瘞鶴銘或以爲陶隱居或以爲顧況或謂即王瓚筆獨蘇長公黄太史以爲非右軍不能而苕溪漁隱辨其誤似更有據余藏舊搨銘書僅缺二十餘字蓋郡守模之壯觀亭者雖結法加密而天真微刓葉伯寅嘗從其舅氏周六觀遊焦山於水中探刻石摩搨久之不及搨時時悵恨昨年秋得裘尚之本僅十六字加裝潢屬余題其後六觀博雅君

子清言爲一時冠不幸早夭伯寅念之尤切毋
亦寄渭陽之思於朱方之化耶二條弇州山人稿
檢東坡集無稱瘞鶴銘者此云子瞻魯直確
以非右軍不能豈誤以子美爲子瞻耶
右梁陶弘景正書瘞鶴銘刻京口焦山西南之
麓下臨江水余弘治甲子嘗游焦山問僧銘
之所在則云已崩裂隨江雖水落亦不復見
余信之載其語遊山記中正德丁丑冬再至京
口錢逸人德孚爲余言嘗識其處余既驚

喜且自笑昔爲僧所誑遂與德孚及鄉貢士俞貞明渡江登山踏雪尋之果得於石壁之下可讀者僅二十字因搨以歸未至銘數十步崖上有宋嘉熙二年陸放翁題字云踏雪觀瘞鶴銘乃知昔人好奇已先於余銘殘闕而録其全文好奇之士庶幾同一快也 金薤琳琅

踏雪觀瘞鶴銘可謂佳話獨不得見放翁題字爲悵快耳

宋嘉熙二年十二月陸務觀與何德器張仲玉

韓无咎遊焦山踏雪觀瘞鶴銘置酒上方烽火未熄望風檣戰艦在烟靄間慨然盡醉薄晚泛舟自甘露寺以歸

瘞鶴銘余親至焦山摹之止有此耳殘璋斷玦當以真爲貴豈在多耶淳熙之元九月一日蜀州重裝 二條陸放翁

瘞鶴銘見稱於世不在蘭亭之下但以其僻在荒寂山僧憚於摹搨紿云崩裂墮江人間既少其本雖京口士大夫往来山中亦以僧言爲信

吾師南濠先生家藏碑刻甲於東南嘗錄其文悉加題品爲金薤琳琅凡數十卷獨以未得此銘爲恨迩者放舟京口冒雪渡江果得於山石之下親搨以歸由是此銘復傳人間而僧亦不能隱矣昔姜白石有蘭亭攷俞壽老有蘭亭續攷元慶敢竊其義取古今論辨緝爲一編名之曰瘞鶴銘攷天下後世豈無同余之好者乎正德戊寅正月十日姑蘇顧元慶謹書

大石山人銘攷

周吉父金陵瑣事云大石山人作瘞鶴銘攷尚少一誌李石續博物志云陶隱居書自奇世傳畫板帖及焦山下瘞鶴銘皆其遺跡大石山人何不引此

瘞鶴銘華陽真逸撰正書今在丹徒縣焦山下刻於崖石輟耕錄云須潮落方可模故罕傳其全文者歐陽文忠公以舊記稱王羲之書爲非又疑顧況號華陽真逸而此書頗類太師沇存中則真以爲況黄長睿東觀

餘論謂陶弘景嘗居華陽故自號華陽隱居弘景著書不稱建元直以甲子紀歲今此銘曰壬辰曰甲午壬辰梁天監十一年甲午十三年也弘景以天監七年遊海嶽往會稽及永嘉至十年還茅山十二年弟子周子良化去弘景爲作傳即十一年在華陽可知也董逌書跋載南陽張㬊所記云瘞鶴銘今存於焦山凡文章句讀之可識及點畫之僅存者百三十餘字而所已失者幾五十計其完書蓋

九行〻之全者二十五字而首尾不預焉熙寧三年春余索其遺逸於焦山之陰偶得十二字於亂石間石甚迫隘偃卧其下然後可讀故昔人未之見而世不傳其後又有丹楊外仙江陰真宰八字與華陽真逸上皇山樵似是真侶之號余於崖上又得唐人詩〻在貞觀中已列銘後則銘非顧況可知矣今致此銘字體與瘞鶴壇碑正同其爲隱居書無疑余友淮陰張埒以丁未十月操幽山下復得七字云惟

寧之上有厥土二字華亭之上有奠壇勢掩四字其右題名徵下有君字皆昔人之所未見也金石文字記

按厥土二字奠壇勢掩四字發自張力臣而徵君字則丹徒縣志所載宋咸淳中存本已有之矣厥土等六字因在仆石之下難於搨取故昔人皆未之見今閱滄洲搨本真若新發於硎靡字兩點下用一反筆尤顯然洵寶物也

瘞鶴銘刻於焦山西足當江流之衝怒濤是齧其下想昔日轟轟裂之時正值雷雨之夕俗因傳為雷轟石其石常沒於江惟冬日水落始得見丁未十月望後三日過山先觀重刻二石次至壯觀亭址右俯瞰碎石叢雜攝衣下尋見一石仰臥於前一石仆於後字在石下去泥沙咫尺臥地仰觀始見字迹又一石側立剥甚各存字多寡不一命僕各搨一紙時落日風寒不能久立遂乘片帆回所寓之銀山蘭若挑鐙審視未得其詳

卷四　三七

次日復往搨之仆石之下仰搨爲難僕之兩手又不能兼理搨具余乃取其傍落葉藉地親仰卧以助之墨水反落污面不顧也及拏舟而返余之周旋於石隙者已三日矣手足不寧衣履皆穿始得四紙湊其裂痕詳其文字皆歷歷可覯所少者無幾尓此刻因手書於石故自左而右其字之大小疏密亦不一謹按原石存字上有並列六行下有並列三行是當時本文之定位也雖其間殘缺一段難於追尋要可計數

其方又察重刻二種云是本之海昌陳氏玉煙堂帖内者竊意重摹本出之書未有不先求本山舊跡而反依轉摹之本以意為增損者也豈因水凋之時未能訪求或轉相委託旅譌龍舛不肖如余之身任其勞與此所以不得不辯也因節録東觀餘論廣川書跋中切要語知非王逸少書并非顧陶所書凡余之欲言者古人已先言之殊勝余之喋喋也

張力臣銘辯

按力臣所見之石一仰一仆一側立於旁今抄錄之下如親置身江干周旋石畔共事椎搨時當盛暑揮汗洒然忽若江岸清風襲人也

貽按二書論次出于宋熙寧之時其字之完闕皆有次序當取爲程式俱前列原文未免漏略今以貽所搨先於側石上得八字仰卧石上得三十字仆石下原存二十三字并不全二字後察出惟寧上得厤土二字華亭上得奐壇勢掩四字其右題名徵字上得岳字徵字下

得君字此八字儼然現存合前六十九字何以數百年前諸君竟未之見耶據子厚云石甚迫隘偃卧其下然後可讀即𤼵當日同僕仰卧搨出時甚苦濾濕粘置壁間諦審熟揣者累日夜而後得此八字盖不敢使古人遺跡等諸過眼煙雲也曩嘗遍質之宇内精鑒東吳顧亭林先生著金石文字記載云淮陰張𤼵審訂復得八字可謂毫髮無遺矣兹欲論其全勢惟據原石上下見存之定位即

可揆度其餘而余所難置者尤在中間巳失一段據廣川跋云行之全者卒二十五字即爲句讀之約東定數每行除上下存者若干又據各本所傳之文塡寫湊合恰當原位無容那移其無證佐不敢妄入者僅闕十字金山唐人書本存字如去華西竹法里山陰之類儘可成句亦不輕爲引用輙前後諸本又獨多矣然不比尋常碑版楚楚易讀故非圈不明非註不悉特依原式究闕斷裂之形臚列於左張力臣書東觀餘論廣川書跋後

按力臣之圖最為有功其原石之大小斷裂之紋痕使千載後覽者恍然在目鋐今依其原圖石之大小及所存之字具於一圖而以其所湊合之文分為一圖其字之不足者仍闕之著於篇首以便展卷即得鋐又於力臣所遺唐人書本內字湊入山陰二字於瘞塏之上西竹法里於厥土之上以成全文并度原石之文尺別為一圖亦附卷首苟有可取不敢遺棄一字也

今本山重刻横直二種皆全依玉煙堂帖本前

後改竄不同與原石位次參差不合并字體

多譌亦列於此以備對勘

前標題㕓字今刻譌作㕓下有序譌作并

序

前題名一行原文華陽真逸譔上皇山樵書十

字今刻前必有華陽真逸撰五字逸又譌作

逸譔譌作撰乃於銘末揷入上皇山樵人逸少

書譌增人逸少三字

序首行上於字今刻作於

序次行今刻奚龔下少余仙鶴三字
序三行原文仙家下是無字下闕三字是我
字我下又一字不完方接故立石字今刻仙家
下譌作有直接立石字應少七字
銘首行原石上存相此等六字下存華表
等五字其間闕十四字當是浮郎著經下
半句又余欲無言尔也何朗雷門去鼓三句下
便恰合華表句矣今刻作迺徵前事出於
上真余欲無言紀尓歲辰多出一句八字下占

雷門二句之位與原石不合則次行唯髣髴之位亦不合矣又雷譌作玄鼓譌作皷表譌作袤畱譌作留形譌作聲義譌作我銘次行上存唯髣髴等六字下存廓土等六字其間闕十三字當是徵冥一句又尔將何之一句解化下半句又闕一字即接厥土惟寧矣今刻以解化接惟寧爲句竟參錯損去二句八字與原位相遠況原石惟寧上見存厥土二字蓋未察也又蕩譌作湯

銘三行上存洪流等五字下存奐壇等八字其間闕十一字當是重扃一句又左取曹國右劄荊門下又闕二字是奐壇上半句今刻重扃下作右劄荊門末下華亭察原石華亭上見存勢掩二字何以改作末下勢掩上又存奐壇二字何以改作荊門可見各句皆譌矣

右題名一行原文夆字止存上半偏在右下是岳徵君三字今刻譌作夆山徵士岳譌作山君譌作士

題名二行丹譌作冄
題名三行原文江陰真宰四字今刻下增立石
二字
右皆指數可見者不敢略加妄議想因重摹
之時不曾計其位次牽合足成耳
再察元陶宗儀南村輟耕録本亦有不同諸
句云乃徵前事我傳爾銘余欲無言爾其藏
靈又作義唯髣髴歷下華亭奚集真侶董
文敏遂依之以刻石輟耕又云以余攷之一本山樵

下有書字真宰下有立石二字一本我傳尔銘作出於上真尔其藏靈作紀尔歲辰陳氏玉煙堂帖正本之此今重刻二種又本之玉煙堂也

又廣東黎兗石并嚴氏有翻刻殘本未睹其全然刻於他處或增減無攷如金山唐人書本已自不同惟刻於本山者後人將信為真或原石漸至於淪亡或憚勞不精於搜攷則終不能覩本来面目其為害孰甚乎識者其辨之　以上五條張力臣辨玉煙堂本錯訛

玉煙堂刻即世所流傳之本也文列於前

奚奪下少余仙鶴三字今按原石地位奚奪下亦

或容不下三字故圖内止添入鶴字

凡神物之在天地間也隱見固有其時而能力

而寶之者豈不以其人哉岐陽之石鼓岱嶧之篆

刻當昔時消沉磨滅未嘗不偃仆於煙榛霜

草之間一旦有好事者寶之聚之雖或不無殘

缺而人終不敢以譌舛亂焉陸放翁云殘璋斷玦

以眞爲貴豈在多邪顧不然與貽之於瘞鶴銘

也既備列五本於前可以一覽較然矣然釋文雖詳而本文未顯究不能與石鼓篆刻彪炳天壤吁可惜也原其要歸仍以重立原石爲主請試言其次第蓋重立之法宜先以仰面一石側立一石移置寶墨亭上至仆石雖大固累所曾植者若扶而立之江邊斯稱極快否則俟冬日水涸時掘其沙土容身可擱再別磨一石依原位行次效宋人之補刻重摹而精勒之亦一快也不然姑將仰面一石取起可一朝而舁至爲

簡易從來遺墨數字即可垂之永遠況此石見存三十字已得首尾之大槩矣誠令此石先得無恙徐圖再摹三十九字與不全二字并宋人補序三十四字合一十三字置於一處則神物復還舊觀一以正前人之譌舛一以啓後來之信從力而實之是所望於博雅君子者也余始於丁未迄於甲戌垂三十載其間遍遊五嶽較刻諸書故鹿鹿無暇每思各依原形大小摹刻四幅於家園日月逾邁忽至七旬嗚呼余

且老矣方苦形神之衰憊老病之相侵無可如何因念茲殷勤細訪亦大費苦心亟重刻此本并力疾雙鈎數昏以待識者且玩而老焉可矣至於石之果能復立耀光怪而吐虹霓他日有望氣者是必遠知神物之所在也張力臣欲重立原石論

按自丁未歲張君力臣欲重立原石至今數十年間無人為其事者而潙洲太守乃舁而出之沙石之中不可謂無人同其好也力臣又欲重摹四幅其志甚勤余今欲手摹其文以成

力臣之志而龆石未就且謀剞劂之資他日若成當亦快事但恐腕弱無能髣髴古人萬一耳

立石真侶有丹楊外仙尉孜郡名唐曰丹陽史遷年表文從楊祭姪帖顔魯公官爵亦然今之仙尉晉邪唐邪正自待辨朱長文帖攷載云梁普通四年陶弘景書 計僑玉炯

翻刻本跋

按丹陽古雲陽縣唐天寶初號丹陽非晉

漢之比漢丹楊郡治宛陵晉丹楊郡治秣陵
以山多赤柳得名故古本丹楊皆從木也
又按壬辰為梁天監十一年甲午乃十三年即
以此銘為弘景書亦當繫之天監中不知長
文何據而云普通四年
潙洲太守既出瘞鶴銘於江中以搨本見貽
因諦觀累日沉思默想知其用筆蕭洒之
妙其鋒穎顛禿固是水汩石泐使然未可以
是為古人秘妙也至於書撰姓氏本無可考既

非右軍亦非弘景即華陽真逸與華陽
隱居偶同道號亦極可懸擬爲弘景之文不
當直定爲弘景之書其書者固自署上皇
山樵何從知其姓名而一時道流皆各自别銜
如真宰仙尉徵君即銘辭所謂真侶是
也諸君並高世慕道匿跡逃名更安可
强指其人又其字體篆雜篆隸六代皆然
即南北分界其書法亦未必不互相流傳何
可定爲平陳以後南土始有此結體而諸家

議論紛紜余俱未敢深信鈎摹之餘仍採拾舊聞而各識數語於後或譏余曰東觀既有成書廣川亦多緒說此書雖不作可也余曰自古文人各是其說蘭亭聚訟無慮數十百家又何嫌詞費耶家有敝帚享之千金此鶴銘之敝帚也好古之士或庶幾覽焉康熙甲午六月望日退谷汪士鋐記以上凡不註某人某書俱汪太史攷

焦山西南曰瘞鶴巖今淪於山麓亂石中壯

觀亭之左曰羲之巖宋僧了元詩云朱方麼鶴右軍奇入石三分記歲時龍躍蛇奔岩下等閒雷雨恐飛馳 京口三山志

此刻爲世瓌寶者千餘年而迄無有定說無有真見大奇以爲右軍者非以爲隱居者亦非蓋晉梁二世字形尚古今諦玩皆唐人筆意明明其非二公也謂之有右軍之奇則可業有右軍之奇亦何必右軍非右軍也必唐中晚之人無疑惟其書石時隨其高下或

仰面或平立皆懸腕擲筆所以千態百致不可狎昵山家幽邃又必自為刻鏤所以下筆精神色〻呈露況經江波洗濯石理真成錐沙尤助其奇耳永州集古録云獨得六百餘字今按其首尾余所得無百而大義已可屬何有六百字為且不言六百字果何説是歐未見真本也蘇有詩王有述近日董宗伯亦有補書潘有江上山志皆為未見而余獨幸家小阮為我收録敢詫之以為山

居之燿　墨林快事

石墨之傳於今有難以驟讀者天發神讖石斷而爲三瘞鶴銘裂而爲四又失其腹由是釋文不符覽古者闕其疑可也移易增益其辭不可也曩在白下得祥符周雪客神讖碑攷既序而傳之矣淮陰張力臣乘江水歸壑入焦山之麓藉落葉而仰讀瘞鶴銘辭聚四石繪作圖聯以宋人補刻字倫序不紊且證爲顧逋翁書蓋逋翁故宅雖在

海鹽之橫山而學道句曲遂移居於此集中有謝王郎中見贈琴鶴詩鶴殆出於性所好斯瘞之作銘理有然者自處士之圖出乃以息衆說之紛綸矣力臣名弨精書法嘗爲顧處士炎武寫廣韻及音學五書手摹家藏鼎彝款識遺余惜不營生產殁後盡散失并傳刻棗木悉歸之閩人可歎也曝書亭集

已上三條補録按汪編載碩元慶瘞鶴銘攷一條蓋書於所録論辨之後者也其所録

大約汪編所收余補録三山志一條則顧所録而汪不載者澹洲先生既出銘石於江中搨之計七十七字較歐陽公所得更多令人何幸而得此也余先此得一本有仲經曹君題跋知爲倦圃先生藏本計三十六字其前兩幅又十一字仲經題云此十一字余親至焦山搨得石雖剥蝕而字形猶幸完好特補少司農藏本之缺云此册先後所搨僅四十七字視今搨尚少三十字而元本三十六字筆法特見遒

健似爲勝之石爲水泐愈久則字畫愈類此帖鋒鋩殊未爲失不知搨自何年也可云至寶矣 光暎識

觀妙齋藏金石文攷畧卷五

後魏孝文皇帝弔殷比干墓文

右後魏孝文弔比干文其首已殘闕惟元載字可識其下云歲御次乎閹茂望舒會於星紀十有四日惟甲申按尔雅云歲在戌曰閹茂又鄭康成注月令仲冬者日月會於星紀後魏書孝文以太和十八年十一月甲申經於比干墓親為弔文樹碑而刊之是歲甲戌其說皆合其未嘗改元而稱元載者孝文以是歲遷都洛

陽盖以遷都之歲言之也金石録

今在汲縣北十五里比干墓上魏書劉芳傳高祖

遷雒路由朝歌見殷比干墓愴然悼懷爲文以

弔之芳爲注解表上之即此文也

此碑字多别搆如蔑爲蘮蘮爲𧂐菊爲

蒃寔爲寘萁爲萁往爲徃厥爲𠩆

邅爲亶顛爲𩑋辛爲亲因爲㘝桴爲桲

翱爲翺曳爲电芙蓉爲扶容葩爲蓶漂揺

爲瀏颻𢥞爲懡鳙爲蟾裔爲㒆帶爲𢂊

訢為訢雛為鷄劉為淄俯為府闔為闔騶虞為騶騤隨為隨彎為彎吸為歙闚為闚睇為睇不可勝記顏氏家訓言晉宋以來多能書者故其時俗遞相染尚所有部帙楷正可觀不無俗字非為大損至梁天監之間斯風未變大同之末訛替滋生蕭子雲改易字體邵陵王頗行偽字前上為草能旁作長之類是也朝野翕然以為楷式畫虎不成多所傷敗爾後墳籍略不可看北朝喪亂之餘

書迹鄙陋加以專輒造字猥拙甚於江南乃以百念爲憂言反爲變不用爲罷追来爲歸更生爲蘇先人爲老如此非一徧滿經傳今觀此碑則知別體之興自是當時風氣而孝文之世即已如此不待喪亂之餘也江式表云皇魏承百王之季世易風移文字改變篆形錯謬隸體失真俗學鄙習復加虛巧談辯之士又以意說炫惑於時難以釐改後周書趙文深傳太祖以隸書紕

繆命文滌與黎景熙沈遐等依說文及字林刊定六體成一萬餘言於世蓋文字之不同而人心之好異莫甚於魏齊周隋之世別體之字莫多於此碑雜體之書莫過于李仲璇而後之君子旋覺其謬自唐時國子監置書學博士立說文石經字林之學而顏元孫作干祿字書張參作五經文字唐玄度作九經字樣天下之文始漸歸於一矣顧以此碑出於千歲之遠而與孔辟之文蘭臺

之典同什襲而寶之豈不可笑也哉雖然此碑不傳則唐人正字之功不得而著乎千載也存之以示後人使知趣舍云尔 金石文字記

後魏太公望表

汲縣古朝歌地相傳師尚父舊居也遺碑一表一表在縣治西南隅晋武帝太康十年三月尚父裔孫盧无忌來爲汲令刻石在縣西北三十里廟中北魏孝静帝武定八年四月立石司農卿穆子容正書 曝書亭集

水經注曰縣故汲郡治城西北有石夾水飛湍濬急人亦謂之磻溪言太公常釣於此也今其文曰般溪之山明靈所託般即磻之異文也

水經注又言縣民故會稽太守任宣白令崔瑗曰太公生於汲舊居猶存君與高國同宗今臨此國宜正其位以明尊祖之義遂立壇祀又言城北三十里有太公泉泉上有太公廟晉太康中范陽盧無忌爲汲令立碑於其上此碑

是無忌所立無字作況而自稱爲太公之裔孫然則崔盧二姓皆出太公其後人之門第可謂盛矣

表云其紀年曰康王六年齊太公望卒蓋壽百一十餘歲宋王應麟困學紀聞謂尚書顧命稱齊侯呂伋則成王之末伋已嗣太公爲齊侯以太公爲康王時卒者非矣開寶中詔修先代帝王祠廟而以鬻熊配文王召公配武王周公唐叔配成王太公畢

公配康王蓋因此碑而誤　三條金石文字記

後魏脩孔子廟碑

李仲璇爲兖州都督脩孔廟建碑事在興和三年史官稱之是時高歡與宇文泰方確鬬關洛而東魏又當還鄴之際仲璇乃能攺脩孔廟崇尚文儒賢矣碑正書時作篆筆間以分隸形容竒怪攷古書法大小篆謂之篆東漢諸碑減篆筆有挑法者謂之隸以篆筆作隸書謂之八分亦謂之隸正書謂

之令隸亦謂之楷然則如此碑篆耶今耶古
今隸耶 石墨鐫華

右曲阜縣脩孔子廟碑兗州刺史李仲璇撰
文并書孝静帝興和三年十二月立石杏壇之
下碑尚完好雜大小篆分隸於正書中蓋自
太武始光間初造新字千餘頒之遠迩以爲
楷式一時風尚乖别如江著作式所云世易風
移文字改變俗學鄙習炫惑於時者也曩
觀太原風峪高齊時鐫石柱佛經亦多類是

斯亦穿鑿失倫矣仲璇魏書有傳自兗州還除將作大匠卒贈驃騎大將軍儀同三司青州刺史　曝書亭集

魏書李仲璇傳除車騎大將軍兗州刺史仲璇以孔子廟墻頗有頹毀遂脩改焉即此碑也其文一行之中有篆有分有隸有草雜亂無倫而或者以為奇然則作詩者亦當一句騷一句漢魏一句選一句律而後為奇也此愚之所不解也引禮記梁木其摧作良木

尤誤金石文字記

後魏魯郡太守張猛龍碑

猛龍爲魯郡太守郡人立碑而頌之正書虮健已開歐虞之門户碑首正書大字十二尤險勁又蘭臺之所自出也猛龍不見史冊據碑諱猛龍字神圖而金石録有劉乾碑諱乾字天魏人名字如此亦異矣石墨鐫華

右魏魯郡太守張猛龍碑建自正光三年其得羽孔林者以當日有興起學校之功也吾於

是乎有感孔子之道若日月然萬物宜無不向照乃或叛而之佛老何與蓋誅賞者治世之權聖人者是非所從出也春秋之作所以誅亂臣賊子者至矣天下之人非者常多是者常少懼無逃於聖人之誅獨佛老以無所可否之言暢其清淨寂滅之旨爲恒情所樂聞而聖人者亂世之所惡也元魏之俗事佛尤甚斬山以爲龕範金以爲像九層之臺萬金之液竭民力事之及其既成靡不刊石勒銘以紀

七

功德斯時也又安知聖人之道哉猶能爲畢
武公執八世孫方晉之朝士崇尚莊老獨武公
在涼州徵胄子五百人立學校春秋行鄉射
禮而猶能克循祖父之教脩聖人之學於舉
世不爲之時使講習之音再聞於闤里噫
可傳也余留大同問拓拔氏故都觀所鑿
佛宫寺碑巨碣已無存者而斯碑在孔氏
之庭歷千年不壞雖更歷千年知莫有徙
而去之者此余所爲感也嗚呼爲政之君子可

以知所務矣 曝書亭集

漢魏碑多隸書此獨楷書而筆法古勁酷似鍾太傅非後代可及姓名不可考矣書法高古中復有秀逸之致為後來楷字之祖碑雖糢糊細翫神理猶可因畫沙而知錐之銳也 魏儒魚跋

後魏温泉頌

正書 今在臨潼縣

北齊磨崖報德碑

天保六年釋仙書

北齊平定州磨崖碣

皇建三年

北齊少林寺碑

正書　今在本寺大殿前刻佛像與相里寺

碑製畧同書法甚劣齋作斎　金石文字記

北周豆盧恩碑

史恩附兄寧傳曰永恩今據碑蓋以字行耳

碑稱保定二年贈柱國大將軍涪陵郡公史稱

贈少保幽冀等五州諸軍事幽州刺史謚曰

敬似當以碑爲正碑在咸陽恩墓前隸書
令尹王公家瑞求得之余摹一經多不堪讀而
王公所刻金石遺文尚存强半蓋從碑下錄之
耳　石墨鐫華

右周少保豆盧恩碑康熙歲戊子觀於稼堂
潘氏書屋恩本前燕支庶姓慕容氏與兄
同州刺史封楚國公贈太保寧先後立功碑云
恩字永恩北史後周書俱缺其名止書其字
永恩附見寧傳惜也後幅漫漶不能卒讀

矣宇文建國用蘇綽盧辯輩議禮謚法不輕假人即宗子維藩弗隱惡德如晉公護曰蕩齊王憲曰煬衛王直畢王賢曰刺趙王招曰僭陳王純曰惑越王純曰野代王達曰奰紀王康曰厲而豆盧兄弟或易名以昭或易名以敬誠厚幸矣稼堂曰昭予哉予之言也盡書之於是乎書　曝書亭集

北周西嶽華山神廟之碑

八分書　万紐于瑾造　趙文淵書　天和二年

碑在華陰縣西嶽廟中

碑文万紐于瑾造趙文淵書按瑾唐瑾賜姓史稱其著碑頌數十萬言此其一也而文辭殊無超抜其稱趙文淵云雅有鍾王之筆〻勢可觀守文泰時命文淵與黎季明等刊定六體嘗至江陵書景福寺碑梁主稱之又以題榜功增封邑除郡守後雖外任每須題榜輒復追之實泉賦云文淵孝逸獨慕前蹤至師子敬如欲登龍有宋齊之面貌無孔薄之心胷然則

文淵書在當時固自知名此碑天和二年造亦其書路寢等榜後也故官稱趙興郡守云碑字小變隸書時兼篆籀亦與仲璇孔廟碑同亦褚河南聖教歐陽蘭臺道因之所由出也江陵景福寺碑不知存否此則完好無一字磨泐固文淵之幸哉文淵史避唐祖諱作文深 石墨鐫華

右周天和二年修西嶽碑趙文淵隸書當南北分爭之時即此文章字畫足以見其景像此古

人所以擬金石之刻猶人之面貌也然是碑好
事家罕收簡翁能搜之淵泉其勿輕以示
人哉　蓍潤軒帖跋
其結銜曰使持節驃騎大將軍開府儀
同三司大都督司宗治內史臨淄縣開國公
万紐于瑾造此文車騎大將軍儀三司縣
伯大夫趙興郡守白石縣開國男南陽趙文
淵字德本奉勑書余所見碑譔人書人列名
者始此其陰爲唐刻華嶽精享昭應之

碑而左右旁各有題名別見於後
万紐于瑾者唐瑾也後周書本傳時燕公
于謹勛高望重朝野所屬白文帝言瑾
學行兼修願與之同姓結爲兄弟庶子
孫承其餘論有益義方文帝歎異者久
之賜瑾姓万紐于氏又云封姑臧縣子以平江
陵功進爵爲公而不言臨淄者史闕也李昶
樂運傳並云臨淄公唐瑾
又曰趙文深字德本少學楷隸雅有鍾王

之則筆勢可觀當時碑牓唯文深及冀儁
而已太祖以隸書紕繆命文深與黎景熙沈
遐等依說文及字林刊定六體成一萬餘言
行於世及平江陵之後王褒入關貴游等翕
然並學褒書文深之書遂被遐棄文深
慚恨形於言色後知好尚難反亦攻習褒書
然竟無所成轉被譏議謂之學步邯鄲
焉至於碑榜餘人猶莫逮王褒亦每推先
之宮殿樓閣皆其蹟也其書歷官與此碑

恙同其以渊為淥者避唐諱耳

又逢奚武傳武之在同州也（後周改華州為同州）時屬天旱高祖勅武祀華岳岳廟舊在山下常所祈禱武謂僚屬曰吾備位三公不能燮理陰陽遂使盛農之月久絶甘雨天子勞心百姓惶懼忝寄既重憂責實深不可同於衆人在常祀之所必須登峯展誠尋其靈奧嶽既高峻千仞壁立巖路嶮絶人跡罕通武年踰六十唯將數人攀藤援枝然後得上

於是稽首祈請陳百姓懇誠晚不得還即於岳上藉茅而宿夢見一白衣人來執武手曰快辛苦甚相嘉尚武遂驚覺蓋用祗肅至旦雲霧四起俄而澍雨遠近霑洽高祖聞之璽書勞武賜雜綵百匹按武以保定三年出爲同州刺史天和三年轉太傅則此碑正其在州時立也四條金石文字記

攝山棲霞寺碑

此碑江總纂韋霈書霈隋文帝時人金陵六朝

十三

遺刻惟始興安成二碑在花林田中此雖陳
時所立然初本燬於會昌後又重立而石
復斷僧人契先再依古本寫之則今立於
殿廡者是已碑内言明徵君初居此與度
法師講經遂捨宅爲寺繼而欲造無量
壽佛未成而没子仲璋繼之又言朗法
師在寺梁帝遣十僧受法又言蕭昣遁
跡兹山死葬法師傍又言楚靳尚神受
戒則今山頂有廟者是已但蕭公之墓都

不可尋而遺刻蓋已剥盡則江總持所謂辭題翠琰字勒銀鈎賢於樂餌過客宜留者亦有時而泐耶·蒼潤軒帖跋

栖霞寺碑文及銘梁尚書江總持撰至宋沙門懷則始集右軍書勒之石亦聖教序遺法也結體極婉潤逼真第鈎搨處不得其行筆之妙耳總持江字佛弟子阿難為總持第一故云祝京兆游栖霞詩所謂宋刻梁文江令

字者是也總持平生好佞其佞佛亦尔已落綺語障中是何功德哉弇州山人稿

正德丙子余以應試始至南畿若清源牛首靈谷雨花臺及聚寶門外諸勝處無不游而攝山則未一到嘉靖癸卯歲得交於雲浦盛君君雅有棲山之志寄余棲霞二大字圍覓五尺許妙甚然無書者姓名或是蔡君謨筆甲子之歲偶得棲霞寺碑乃陳韋霈書後爲宋僧懷則翻刻字畫全擬懷仁集右軍

書體而篆額題刻云僧有朋暇日兩牕因手製成冊是歲乙丑九月霜降後三日謝湖老懶湯記於嘉趣堂 珊瑚網

棲霞寺江令碑署名陳侍中尚書令宣惠將軍叅掌選事菩薩戒弟子江總持王阮亭尚書遊攝山記稱此碑書法奔〻不減聖教序又云江令名總史不稱以字行而此署總持豈後人重書筆誤耶余於康熙甲午寓棲霞寺數月遍覽諸石刻寺僧

爲余言江令碑自王公稱之搨者甚衆固知名家鑒賞之足重也署字之疑自當從闕心齋筆記

僧智永千字文

有項元汴記

又寶墨軒本有徐渭朱之蕃李待問曹溶孫承澤魏裔介張陛諸跋

智永傳其家逸少法無一筆不合此刻於大觀間精良可寶也南部新書永居長安西明寺寫千文八百本但是律名調陽乃真跡蓋

草聖名字似呂故俗本誤作律呂調陽條散騎亦誤爲呂夫以閏餘對律呂是其義也今本正作名字 石墨鐫華

智永書圓勁古雅無一筆失度妙在於藏鋒斂態耳余少時任尚書郎曾見絹本眞跡於山陰董氏妙墨深入膚理淵鬱欲飛眞神物也生時一字敵五萬今當不知何如耳 弇州山人稿

智永嘗書千文八百本散在江南諸寺今

尚有墨跡存世宋大觀中薛氏以長安崔氏所藏真跡刻石極其精善余所收乃當時舊搨不待驗律台及有方縚摹字而知其妙也董思白云智永爲虞世南之師作永師書當思永興用筆乃不笨鈍作永興書當思永師用筆乃不板結

智永千文在宋原有善本歐陽文忠所見本有後人妄補者遂去二百六十五字蔡君謨猶曰未能盡去豈歐陽公未見善本耶則薛氏之

功大矣　二條銷夏記

陳明府脩孔子廟碑

陳明府名叔毅字子嚴陳宣帝子爲曲阜令修孔子廟仲孝俊爲文樹此碑碑書亦頗有漢魏分隸法而集古錄金薤琳琅俱不載惟金石錄有之且都元敬謂隋碑少傳自云嗜好垂三十年以得皇甫君龍藏寺姬辯志江夏磚塔記四種皇甫碑唐刻以是觀之都才有三種余所收乃四碑并常醜奴

誌李淵記爲六而皇甫智永不在其中安得

起元敬於九原而詩示之 石墨鐫華

觀此碑有五善焉隋帝平陳能内消猜忌

外破形骸帝子王孫量才擢用一善也册

發以宮掖唇脆知民社爲何物而不畀小官

效官盡職二善也富貴華靡未嘗問學

而解宗孔氏祗虔致俾與泮水靈光並永

三善也曲阜北疆乃知崇隆亾陳之裔依々

思穉昔四善也宇内雖平亂形已兆乃知浮慕

文字華銘佳字彪炳翰林五善也世人鄙隋爲閏位文爲俗主而其所注厝明主治世或莫及焉是宜好古者之時有取也八分雖小有致而醇雅之度已失十七反出唐諸分之下存之以備一代之製耳（墨林快事）

安喜李使君碑

奉天鄉人掘得此碑樹之上官村廟前余過觀擱擱命隸書亦自遒逸而碑頗完使君源武王之後祖景超員外散騎侍郎父通逸使持節

東南道都督狄道縣開國子季文琰之出牧
荊郡使君仕開府儀同三司使持節邛州諸
軍事邛州刺史安喜縣公開皇十六年卒十七
年樹碑皆磨〻可讀而獨闕使君名按使君
與唐同宗官亦不卑隋史無傳遂不可攷使君
祖父季父獨琰之見魏書耳因知史官缺畧如
此類者不可勝計也　石墨鐫華

歷代三寶記

費長房撰　和尚渊德立

龍藏寺碑

正書　張公禮撰　開皇六年　碑在真定府龍興寺

右齊開府長兼行參軍九門張公禮撰不著書人名氏字畫遒勁有歐虞之體隋開皇六年建在今鎮州碑云太師上柱國大威公之世子左武衛將軍上開府儀同三司使持節恒州諸軍事恒府刺史鄂國公金城王孝儁奉勅勸獎州人一萬共造此寺其述孝儁

九

云世業重於金張踞識逾於許郭然北齊周
隋諸史不見其父子名氏不詳何人也
右隋龍藏寺碑齊張公禮撰寺已廢此碑
今在常山府署之門書字頗佳第不見其
人姓名尔碑以隋開皇六年立而張公禮猶
稱齊按周武帝建德六年虜齊幼主高常
齊遂滅後四年隋建開皇之號至六年齊滅
蓋十年矣公禮尚稱齊何也 二條集古錄
龍藏寺即今真定府龍興寺碑尚存碑書遒

勁亦是歐虞發源但碑立於開皇六年是時齊滅已久而張公禮尚稱齊務官何也又碑稱造寺者太師上柱國大威公之世子使持節左武衛將軍上開府儀同三司恒州諸軍事恒州刺史鄂國公金城王孝僊史傳逸之遂無所攷石墨鐫華

右隋龍藏寺碑齊張公禮撰而不著書人名氏集古錄謂寺已廢碑在常山府署之門常山即今之真定余近以使事過之聞府治東二里龍興寺有古銅佛一軀崇七十二尺閣之覆者

崇百有三十尺與太守同年李君往游其間見
殿前一古碑其趺已没亟讀之乃公禮文蓋寺
在隋名龍藏歐公謂寺廢寺碑在常山府
署蓋未嘗親歷其地故誤書耳金薤琳琅
真定府治東龍興寺隋龍藏故址也寺剏於開
皇六年恒州刺史鄂國公金城王孝僊立石齊開
府長兼行參軍九門張公禮撰文恒州齊亡後
入於周周之文亡入於隋而公禮仍書齊官君子不
忘其故國於稱名見之矣流傳宋太祖曾幸

其地寺重建於乾德元年龍興之額所由更也然歐陽子著集古錄稱龍藏寺已廢遺碑在常州府署之門則嘉祐間碑猶在寺外也今入門有殿北閣五層廣九楹崇十有三丈中奉觀世音像高七丈三尺辟四十有二丈人目爲大佛寺碑亦具存而終南山釋道宣撰神州寺塔錄鋪叙佛像顧不及焉何哉若夫隋之碑存於今者寡矣裝界而藏諸也可 曝書亭集

碑爲隋開皇六年恒州刺史鄂國公金城王孝

僊立而其末乃云齋開府長兼行參軍九門張公
禮撰齋已入周〻已入隋而猶書齋官蓋君子之能
不降其志而其時之人亦不以爲非也其書踐阼
爲踐祚何人爲河人伽藍爲伽籃懷爲壞五臺
爲吾臺則理之不可通者疑爲後人模刻之誤
又宋歐陽公集古錄云龍藏寺已廢此碑今
在常山府署之門此嘉祐八年所書而龍藏寺
乃乾德元年建據文忠集錄之日碑尚不在
龍興此其徙置之由已不可問惟其大書齋官

則必非後人之所加也余攷顏之推仕歷周隋而其作家訓猶謂梁為本朝蓋同此意其時南北分疆與已迭代為之臣者雖不獲一節以終而心之所主見於稱名之際者固較然不易如此然則今人之不及古人者豈獨書法之陋文字之訛而已哉 金石文字記

隋人龍藏寺碑其書方整有致為初唐諸人先鋒可存也至碑立於開皇六年齊已久亡而張公禮猶稱齊官書者不以為嫌當時不以為

禁此尚有古道尤可紀也　鎖夏記

皇甫君碑

正書　于志寧撰　歐陽詢書　碑在西安府學

金石錄謂常得誕墓志又得此碑與北史及隋書參放以正史氏之謬又謂碑與墓志所述亦有不同墓志今不得見碑在陝西西安府學不甚缺壞蓋歐書中之得意者也　金薤琳琅

皇甫君名誕殁於隋而碑立於唐以子無逸貴也于志寧撰歐陽詢書王元美謂比之信本他

書尤爲險勁是伊家蘭臺發源余謂其勁而不
險特用筆之峻一變晋法耳可爲楷法神品碑
舊在鳴犢鎮今在西安府學戊子余君房皆學
作亭覆之丙申亭圮壓碑中斷碑故剥二十餘字
至是又亾其五十餘字余所收乃未斷時搨本深
寶惜之石墨鐫華
率更書皇甫君碑比之諸帖尤爲險勁是伊家
蘭臺發源石刻在西安雖小損剥差可誦耳
皇甫君名誕仕隋死於漢王諒之難者鄉典殊

不薄後以予無逸貴於唐始克樹碑噫逝者有知能無麦秀之歎乎 弇州山人稿

九成并銘 主書家牛耳舊矣今石已經洗改不如此皇甫明公之碑在信本中最爲妍潤所惜剝湯者多工匠不欲示人以闕蔀文就字遂不可讀余收遠搨未裝之前手自依行間而葺之其壞者存其空地倚其上下而承接之粗足見其大槩此石尚可爲不完中之完器也此石立於隋日乃公少年所書宜其文采之流麗而

神情之暢適與其暮年老筆奉勑矜持者不同也况皇甫公以開業之元臣猶狂童之大難事可薦倫文應行遠又與一方之竒一夕一旦之娛者徑庭學古又當覽其全而甲乙之也 墨林快事

右歐陽詢書醴泉銘與皇甫君碑詢本在隋末稱能書入唐爲太宗寫九成宮愈翩翩自許然詢亦王魏之類也故誕因歐書留名至今而詢竟以筆札壓節今二本並裝一函觀者因書法而愛名教可也 蕭潤軒帖跋

二十四

題曰隋柱國左光祿大夫弘義明公皇甫府君碑銜曰銀青光祿大夫行太子左庶子上柱國黎陽縣開國公于志寧製銀青光祿大夫歐陽詢書皇甫君以仁壽四年九月卒而不書立碑年月按舊唐書于志寧傳貞觀三年累遷中書侍郎太宗命貴臣殿內宴怪不見志寧或奏曰勑召三品以上志寧非三品所以不來太宗特令預宴即加授散騎常侍行太子左庶子累封黎陽縣公則此碑貞觀初立也其不

書年者不以隋臣而蒙唐號也
隋字作隨虞世南孔子廟堂碑歐陽詢九成
宮醴泉銘王知敬李衛公碑高宗李英公碑
天后順陵碑于敬之華陽觀王先生碑裴漼
少陵寺碑皆然當日金石之文二字通用自司
馬溫公作通鑑以後始壹用隋字而水經注湞
水東南逕隋縣西隨字作隋則知此自古人
省筆之字謂文帝始去辵而爲隋者未必然
也

杜氏通典武德九年六月太宗居春宫總萬機下令曰依禮二名不偏諱今具官號人名及公私文籍有世及民兩字不連讀者並不須諱避此碑中有世子及民部尚書字三條金石文字記

渤海公以險勁易王體故碑石照耀四裔大小皆合宜右軍世傳皆小楷霜寒帖稍展至筆陣圖則疑非真再傳爲千文爲廟堂碑確守繩墨稍廣拓非歐不能余嘗評歐書化度第一皇甫碑與温恭公伯仲臨池積年必領其妙

余幼不學書酷喜藏歷代金石覽此益重自棄之歎 清容居士集

隋光祿大夫皇甫君碑唐于志寧文歐陽詢書骨氣勁峭法度嚴整論者謂虞得晉風之飄逸歐得晉之規矩觀此其振發動盪豈非逸哉非所謂不踰矩者乎初學者師此以立本而後入虞入永入鍾王有所持循而成功不難也 東里集

皇甫君隨人而碑則立於唐歐陽詢書其筆帶

有漢人分法是率更得意書王元美云比之諸碑尤爲險勁是伊家蘭臺發源信然蘭臺道因碑筆筆帶挑得之家學也 銷夏記

左光禄大夫姚辯墓誌

正書 虞世基撰 歐陽詢書 大業七年

右隋左屯衛大將軍姚辯墓誌銘虞世基撰歐陽詢正書誌稱辯精於邊事屢立大功蓋老將也其官至大將軍而死謚恭公爵六尊矣而隋史不爲立傳向非率更之書後世

不復知有辯此古人墟墓之文所以必記之名筆豈無意耶　金蘋琳琅

為子禱疾疏

此唐高祖也記稱鄭州刺史李淵為男世民目患先於此寺求仙象仙恩力其患得損敬造石碑像一鋪顧此功德資益弟子李淵一心供養後署大業二年正月八日按是時太宗才九歲耳而史稱高祖為譙隴岐三州刺史不曰鄭州此亦可以証史之闕　石墨鐫華

三七

觀妙齋藏金石文攷略卷六

豳州昭仁寺碑

正書　朱子奢撰　貞觀四年

右昭仁寺碑在豳州唐太宗與薛舉戰處也唐自起義與群雄戰處皆建佛寺云為陣亡士薦福湯武之敗桀紂殺人固亦多矣而商周享國各數百年其荷天之祐者以其心存大公為民除害也唐之建寺外雖託為戰亡之士其實自贖殺人之咎尔其撥亂開基有足壯者及區區於

此不亦陋哉碑文朱子奢撰而不著書人名氏
字畫甚工此余所録也治平甲辰秋分後一日書

集古録

右昭仁寺碑唐守諫議大夫騎都尉朱子奢
譔歐陽公愛其字畫甚工惜無書人氏名金石
録嘗載其目亦不言爲何人書也惟通志金石略
以爲虞永興書永興書之傳世者有孔子廟堂
碑然此不類而金石略乃謂出於虞公當必有
所據昭仁寺在邠州西八十里昔唐太宗與薛舉戰

爭之處正德癸酉余以使事道邠州得搨其本

字畫若初刻者真可寶也朱公余鄉先生唐史

有傳其文字人間罕存可見者僅有此耳金

薤琳琅

碑在長武縣朱子奢撰無書者姓氏余觀其

筆法大類廟堂廟堂豐逸此稍瘦勁廟堂

五代重勒此伯施真跡也歐公亦不言誰書鄭

樵直以為伯施都元敬謂必有據而曹明仲

曰歐陽通書通書道因諸碑殊與此不類按

舊唐書貞觀三年詔建義以来交兵處爲
隕身戎陣者各立一寺令虞世南朱子奢等
爲之碑此破薛舉處也又通本傳少孤母徐
氏教以父書儀鳳中始知名貞觀三年至儀
鳳元年四十八年道因碑書在龍朔三年去
貞觀三年亦三十五年則此碑非通書明
甚而虞與朱同事其爲虞書無疑曹明仲
又以虞恭公碑在宜禄巡撿司虞恭公温彥博
也陪葬昭陵正在醴泉宜禄巡撿司即今長

武縣明仲蓋誤以昭仁爲恭公耳且恭公碑亦是信本書非通也明仲之誤如此據其言者可謂無目 石墨鐫華

余幼讀永叔集古錄所評昭仁寺疑之而此碑久無傳求得碑陰一帋即有歐說又有蔣之奇輩題名於是心愈思一當之爲快後乃於一故家得敗者四本高價鄰市之歐貶太宗懼殺人之名禍以湯武爲比全不見史湯武未一敗安得殺義旅太宗敗於仁杲損巳甚衆其閑營老其師之後一

鼓而勝直追而無戰遂取之未嘗多殺彼人也

其立寺追薦專在我兵而彼人附之文中自明歐

未嘗一覽而遽爲立論眞可笑也至於誚其以

殺人爲歎是長人主喜殺之心而先王恤已獎義

之典皆可廢用其害於萬世可勝言乎所以然

者只是爲儒者所惑爭先闢佛不顧其言

之合否也唐文皇此舉眞孟子所云不嗜殺先

王不忍人之心也 墨林快事

昭仁寺爲朱子奢文不著書者名鄭樵金石略

以爲虞世南細閱之筆致婉秀亦雅非永興不能
也舊唐書載貞觀三年詔建義以來交兵處爲
殞身戎陣者各立一寺令虞世南朱子奢等爲
之碑此碑立於豳州乃破薛舉處也文既爲朱
則字爲虞更足據耳　錢夏記

呂州普濟寺碑

正書　許敬宗譔　貞觀二年

右呂州普濟寺碑貞觀二年許敬宗撰呂州者
霍邑也高祖義兵起太原始破宋老生於此義寧

元年乃以霍邑趙城汾西靈石四縣置霍山郡武德元年更曰吕州太宗十七年廢 集古錄

臨淄郡公房彦謙碑

八分書 李百藥撰 貞觀五年

彦謙玄齡父也在隋任司隸刺史出爲涇陽縣令卒官不大顯而隋書立傳二千餘字者盖修史時玄齡方爲宰相故也彦謙自曾祖而下三世皆封壯武侯隋唐史玄齡碑所書皆同獨此碑作莊武未知孰是碑李百藥撰歐陽詢八分書在今齊州

章邱縣界世頗罕傳

房彥謙碑陰具載彥謙歸葬恩禮儀物之盛太宗遇玄齡可謂厚矣蓋厚其禮所以責其報也太宗可謂善任人矣 二條金石錄

房彥謙高祖法壽自宋歸魏封壯武侯子孫承襲魏隋唐三書皆同獨碑莊武按漢膠東國有壯武縣文帝封宋昌爲壯武侯正義曰括地志云壯武故城在萊縣即墨縣西六十里後漢志壯武故夷國左傳隱元年紀人伐夷是也賈復傳封膠東侯

食郁秩壯武等六縣晋張華亦封壯武侯字並作壯獨此碑與左傳杜氏注作莊 金石文字記

房梁公碑

正書 褚遂良書

右唐房玄齡碑文字磨滅斷續不可考究惟其名字僅存其後題脩國史河南公而名姓殘闕者褚遂良也按舊唐史云玄齡名喬字玄齡而新史乃云名玄齡字喬今碑所書與新史合惟宰相世系表又云玄齡字喬松者不知何所據也

碑已泐僅存六百餘字褚河南正書結法與聖教序同可寶也舊唐書諱喬字玄齡碑曰諱玄齡字喬當是以字行后以名爲字耳新唐書從碑 石墨鐫華

化度寺邕禪師塔銘

正書 李百藥撰 歐陽詢書 貞觀五年

歐陽率更書所謂直木曲鐵法也如介胄有不可犯之色然未能端冕而有德威也 山谷集

唐貞觀間能書者歐陽率更為最善而邕禪師塔銘其最善者也至大戊申七月中袖此見過為書其後吳興趙孟頫

吾家率更書流傳人間甚多邕禪師塔銘乃其絕佳者此帖臨摹鐫搨又其絕精蓋是舊本至元庚辰二月丁亥歐陽玄題李宗道所藏

歐陽率更姜白石以為追縱鍾王今觀此石刻尚使人驚絕矧真跡哉因知白石之論為信然此化度寺碑蓋舊本收者宜寶藏之至元六年歲

庚辰三月十六日康里巎巎書 三條

長沙歐陽信本書在唐評為妙品鄭漁仲金石略所載凡二十三種而行於南北者惟僧邕塔銘及醴泉銘而已二銘多所翻刻南本失於瘦北本失於肥殊無精妙之本余嘗于越見胡文恭公所藏醴泉銘肥瘦適均精彩煥發識者定為初刻今觀此塔銘其神氣絕與之類誠可寶玩也然塔銘尤信本得意書姜堯章謂勝於醴泉駸駸入於神品其亦知言也哉元諸大老寘品評於其間者

凡十又三人余尚何言庸掇拾緒餘而書於左方云

宋鑾坡

趙子固以歐陽率更化度醴泉爲楷法第一雖不敢謂然〻是率更碑中第一而化度尤精緊深合體方筆圓之妙而殘鈌尤甚昔年得一本僅二百餘字後又致一本雖剥蝕其可讀者幾再倍之當是前百年物而字意小緩散不能如前本之精勁也豈攋手微劣故耶因合而識之俟明窻細展究其所以異可也　弇州山人稿

余兒時亟聞先愳庵府君稱化度寺帖妙出九
成宮右而未獲見每以爲恨今太師英國張公
廷勉間出所藏舊帖乃駙馬李子期家物銘
叙畧備其空缺處率用印識若文書家所謂
盖印者帖後若趙松雪揭曼碩𫎇子山諸公
皆有題識惟謝端所謂藏鋒王沂所謂神氣
深穩者最爲得之周馳云石刻羽化久矣則此
固二百年前物也張公愽雅好文事尤重世澤
其永寳之不獨如李氏所識也正德五年八月十

日長沙李東陽識　懷麓堂集

右歐陽率更書化度寺邕禪師塔銘石本王魯齋先生自言兒時見其兄以此臨學時二百四十餘字其兄亡後魯齋求補爲全文而妍媸自見景定庚申人日所爲跋如此至咸淳己巳春又得河南范謌隆興初跋尾云慶曆初其高王父開府公諱雍奉使關右歷南山佛寺見斷石砌下視之迺此碑稱歎以爲至寶既而寺僧誤以爲石中有寶破石求之不得棄之寺後公他日再至失

石所在問之僧以寶對公求得之爲三斷矣乃以數十縑易之以歸置里第賜書閣下靖康之亂諸父取藏之井中兵後好事者出之椎搨數十本已乃碎其右恐流散浙右者皆是物也則以是爲范公家本矣今又百三十年而魯齋六代孫文英寶藏之如舊比今西安府學本清勁文采相懸絶矣大抵書法有輕重之勢而近橅石本類皆一體填湊字内筋脉舉無存者余與他人言多不省今見此本乃知古人自有真也　春雨集

趙明誠金石録載化度寺邕禪師塔銘李百藥撰歐陽詢書貞觀五年十一月立即此碑也余早歲得此碑於崑山沈大中云是黄應龍先生故物以其殘斷不甚珍賞後過文氏停雲館聞有宋搨本索以觀及其出示大畧不遠雅慕其舊復手模以歸亦無李百藥字是知此碑自宋已不全矣豈明誠所見又當時之善本與金石評攷

此歐陽得意之筆未收有舊搨是本乃經重刻

每行缺其半中間更有節去損壞不可摹之字遂可讀者少字亦直存其大都令其峭拔獨立之神雋時化而爲穩重綿密之色所軼去者多矣其蕭踈冷澹之致尚存二三焉者古人名法時其不泯不得視爲殘廢之物也墨林快事

墨林快事云此歐陽詢意之筆未收有舊搨舊搨自屬難得而重刻碑誠亦足寶余妹夫陳蓋之家有先世所遺碑石余借得搨之蓋除去所缺入刻者雖其文已不可讀其存者字不

十

糢糊所謂峭拔獨立之意未為全失也　光暎識

褒國公碑

右段志玄碑以唐史攷之多不合云公諱某字志玄而其名已殘缺然始初不載其名也碑云鄒平人而史云臨淄人碑云謚忠壯而史云謚忠肅舊史亦作忠壯與碑合又碑云圖形戢武閣樓唐史及諸書功臣圖形皆云凌煙閣初余得河間王元碑云圖形戢武意謂凌烟先名戢武後改之尔今得斯碑亦同由是益知前言之不謬二碑皆當時

所立不應差誤也 金石錄

公封褒國公時亦授金州刺史見舊唐書而新唐書亦削之何也且史云志玄父偃師至鄆州刺史碑云散騎常侍益都縣開國公贈洪州都督八州諸軍事謚信公碑云志玄從破薛舉劉武周云云而史不書碑云謚忠壯舊史同而新史曰忠肅其剌謬不合如此惜碑全者僅半尚未得詳攷爾至如碑書撰俱無名氏書法雖方整不無少遜崔安上李藥師碑然於匹書中時作一二

筆分隸是六代遺習　石墨鐫華

祭酒孔穎達碑

正書　于志寧撰

右孔穎達碑于志寧撰其文磨滅然尚可讀今以其可見者質於唐書列傳傳所闕者不載穎達卒時年壽其與魏鄭公奉勅共修隋書亦不著又其字不同傳云字仲達碑云字冲遠碑字多殘缺惟其名字特完可以正傳之謬不疑以冲遠爲仲達以此知文字轉易失其真者何可

勝數幸而因余集錄所得以正其訛者亦不爲少也乃知余家所藏非徒玩好而已其益豈不博哉　集古錄

右孔穎達碑于志寧撰世傳虞永興書據碑云穎達卒於貞觀二十一年時世南之亡已久矣然驗其法蓋當時善書者規摹世南而爲之也　金石錄

孔祭酒碑世傳虞永興書非也沖遠之沒迺後伯施十年豈非當時學永興法者耶然筆

勢遒媚亦自可珍東觀餘論

此碑于志寧撰不著書者姓名其書全習虞永興而結法稍疎自非中唐以後人所辦黄長睿亦云世傳爲永興書非也祭酒没后永興十年乃學永興法者書也碑半没土中據集古録已謂磨滅而摘其與史傳不同者傳字仲達碑字沖遠碑與魏鄭公同脩隋書而傳不著傳又不著頴達卒時年壽今碑字沖遠與脩隋書事尚如新年壽字半泐隱隱可讀

云貞觀二十二年六月十八日薨春秋七十有五然則歐公所有碑與今碑畧同數百年間豈無剥蝕之災且昭陵諸碑多不可讀而孔公碑獨尚如此或公有功六經而鬼神呵護之耶　石墨鐫華

孔子廟堂之碑

正書　虞世南撰并書　貞觀四年

右孔子廟堂碑虞世南撰并書予爲童兒時嘗得此碑以學書當時刻畫完好後二十

餘年復得斯本則殘缺如此因感夫物之終弊雖金石之堅不能以自久於是始欲集錄前世之遺文而藏之迨今蓋十有八年而得千卷可謂富哉 集古錄

虞永興孔子廟堂碑石刻在關中余有二本其佳者以乞家弟文雖斷缺不甚剝蝕然是五代時翻本也首有相王旦書碑額蓋舊無額武后增之耳至文宗朝馮祭酒琢請斷去周字而唐史遂以此碑為武后時立者誤也相王所

書大周孔子廟堂之碑虞書入妙品評者謂其德鄰貞白又謂與歐陽率更齊名而專體過之如層臺緩步高謝風塵又如行人妙選罕有失辞特其傳世頗少常見賈躭相公極稱虞筆末云孔子廟堂碑青箱中至寳而已噫當其時已珎貴如此况千載之後其殘碑斷墨如魯靈光者但再經摹勒雖典刑僅存而風骨鎚鑠所餘無幾慨念唐石不勝色飛 弇州山人稿

嘗記在京師時見世南真跡謂以此文石本進

呈太宗特賜王羲之黄銀印一顆則世南之書
貴重於當時者固已如此但世之人不見真跡故
鮮有知是說者 金薤琳琅
評者謂虞永興書如層臺緩步高謝風塵
又如行人妙選罕有失辭觀此碑果不虛也賈
躭相公云孔子廟堂碑青箱至寶今碑已經五
代翻刻尚尔則當時可知但碑已斷泐在西安
府學予常至其處見碑傍一片石取視之
則碑之破裂者如此恐後人不復得見此書

可勝慨哉　石墨鐫華

滎洛道以二十萬買來去大周二字本即此此刻乃宋時重勒者永興親受筆訣於永禪師當時進呈石本唐太宗以右軍黃玉印賜之令謝表勒在群玉堂帖好事者合觀之可以知伯施書矣　蒼潤軒帖跋

余幼習此帖亦宋搨本但已經斷折合縫處率差一行以致裝潢之家前後各不相中幾不可讀偏覓全本了不可得後細詳文義知其

誤由折處跡之每行可失去二三字而已欲改裝之而帋墨腐敗無可著手乃其鋒稜峭拔情致温文視近日搨者不啻千萬固重整其衣飾而識其概如此然好古之士即片言隻筆玩之可以有得況琅琅千計固間世之瑰寶也有唐一代雅尚字學大家之遺造物者亦為呵護種種貞石色澤如新令有志者不出案頭頓交古哲此其一也北斗當天是在見知者耳　墨林快事

其書銜曰太子中書舍人行著作郎　臣虞世南

奉勑撰并書司徒并州牧太子左千牛率兼撿校安北大都護相王旦書碑額相王者睿宗也舊唐書宣宗大中五年十一月國子祭酒馮審奏文宣王廟碑始太宗立之睿宗篆額加大周二字蓋武后時書也請琢去僞號從大唐字從之此大周字削而相王之銜獨存也其末曰永興軍節度管内觀察處置等使王彥超再建則元碑已亾此重刻也

此碑與皇甫誕碑並書胥為胥廣韻胥俗

作胥攷之漢人如韓勑孔廟禮器碑桐柏淮源廟碑司空宗俱碑巴郡太守張納碑竹邑侯相張壽碑戚伯著碑金廣延母徐氏碑毅阮祠碑陰楊震碑陰及魏公卿上尊號奏北齊南陽寺碑固已書爲胥矣漢人碑亦或作胥後周華嶽頌作胥故李善注枚乘七發以通厲胥母之塲爲胥母之誤而壻字一傳爲壻再傳爲揖三傳爲聓四傳爲聟皆胥之變也詩有女同車釋文壻音細字林作揖戰國策韓且坐而胥巳乎王胥臣之反而行並作聓書大傳不愛人者及其胥餘作聓晉

書五行志論异於北音義异息魚反張駿傳有黄龍見於揖次之嘉泉呂光載紀迎大篆於揖次音義揖子魚反次音恣漢書地理志武威郡有揟次縣此皆胥字之誤漢仙人唐公房碑揟字作胥晋王右軍帖有女胥字其書幕爲莫笑爲咲覆賈爲覆還荊爲荆歌爲哥其字或通或俗而及之爲反則重刻者誤也二條金石文字記

廟堂碑爲虞永興得意之書貞觀四年碑成進墨本賜以王逸少所佩右將軍會稽内史黄銀印當時車馬填集碑下氈搨無虚日故未久而壞至五代王彦超翻刻之止存鄒廓耳今

觀此本珠貝玉粟神彩照映信爲千秋至寶

唐搨久亾恐世無二本昔宋人榮咨道以錢三百

萬購唐搨本在彼時已難得如此矣金石録

云廟堂碑武德時建而題曰相王旦書額者盖

應額無額武后時增之尒至文宗朝馮審爲祭

酒請琢去大周字而唐史遂以此碑爲武后

時立矣

金石史云唐書法以歐虞並稱然前人云歐若

狂將涤入時或不利虞若行人妙選罕有失

詞又虞劉柔內含歐筋骨外露君子藏器以虞為優固當至謂秀嶺危峯處處間起則非也歐虞固可並稱今止存一廟堂碑已經五代翻刻手神尚尔映發初刻更不知何如耶二條銷夏記

永興廟堂碑唐搨自不可得見矣五代時翻刻碑亦已殘缺湯滮余所藏一本猶完好所謂虞書劉柔內含者不失其真信為善本至可珍也又松壑顧先生曩自

山左歸贈余一本未曾訊其所從來按

王司寇居易錄一條歷城門人趙于京豐原

官城武教諭寄其邑二碑尚極完好蓋世

鮮知之摹搨者少故也一虞永興夫子廟

堂碑不減王彥超翻刻西安本云云松壑所

贈當即是司寇所賞本也 光暎識

九成宮醴泉銘

正書 魏徵撰 歐陽詢書 貞觀六年 碑在

麟遊縣

右九成宮醴泉銘唐秘書監魏徵撰歐陽率更書九成宮即隋仁壽宮也太宗避暑於宮中而乏水以杖琢地得水而甘因名醴泉焉集古錄

鄭公此文因隋氏之鉅麗歸唐德之儉損頌而有諷體了然諫錄中語也渤海書書鄭公語當知合也

書斷謂率更正書出大令森森焉若武庫矛戟虞永興稱其不擇紙筆皆能

九

如意高麗亦知愛重遣使請之其名大若此然太傷瘦儉古法小變獨醴泉銘遒勁之中不失婉潤尤為合作此帖得之十年前文既殘缺字亦糢糊視汴刻猶是未央瓦差不蕩古意也因識而藏之復得一本更完整覺精意古色流映眼睫間摩挲竟時卒更之於索請李陽冰之於碧落至下馬坐卧味賞旬日不能去昔人云解則愛之余不解而愛々矣又乃不

解不知何也

三條　弇州山人稿

九成宮醴泉銘唐秘書監魏徵撰率更令歐陽詢書按唐書貞觀中改隋仁壽宮爲九成宮永徽中又改爲萬年宮宮在岐州開皇十三年楊素所治徵言宮城之内本乏水源六年四月西城之陰土覺有潤以杖導之有泉隨而涌出因名醴泉按醴泉尔雅曰甘露時降萬物以嘉謂之醴泉甘露雨也而漢魏郡國與唐離宮皆謂水從地出其味

若醴誤矣　廣川書跋

九成宮醴泉銘秘書省撿校侍中鉅鹿郡公魏徵撰兼太子率更令歐陽詢書九成宮乃隋之仁壽宮也魏爲此銘亦欲太宗以隋爲戒可以見魏之志也

唐人云書貴瘦硬方通神瘦近清寒清寒則氣易弱硬則堅苦堅苦則勢易危澀山道人積精鍊神滓穢日去清虚日來雖頗清羸而沖和内融所以能肌膚若冰雪

綽約若處子歐陽所以可貴也二條古今法

書苑載虞集説

歐書皇甫君道勁此碑婉潤允爲正書第一碑已缺殘余曾見一舊搨已爲貴人携去浙中余所收乃二十年前物近復致得數紙其中被縣令使石工鑿三十餘字則余本又爲難得矣宋趙子固謂率更化度醴泉爲楷法第一今巋然獨存者醴泉耳化度寺在朱雀街今禾黍離離無復蘭若之跡不知碑

已在何時每至其地悵然者久之 石墨鐫華

九成宮近皆湯滅射利者乃妄為洗之甚形模猶昔而韞藉眉越矣況有增註其所缺二字而以奴書充之更堪穢嘔古跡之不幸如此余收有舊搨本自二字元缺外字字皆完美如新亦墨本之最希有者也 墨林快事

右九成宮醴泉銘魏徵撰歐陽詢正書之合作者此舊搨本首缺一百十八字嘉靖戊戌八月朔日重裝以善本補之校今流傳者

碑愈殘剥而搨手帋墨皆不及遠甚固宜寶也

右九成宮醴泉銘其文曰維貞觀六年孟夏之月皇帝避暑于九成之宮此則隋之仁壽宮也又曰粤以四月甲申朔旬有六日丁亥上及中宮云云則是四月無疑新唐書作三月當以碑爲正歐陽文忠集古録每以金石正史氏之失至此又復牴牾何耶二條金石評攷

貞觀初歐虞褚薛以王佐才弄翰追配二王

謹嚴瘦勁歐陽絕出流落天壤間者何限獨化度寺記醴泉銘最為琢玩習之者往往失其韻致但貴端莊如木偶死於活處鮮不為吏牘之歸假刻誤人人亦罕識真忽見此本殆未易得反復數日書以歸之 北澗集

長沙歐陽信本書在唐評為妙品鄭樵金石略載凡二十三種而醴泉銘居其一銘刻於貞觀六年自貞觀至今七百有餘歲石剥泐已久世之所傳完善者多非真此本乃毘陵胡

秦公武平故物神韻生動其爲初刻無疑可寶藏也　宋學士集

歐陽率更書米海岳稱其真到内史石刻惟醴泉銘化度寺二碑特妙化度缺其半醴泉銘文字可讀者皆後人重摹此本雖有缺文乃宋搨致佳下真一等者也董其昌觀於墨華閣因題　珊瑚網

余向年於王公惟儉家得醴泉善本僅缺數字滄桑後竟失之丙戌之春復得此本故

尚方物也雖鈌廿餘字然摹法甚精昔人所
稱草裏驚蛇雲間電發森森若武庫戈矛
者備現帋上令人絶不能有此鍾繇真宗人本
也舉吏臣書多帶隸法如首行宫字左點作
豎筆臣鋒一畫乃隸體近年摹本竟是一
點大失書家妙旨矣此摹之所以貴舊也

銷夏記

萬年宫銘

行書 高宗御製并書 永徽六年

萬年宮即九成宮改名高宗幸而銘之書之也行草視英公碑尤爲勁挺石墨鐫華

此唐高宗書也間都活潑不著矜持凑泊之態誠爲合作墨林快事

初唐帝王留心書學太宗每得二王帖輒令諸王臨五百遍另易一帖故所書多可觀至太宗晉祠銘不見佳不如淳化帖中諸書高宗萬年宮銘筆致生動有晉人遺致勝似所書李勣碑

碑陰五十餘人長孫無忌李勣褚遂良輩皆與焉書名大小不倫然皆有法即契苾賀蘭亦不草草唐人能重書學如此（二條銷夏記）

令在麟游縣舊唐書高宗永徽二年九月戊戌改九成宮爲萬年宮乾封二年二月辛丑改萬年宮依舊名九成宮冊府元龜永徽五年五月制萬年宮銘刻石於永光門外仍令中書門下及文武三品已上并學士自書名位於碑陰刻之（金石文字記）

虞公温彥博碑

正書 岑文本撰 歐陽詢書 貞觀十一年

右唐温彥博碑歐陽公集古錄跋顏勤禮碑後云按唐書温大雅字彥弘弟彥博字大臨弟大有字彥將兄弟義當一體而名大者字彥名彥者字大不應如此盖唐世諸賢名字可疑者多封德彝云名倫房玄齡云名喬高士廉云名儉顏師古云名籀在唐無所諱不知何避而行字余按顏之推家訓云古

廿五

者名終則諱之字乃可以爲孫氏江南至今不諱字也河北士人全不辨之名亦呼爲字々固爲字尚書王元景兄弟皆號名人其父名雲字羅漢亦皆諱之其餘不足怪也又顔師古匡謬正俗載或問人稱字而不稱名者何也師古攷諸典故以稱名爲是蓋當時風俗相尚如此初無義理也然師古既立論以稱名爲是而乃以字行殆不可曉也已 金石錄

率更書温虞公碑得之鬻書人者殘缺不復可

讀第其字畫之妙不在醴泉化度下如郭林宗雖標格清峻而虛和近人他書不免作李元禮謖謖松風矣 弇州山人稿

信本此碑字比皇甫九成差小而結法嚴整不在二碑下王元美曰如郭林宗標格清峻而虛和近人故溫公卒於貞觀十一年是時信本年已八十餘而楷法精妙如此虞伯施嘗謂信本不擇紙筆豈亦擇老少耶惜碑已殘後世不復見耳 石墨鐫華

此碑已久壞下大半皆湯滅不可讀市兒取其存者而重刻之約得四百餘字余初見之竊喜求全本三十餘年不可得後得一本乃工已截去壞字亦只僅五百餘字而已予深爲惋惜最末始得此本乃未裝者數之有八百廿餘字鋒芒轉折精神宛在余遂手爲裁潢每行約有廿有三四字各自爲起竟使一覽而知其所缺爲何等文義可以遥度而聯屬之即缺亦足爲完想大抵字與九

成宮雖相埒而此更瀟洒雍容其玲瓏秀潤不可以言語形容乎更面目千古如對信古刻之不可及而裝潢之不可苟也因述其求之之艱示後之人焉墨林快事

此斷碑已亡其半名字皆莫可攷唐書温彥博遷中書令進爵虞國公尚書右僕射薨贈特進謚曰恭盖虞言其國恭言其謚温言其姓也碑有高廉字者即史諫輿高廉抗禮事也碑云無功於月氏即史戰敗

沒於突厥事也碑云李縚見禮者即史云

李綱歎異其鄉相才也其爲𠑽傳無疑

矣金石評攷

太常卿薛收碑

正書　于志寧撰　永徽六年　今在醴

泉縣

昭陵陪葬者一百六十五人今存者僅十六碑記

中載其十五惟遺此碑先師所録必目覩其

碑與收得拓本者亦然則置之蓋其慎也

碑亾存百餘字而額尚完 金石文字補遺

薛收碑文字殘缺其可讀處以唐史校之無甚異同惟收之卒謚曰懿而史不書亦又收之子元超據唐史及碑皆云名元超而楊烱盈川集載所爲元超行狀乃云名振字元超蓋唐初人多以字爲名耳 金石錄

此碑殘缺存者數十字耳碑額題太常卿汾陰獻公據史永徽間贈太常卿而不書謚見史之佚者多也碑書法亦類王知

敬趙模而無名氏撰者據金石錄爲于志

寧 石墨鐫華

將軍張阿難碑

碑書大似李衛公碑殘泐特甚中有云内侍汶江縣開國侯張阿難又云勇冠三軍掃定河汾等語得無溢美乎唐初開國宦侍爲公侯魚李之禍兆矣 石墨鐫華

朝散大夫行潤州句容縣令岑君德政碑

正書 張景毓撰 歐陽詢書

岑君德政碑乃唐雍州錄事參軍張景毓字燭微撰按碑岑君名植字德茂南陽人也祖文本父景倩解褐爲軍又爲蒲州司户參軍又調精補衢州司倉參軍乃擢授潤州句容縣令是碑因其去而立也碑今在縣治二門外今年秋余以試事赴句容既失意日夕游行崇明寺託居民搨數碑以還柳浙江君指示此及寺中仆地石幢云是李北海所書又撿書史會要以示句容隱士

若江君者可謂難得矣是日出少時與祝京兆往復詩稿及宋刻句容縣志自言遠祖江賔王與朱文公同年家有當時試錄在鄉中不及取后予迫試事歸昨始寄至因得摩挲墨本恍憶往事故記之云嘉靖戊午十月廿一日記 蒼潤軒帖跋

余所藏岑君碑得之吾鄉項氏尾有墨林先生書云宋搨歐陽率更正書明丁丑又八月十八日重裝共計五十五楮墨林項元汴珎

藏按碑明是張景毓撰歐陽詢書而蒼潤

軒題云唐業行寺主釋翹微正書攷金石

錄則云釋翹微正書所異者作徵作微皆

不言率更書竊謂元碑是率更書翹公

嘗另書一碑耳余未得見翹公所書本獨

怪率更所書本豈前人多未之見耶光暎識

三十

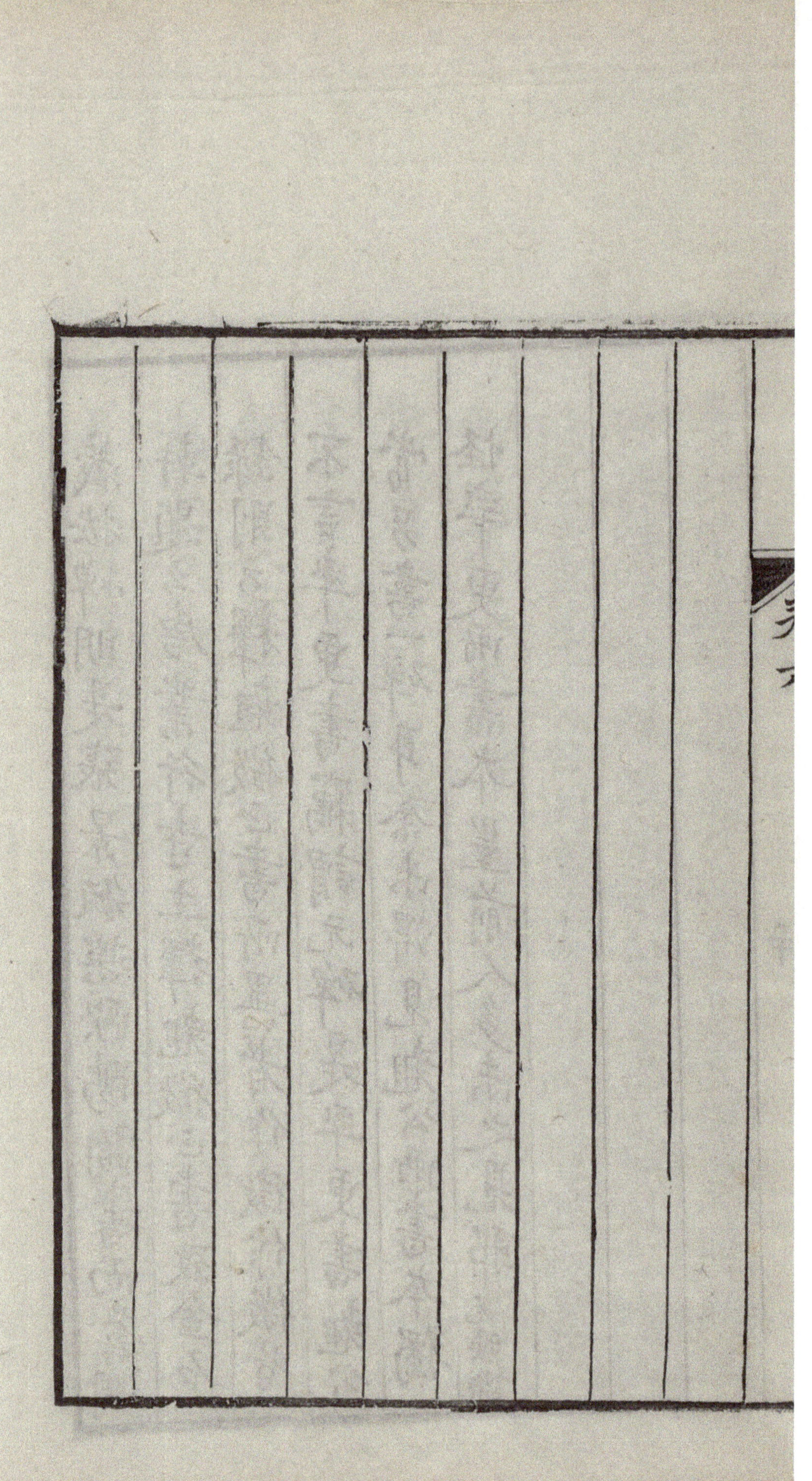

晉祠銘

行書　太宗御製并書　貞觀二十一年

唐得天下後太宗祠晉侯而爲之銘晉侯者周唐卅後霸天下者也高祖起兵時曾禱於晉侯之祠而以是報享之太宗製文并書全法聖教序蘭亭而縱橫自如但石理惡歷年多其鎚鑿之存者無幾耳 石墨鐫華

詳褱周之世天王空寄諸侯力爭而夷狄復割

據僭竊於外所幸齊晉二主創爲霸圖乃得終春秋而入戰國然栢末終丗文開累葉況以同姓之親地掩北紀則周之不亡晉實留之居然一中興之業矣不幸六御瓜分多半異姓而周始零落晉之關於宇宙豈淺唐能褒功千古豈不允合人心乃以禱祠求助之私侈加崇奉寧是神明之胄所願受乎即御製御書不爲光也然此碑自予收外游歷南北不聞有見之者則其視高宗他書更爲難得亦所合寶

惜者乃指其私仍録而存之以俟尚論君子采而

覽之云　墨林快事

唐太宗自晉祠興師定天下貞觀二十一年七月御製碑文及銘勒石於叔虞祠東隅碑陰列長孫無忌蕭瑀李勣張亮李道宗楊師道馬周銜名後人覆之以亭而庸工以字畫上石稍淺遂刻而深之帝嘗自述作書之法惟求骨力骨力既得形勢自生不意爲庸工改鑿而骨力形勢俱失矣予嘗五至祠下輙摩挲是碑

覽古興懷集少陵野老詩句文章千古事社稷一戎衣書於亭柱富平李因篤見而賞其工因遺書與余定交於其歸也拓銘一本贈之而書其後 曝書亭集

祠在今太原府西南四十里距今太原縣八里而今縣則古晉陽之故地唐時爲并州爲北都爲河東節度使治昔人立廟於此以祀唐叔攷之北齊書已有其名而唐高祖起兵嘗禱於此册府元龜太宗貞觀二十年正月幸晉祠

樹碑製文親書之於石今存祠中蓋昔之并都

甚大祠去城三四里亦在懸甕山之麓晉水之

所發源後人於此引池結亭架橋其上林木

翳然足爲一方之勝其廟負山而東面者晉

水之神南面者唐𠼪之神後晉天福六年封

唐𠼪爲興安王臺駘爲昌寧公而宋時又封

晉水爲顯靈昭濟聖母飾爲婦人之像今之

人但言聖母而不復知有唐𠼪爲古先有土之君

矣水經注云昔智伯遏晉水以灌晉陽後

人踵其遺跡蓄以爲沼沼西際山枕水有唐
淅虞祠水側有涼堂結飛梁於水上北史薛
孝通曾與諸人同詣晉祠皆屈膝盡禮孝
通獨捧手不拜顧而言曰此乃諸侯之國去
吾何遠恭而無禮將爲神笑是則當時之所
祀者唐淅非水神也祠前蓮花臺上有鐵人
四一紹聖四年一五年造俱完一弘治十一年一無
年月俱壞今之工不及古也
碑陰字體不一其上右方云司徒太子太師上柱

國趙國公臣無忌太子太保上柱國宋國公臣瑀特進太子詹事兼左衛率上柱國英國公臣勣光祿大夫刑部尚書上柱國鄅國公臣張亮禮部尚書上柱國江夏郡王臣道宗太常卿駙馬都尉柱國安德郡公楊師道正議大夫守中書令太子左庶子兼攝吏部尚書護軍臣馬周凡七行皆當日書者其餘則皆宋人續題錯亂無次其空處又有洪武二年行省叅知政事楊憲題而絕無一唐人題者以

御書之碑不敢擅刻也他碑則唐人之題固纍

纍也

舊唐書東夷傳新羅王真德遣其弟國相

伊賛於金春秋及其子文正来朝春秋請詣

國學觀釋奠及講論太宗因賜以所製温

湯及晉祠碑并新撰晉書將歸國令三品以

上宴餞之 三條金石文字記

晉祠銘貞觀閒樹碑其年月記者亦有不同

而言太宗撰文并書則無異也墨林快事獨

謂爲高宗書不知何據 光暎識

慈德寺舊宅詩

此唐太宗先後於故宅詩二首人以後題字有僧惠鑒書遂以詩爲僧書殊不尔盖天聖中已刻於种世衡必有所本今原搨即不存然跋語明稱字畫損壞復命工刊立而已未言改書則書仍舊體必矣即未可必爲太宗手筆乃其修整不俗自非惡扎其惓惓慕思之誠尚可見於彷彿固攷古者所宜急想見者也唐一代書法之妙輝

掩千古自其立國之初已然矣余特爲表其故一申之非傳訛也　墨林快事

秦王告少林寺主教碑

今在寺中其文刻於裴漼碑之上方首曰太尉尚書令陜東道益州道行臺雍州牧左右武候大將軍使持節涼州總管上柱國秦王世民告柏谷塢少林寺上座寺主以下徒衆及軍民首領士庶等末曰四月卅日按舊唐書太宗紀高祖受禪拜尚書令右武候大將軍進封秦王加授雍州

牧武德元年冬拜太尉陝東道行臺尚書令尋加左武候大將軍涼州總管三年加拜益州道行臺尚書令七月總率諸軍攻王世充於洛邑則此乃四年之四月廿日也其五月丙寅則世充降而河南平矣世民二字草書特大乃太宗親書

按碑文行書

又按金石錄載唐太宗賜少林寺教書八分書武德二年與此不同或別是一教 二條金石文字記

英國公李勣碑

六

行書　高宗御製并書

公陪葬昭陵碑文高宗製并書行草神逸機流後半尤縱橫自如良由文皇藏右軍墨跡如蘭亭之類極夥故其父子青宮萬機之暇一意模仿以至此也碑首御製御書四字大額褚登善奈曾至碑下見碑高大過房杜諸臣豈以陛下家事之一言而爲是以報之耶　石墨鐫華

文皇以絕世之姿而字學又所留神是以凡有制作不偸不修自章心得晉王問安之暇時所佩

服乃既無其天授兼歎其工力而竊竊効之遂省拖斷截僅存風流自賞之態視之尔日大醉之貶不啻倍之恐不得聯翼異家雞也然初唐之主世以字名亦其貽謀之驗與高宗諸版各有致而此又其白眉者況在黃屋因題而錄之 墨林快事

贙廣韻作贙胡畎切獸名似犬多力出西海倒一虎者非也五經文字亦云贙于犬反從二虎從貝俗以二虎顛倒與說文字林不同此書用俗體倒

一虎而又缺一筆以避太祖諱令人不識之矣蘇文
舉開業寺碑亦用此體尔雅貙有力注出西海
大秦國有養者似狗多力獷惡沈佺期驩州
寄家人詩且懼威非貙寧知心是狼杜甫哀
蘇源明詩不要懸黃金胡為投乳貙寄劉
峽州詩乳貙號攀石饑鼯訴落藤注引炙
轂子載貙銘曰爰有獷獸厥形似犬饑則馴服
飽則反眼出於西海名之曰貙
梁昇卿御史臺精舍碑作貙一武一虎更奇

文選左思魏都賦薰葭贙藿蒻森李善注引說文曰贙分別也此又一義 三條金石文字記

蘭陵公主碑

蘭陵公主太宗第十九女名淑字麗貞駙馬都尉慶州諸軍事使持節慶州刺史扶風竇懷悊太穆皇后猻銀青光禄大夫上柱國竇德素子也史書竇氏二十餘人無德素名而公主傳但言悊爲太穆皇后族子而已此碑亦可以備史之缺撰者據金石錄爲李義甫無書

者名姓而方整勁拔亦歐虞之流亞也石墨鐫華

汝南公主墓誌

行楷　虞世南

昔人於永興率更書俱登品神妙間而往往左袒永興余初不服之以虞之肉似未勝歐骨蓋謂正書也晚得永興汝南公主誌銘草一閱見其蕭散虛和風流姿態種種有筆外意高可以並蘭亭詩叙治頭眩方畀寶在枯樹上游則非鄱陽薄冷隂筆所能並駕矣

天后御製詩并書一通

王知敬正書　永淳二年　今在少林寺

知敬工草及行尤善章草入能膚骨兼有戈戟足以自衛毛翮足以飛翻若冀大略宏圖摩霄殄寂則未奇也　書斷

知敬善隸草行評者謂如麒麟將騰鸞鳳欲翥　墨池編

夏日游石淙御製詩并序

薛曜正書 久視元年 碑在嵩山石淙崖上

右唐武后夏日遊石淙詩并序群臣和者一十六人河東薛曜正書久視元年五月刊於平樂澗之北崖斯游也新舊唐書本紀均未之書計敏夫唐詩紀事亦不載僅見之趙明誠金石録及樓大防集而已予友葉封井叔知登封縣事撰嵩高陽石刻志始著於録顧刪去九首覽者不無憾其闕漏康熙己卯九日獲披全文碑尚完好漫漶僅三字惟張易之昌宗姓名爲

人摹去然猶可辨識也井𣗳曩語余澗壁面
水必究崖棧木乃可摹拓故儲藏家罕有
之余性嗜金石文以其可證國史之謬而昔賢題
咏往往出於載紀之外若賈竦華岳詩李复
恒嶽詩任要韋洪𧥄岳𧥄白蝙蝠詩三衢石橋寺
李諲古風臨朐馮氏詩紀海塩胡氏唐音統籤
泰興季氏全唐詩集皆畧而不收斯碑亦棄而
不録世遂莫知曆宗及狄梁公之有詩傳於今予
因爲跋其尾　曝書亭集

岱岳觀造像記

泰山之東南麓王母池有唐岱岳觀今存小殿三楹土人稱爲老君堂其前有碑二高八尺許上施石盖合而束之其字每面作四五層每層文一首或二首皆唐時建醮造像之記周環讀之得顯慶六年一首儀鳳三年一首天授二年一首萬歲通天二年一首聖曆元年一首久視二年一首長安元年一首四年二首神龜元年一首景龍二年一首三年一首景雲二年三首開

元八年一首大曆七年一首建中元年一首其空處又有唐代人題名書法不一東側面有詩一首其下題名西側面題名亦有詩一首中二側面皆無字唐碑於泰山者唯此及玄宗泰山銘蘇頲東封朝覲頌二文皆磨崖刻於山上而此碑在山下以小而僻東故不作書非名筆故摹拓者少而獨完至今因歎唐時六帝一后脩齋建醮凡二十許并此二碑亦異乎近代之每歲一碑以勞人而窮石者矣但不知趙德甫金石錄何

以不收恐古人碑記失傳者正多耳碑爲積土所壅余来游數四最後募人發地二尺下而觀之乃淂其全文云

碑凡大周年者天作而地作埊人作𤯔聖作𨲠臣作恵年作𠡦月作㊉亦作匨韻會以匨爲生字誤攷此碑及順陵碑匨字並是月字日作㊁星作○正作𠙺授作𥠢契苾明碑授作穐初作𡔈唯[illegible]字無可攷疑是應字凡數字作壹貳叁肆捌玖等字皆武后所改及自制字其𨲠曆年記有云設金籙寳齋河圖大醮祭

㉠桼古七字太玄經玄攡曰運諸桼政玄棿曰棿擬之二桼方言曰吴有桼娥之臺晉束晳玄居釋夕宿七娥之房王莽候鉦銘候鉦重五十桼斤是也後人不知妄於左旁添鑿三點淺而大又稍偏知非一筆唐碑書七字亦有作漆者今墨子書周公旦朝讀書百篇夕見漆十士張參五經文字七作漆後人省筆作柒柒即漆之草書趙古則謂以七漆二字合成造之非也山海經剛山多柒木水經注漆水下有柒縣柒渠柒溪字皆作柒今作柒又漆之省

舊唐書睿宗紀先天二年三月癸巳詔制勅表狀書奏牋牒年月等數作一十二十三十四十字是

十二

知前此皆借壹貳等字矣不知其始於何年
也
程大昌演繁露曰古書一爲弌二爲弍三爲弎蓋
以弌爲母而一二三隨數附合以成其字特不知單
書一畫爲一單書二畫三畫爲二爲三起自何
時今官府文書凡其記數皆取聲同而點畫
多者改用之於是壹貳叁肆之類本皆非數
直是取同聲之字借以爲用貴點畫多不
可改換爲姦尔本無義理若十之用拾八之用捌

九之用玖尤爲不倫韻會捌破聲劉歆遂初賦石捌破之嵒〻亦有似可相通者易之參天兩地左傳自參以上則往稱地來稱會是嘗以參爲三矣攷工記鏃矢參分茀矢參分莊子參月而後能外天下史記滑稽傳飲可八斗而醉二參並以參爲三顔子不貳過士有貳宗國不堪貳爲其與正爲副則貳之爲二尚或可以傳會矣在顔師古時江充傳固已訛弌臺爲太壹又薛宣傳本曰壹笑爲樂而俗本乃改壹笑爲壺矢是此時一已爲壹矣若元本不用壹字則一字本一畫

何緣轉易為壹也又今漢書凡一字皆以壹代詩壹醉日富壹者之來大學壹是皆以脩身為本周禮典命其士壹命公羊襄二十九年傳許夷狄者不壹而足之則一變謂壹已在師古之前矣冊府元龜謂敘傳班壹當作一流俗本改壹為誤非也然而古今經史凡書千百之字無有用阡陌之阡伯卌之伯者余故疑舊本不曾改少畫以從多畫也然不能究其起自何時

洪氏容齋隨筆曰古書及漢人用字如一之與壹二之與貳三之與叁其義皆同鳴鳩序

剌不壹也又云用心之不一也而正文其儀一兮表記節以壹惠注言聲譽雖有衆多者節以其行一大善者爲謚耳漢華山碑五載壹巡狩祠孔廟碑恢崇壹變祝睦碑非禮壹不得犯而後碑云非禮之常一不當則一與壹通用也孟子市價不貳趙岐注云無二價者也本文用大貳字注用小二字則二與貳通用也易繫辭參天兩地釋文云參七南反又如字音三周禮設其參注

參謂卿三人則三與叁通用也
冊府元龜文宗大和二年十月詔天后所撰十
二字並却書其本字令摟景龍以後碑志
之文固皆書其本字矣不知何以復有此詔
六條 金石文字記

昇仙太子碑

行書 天后御書 聖曆二年 今在偃師縣
南三十五里府店 緱氏山本廟
武曌滛横千古而亦假借彔翰天之生才於

彼何其不蕲也此文未必真出后手當是北門學士語碑首昇仙太子之碑六大字飛白書作鳥形亦佳飛白書久不傳於世此其僅存者耳 石墨鐫華

武氏牝晨淫革唐鼎此書遂欲亂千古同文之治嘻何其甚也文似北門諸學士手筆意軟媚無鉄椎〻悍馬時意〻氣且既爲太子立碑而以蓮花六郎稱其後身得不穢千古青簡耶爲之一笑 弇州山人稿

唐武德弁訛立國規模未定太宗力行仁義

而未純繼以高宗之昏前徽幾墮得武曌剛

明精密之心思整頓二十餘年而後海内貼然

馴致高麗百濟一一收服以隋廣之強貞觀之

武不能得者以一婦人竟其績即其崇武抑

李不無大罪而有功於唐則多矣觀其詞、

筆之美不遜文皇寧非天挺之豪乎三郎不

知妄作遂以亡唐論者貴有目力耳壘林快事

磨崖紀太山銘

八分書　明皇御製并書

記太山銘唐開元帝製及手書相傳燕許脩其辭韓史潤其筆以故文頗雅馴不猥弱隸法雖小變東京最爲穠勁饒古意余嘗游其地度天門造碧霞欝浡雲霧中此銘獨㸌然有龍翔鳳翥之態邑參軍擱滑一本以示予〻既讀而愛之然竊有慨於帝之侈心也木有蝕蠹入焉當時天下幾小康帝意以前薄秦皇漢武不足道而不知太真林

甫國忠祿山之徒固已乘其侈而入之蠧矣粲
軍得浯州中興頌當時置墨池傍閲之其
治亂始末有大足相發者噫嘻可畏哉
記太山銘者唐玄宗皇帝御撰及書字徑
可六寸許雖小變漢法而婉縟雄逸有飛
動之勢余嘗登太山轉天門則見東可二里
旁崖造天銘書若鸞鳳翔舞於雲烟之
表爲之色飛既摩挲久之惜其下三尺許爲
搨工人惡寒篝火焚蝕遂缺百餘字傍有

蘇丞相頲東封頌正書閩人林煒以四大字刻其上惡札題名縱横漶滅不可讀悵然而下後人事〻可憎殆不特此二條弇州山人稿

玄宗御製并書文詞雅馴而分隸遒逸婉潤最爲得意之筆刻在太山高崖字大六七寸石方三丈極不易搨王户部竟年爲彼中司理見餉一本如獲明珠石墨鐫華

唐初諸人隸石猶畧存漢法如孔廟諸碑是也至玄宗而始一變力超豐艷漢法蕩然矣

所書太山銘字大七八寸雄偉可觀絶勝他書

是其最得意筆 銷夏記

余所收有三本其二本有缺文王弇州所云爲

火焚蝕遂缺百餘字是也其一本無一字損

壞鋩鑯俱全當是舊搨無疑 光暎識

御注孝經

唐玄宗書孝經後有太子亨右相林甫左相

適之等題名韋郇公陟稱彭城縣男蓋自吏

部侍郎出爲河南採訪始襲公爵此本封

耳韋斌封平樂郡公可補本傳之闕書法豐妍勻適與太山銘同行押亦雄俊可喜當其時為林甫所蠱媚極矣猶知有是經耶三子同日就隕屬鏤南內淒涼廢食厥代唐家父子如此循覽遺跡為之懇慨 弇州山人稿

此碑四面以蟠螭為首鑿嵌精工故非後世所能開元帝書法與太山銘同潤色史惟則老勁豐妍如泉吐鳳為海吞鯨非虛語也後有李

齊古表行書亦佳同勒諸臣名字〻不草〻至如行押數十字尤豪爽可喜乃知前代帝王留心翰墨如此 石墨鐫華

前第二行題曰御製序并注及書其下小字曰皇太子臣亨奉勅題額其額云大唐開元天寶聖文神武皇帝注孝經臺後有天寶四載九月一日銀青光祿大夫國子祭酒上柱國臣李齊古上表及玄宗御批大字草書三十八字其下有特進行尚書左僕射兼右

相吏部尚書集賢院學士脩國史上柱國晉國公臣林甫光祿大夫行左相兼兵部尚書𢎞文館學士上柱國渭源縣開國公臣李適之等四十五人姓名惟林甫以左僕射不書姓舊唐書王琚傳載李絳疏云左右僕射師長庶僚開元中名之宰相表狀之中不署其姓宋周必大二老堂雜志曰祖宗朝宰相官至僕射勑後乃不著姓他相階官自吏部尚書而下皆著姓中間人名下攙入丁酉歲八月廿六日紀九字是後人所添是歲乙酉非丁酉也又宋二人官銜下不書臣亦可疑

十九

孝經疏序曰孝經河間顏芝所藏因始傳之
於世自西魏及魏歷晉宋齊梁注解之者殆
及百家至有唐之初雖備存秘府而簡編多
有殘缺傳行者惟孔安國鄭康成兩家之注
并有梁博士皇侃義疏播於國序然辭多
紕繆理昧精研至唐玄宗朝乃詔群儒學
官俾其集議是以劉子玄辨鄭注有十謬
七惑司馬堅斥孔注多鄙俚不經其餘諸家
注解皆榮華其言妄生穿鑿明皇遂於

先儒注中採摭菁英芟去煩亂撮其義
理允當者用爲注解至天寶二年注成頒行
天下仍自八分御札勒於石碑即今京兆石
臺孝經是也二條金石文字記

玄宗御注道德經
唐石臺道德經開元二十三年道門威儀司
馬秀等請於兩京及天下應脩宮齋等州
皆立石臺刋勒其經文御書其注皆諸王所
書群臣請立道德經臺奏荅并書注諸王

列名附唐玄宗諸子十三人字皆一體集古錄

唐玄宗注老子道德經開元二十三年用道門

威儀司馬秀言令天下應修宮齋等州皆

於一大觀立石臺刋勒邢州故有龍興觀開

元二十七年刺史李質立石摹勒如制至宋

端拱初觀臺已廢後知州軍事何纉始修

復之鐫記於臺左方余至邢州龍興觀已廢僅

存半畝之宮先有尼居之前太守徐衍祚改

爲社學石臺尚存隱於屋後人少知之者千

年之物莫知愛惜計亦不能久矣　歸震川集

凉國公主碑

右凉國長公主碑小許公撰而開元帝御書〻法過肥然點畫間自有異趣要自唐變世體帝爲最也碑辭大半可讀攷之唐史睿宗第六女字華莊始封仙源下嫁薛伯陽今碑内封爵先後同而字乃從花粧非華莊也又稱歸故丞相虞公温彥博曾孫曦及攷彥博傳曾孫曦尚凉國長公主伯陽傳尚仙源公主

坐父稷誅流嶺表自殺然則公主固嫁薛伯陽
再嫁溫曦史遺曦而碑諱伯陽也　弇州山人稿
此蘇頲撰開元帝令書帝書潤色史惟則而
此碑稍肥要之一變漢法者也公主碑名花粧
史作華莊先封仙源嫁薛稷子伯陽伯陽
坐父稷流嶺表再嫁溫彥博曾孫曦史遺
曦不書而碑諱不言伯陽　石墨鐫華
今在蒲城縣其文有云開元十二載八月辛丑薨
於京永嘉里第按唐書天寶三年正月丙

辰翔改年爲載而此在其前二十年已云載矣蓋文字中偶一用之後乃施之詔令符牒耳　金石文字記

金劉經碑

王知敬正書

任君碑

碑在汾州府南門外二里文侯村任君名藔官至金紫光禄大夫上柱國臨濟縣開國男貞觀十七年二月卒夫人郭氏其文有曰未桂東

都之冠先覆北墉之首按論語伯牛有疾注禮病者居北牖下仁山金氏曰牖字誤當作墉室中北墉而南牖墉墉也金石文字記

棲霞寺明徵君碑

正書　高宗御製　高正臣書　上元三年

舊唐書明崇儼傳累遷正諫大夫特令入閣供奉崇儼每因謁見輙假以神道頗陳時政得失帝深加允納潤州棲霞寺是五代祖梁處士山賓故宅帝特爲製碑文親書於

石論者榮之今按此碑高正臣書史家以御製
并訛爲御書耳金石文字記
上元縣攝山佛寺明徵君碑其文唐高宗御
製書之者高正臣也碑立於上元三年徵君者
蕭梁處士山賔寺其故宅高宗以山賔來孫
崇儼入閣供奉特爲撰文勒之於石石至今
猶完好曝書亭集
右高宗御製高正臣書王知敬篆額碑陰
有棲霞二大字乃大中庚午歲立今碑乃景

乎此即米芾所謂手摩一丈玉讀盡上元記

者書自聖教序中出極有風骨可愛　蒼

潤軒帖跋

封祀壇記

正書　武三思撰　薛曜書　登封元年

于志寧碑

正書　令狐德棻撰　子立政書　乾封元年

右唐于志寧碑以攷唐史列傳其微時所

歷官史多不書今亦不復錄〻其尤著者碑

云大業十年爲清河縣長而傳云爲寇氏長
碑云自中書侍郎遷兵部郎中授蒲州
刺史不赴後爲衛尉卿判太常卿事以本
官兼雍州別駕遷禮部尚書而史皆不載
中云自侍中拜尚書左僕射同中書門下
三品頃之兼太子少卿遷太傅顯慶四年以
老乞骸骨詔解僕射更拜太子太師仍同
三品今以碑攷之其初拜僕射也未嘗領中書
門下三品至罷僕射乃爲同中書門下參

謀朝政皆史家之誤又按百官志唐初宰相有參議朝政參預朝政參知政事其後有同中書門下三品同平章事永淳中遂以平章事入銜而獨無參謀朝政之名蓋惟見於此耳 金石錄

涼國公契苾明碑

正書 婁師德撰 殷玄祚書 今在咸陽縣

以武氏僭竊之年載亂賊蠢謟之字此穢碑也收之當愛其字而忘其惡邪是不然扶

餘高句麗等國隋廣富强之世太宗英武之主思折服之而不能一得志者后能以夷狄歸順之才驅疲敝渙散之卒勝而敗〻而復勝卒疆理其地而歸之版圖雪千古之憤蓋具開創之畧故能以籠絡駕馭不卹不厭竟底於成立此碑所述平涼土又其小〻者耳後世曆數一統之君問學雄傑之辟能闖其藩籬否其人固窮兇極惡其畧固可取也監古者取其畧用之不勝於師蛛之經蝗之斧乎況其

有功之佐又烏可廢也　墨林快事

此碑立於先天元年十二月乃玄宗受禪之後而碑猶用武后字又明父何力史作何而此碑作河又其中特勤字再見皆特勒之訛按北史突厥傳大官有葉護次特勒通典同温公通鑑攷異曰諸書或作勅勤今從新舊二唐書迴紇傳依託高車臣屬特厥近謂之特勒無君長契苾何力傳父葛隋大業中繼爲莫賀咄特勒隋書高祖紀突厥雍虞閭可汗遣其特勒來朝李

崇傳突厥遣使謂崇曰若來降者封爲特勒史傳中稱特勤者甚多此乃作特勤又柳公權神策軍碑亦云大特勤嗢沒斯此皆書者之誤若其中有云玉質金相作葙鷹揚字前从木後从才又其小失也金石文字記

李靖上西岳書

世傳扶餘國事類若劍俠而衛公從之似以任縱自喜然攷其行事則動以禮法自約又若老書生此書豪武自將亦既放矣或疑其僞

將其纂侮神羞求合於杳冥者乎亦當時憤激感慨豪氣未除而然耶劉餗嘗言衛公訴神且請告以官位所至詞色抗厲後有聲曰僕射好去後果如言此書殆似或真有是邪將後人因此附益之乎餗在開元中其說似有據若可信也 廣川書跋

此好事者誣衛公而爲之書詞可笑而劉餗言衛公訴神且請告以官位詞色抗厲後有聲曰僕射好去顧不見後果如言以此觀之真

有是書耶又小說載公射獵行雨事殆異人

不可以常理論也書三種潞州者崇寧間刻

藤縣者紹興間刻西岳廟則近刻筆亦遒

逸王元美稱之當是潞州本藤縣者不及近

刻又下矣　石墨鐫華

右唐李衛公布衣時上西岳書真跡蓋厭隋

亂已極負濟世之志奮欲有爲而咨之神明

之辭也士重乎立志養氣衛公此書志已先

定而氣蓋宇内矣是以卒能輔明主而建

功業焉其書亦佳石刻在廣西余得之劉長吾
僉事云東里集
世傳李衛公未遇為文告西岳神意在取
天下次則擇主而仕若微時預以帝王自許
者然攷之史衛公初仕隋為殿內直長尋
為馬邑丞唐高祖擊突厥衛公察其有
非常志乃自鎖上急變新舊唐書所
載畧同可謂不知天命之尤者亦安得於
未遇時逆知為唐佐命出入將相乎其事

雖見李肇國史補而告文不知何人所作其云斬

大王之頭焚其廟宇此豈衞公之言昧者從而

刻之石按歐陽趙氏所録皆無之葢近代作僞

者爲之眞妄男子也　曝書亭集

觀妙齋藏金石文考略

〔清〕李光暎 輯

雍正七年觀妙齋刻 道光十七年刊本

二

YSP
北京燕山出版社

觀妙齋藏金石文攷畧卷八

集王右軍書聖教序記

此碑爲百代書法模楷今時尤重搨者無虛日風骨鎚鑱俱無存者形似耳然其筆法隱然可尋余曾見舊搨十數本獨長安一田生本爲善今已爲按察僉事劉公餘澤索去餘皆不及也余所收本乃二十年前物較之今搨猶勝眞可寶惜 石墨鐫華

書苑云唐文皇製聖教叙時都城諸釋

誘知福寺懷仁集右軍行書勒石累年方就逸少真跡咸萃其中今觀碑中字與右軍遺帖所有者纖微克肖書苑之說信然然近世翰林侍書輩多學此碑學弗能至了無高韻因是目其書為院體由唐吳通微昆弟已有斯目故今士大夫玩此者絕少然學弗至者自俗耳碑中字未嘗俗也非深於書者不足以語此政和四年四月長睿書

聖教序雖沙門懷仁所集書然從高宗内府借右軍行筆摹出備極八法之妙真墨池之龍象蘭亭之羽翼也余平生所見凡數十百本無踰於此者其波拂鉤磔處與真跡無兩當是唐時搨本耳去歲嘉平臘得此本今年伏中復得定武蘭亭為自快自賞者久之窮措大餘生一何多幸耶

聖教序未裂本予往往得之多為人乞去而留其頗佳者此亦其一也懷仁既善書又從

文皇借得真跡摹出以故雖不無偏旁轃合而不失意他集右軍書者未盡尒也二條

古今法書苑載王世貞說

世之所以重藏序非重懷仁也以右軍之精神在也右軍之精神一寄於石而懷仁即可以為世寶則夫古搨之全者一筆一畫右軍之遺意與懷仁瘖寐追維之極思一舉而收之豈非千古之尤物學此道者所當以頂踵奉之者哉墨林快事

懷仁真跡在余家一紀餘未嘗展觀今乃臨

石本政如漢元殺毛延壽

每以懷仁聖教序書有蹊徑不甚臨仿欲

用虞永興法爲之方於碑刻習氣有異此

冊亦其一也苦不能竟耳

古人摹書用硬黄自運用縑素此卷首有

宋徽宗金書標字與内景經同一黄素知

爲懷仁一筆自書無疑書苑所云雜取碑

字右軍劇迹咸萃其中非也黄長睿書

家董狐亦以書苑爲據恨其不見真跡輒随

人言下轉耳

此書視陕碑特爲姿媚唐時稱爲小王書若

非懷仁自運即不當命之小王也吾家有宋舍

利塔碑云習右軍書集之爲習正合余因此

自信有會 四條容臺集

集右軍書聖教序心經予前後閲數十本獨

此舊搨本不失筆意最佳耳此序爲唐文

皇記爲高宗作今以冠藏經盖叙記僧玄

奘求法事也始奘於武德末乞往西佛地取經不許乃私從一賈胡闌出邊亡何胡棄之去幾死獨身越五烽謁高昌王傳致西突厥可汗歷十餘國而抵鳩摩從胡僧戒賢習大乘論譯經語又之中天竺戒日王所說法積十八年而以二象䭾夾經像還至涼州上聞手詔飛騎迎之令安夏阿蘭若譯經行世而父子相率為序記侈大之噫彼高宗者固爾豈文皇之雄畧豪氣而遂衰沮不振至此耶

彼其志得而無所事〻意惓而感慨係之不
之於長生則之於因果無足怪也奘既托之
文皇懷仁又託之右軍以不朽其業即令達磨
師見之不满一笑耳右軍真跡固多第自禊
帖外不應行法大小匀整乃尔且梵字多所不
備其小〻展縮偏傍輳合所不免也
聖教序書法為百代模楷病之者第謂其結
體無別搆偏傍多假借盖集書不得不尔仲
蔚謂出文皇手又經于志寧等潤色不無失

真是不知咸亨中沙門懷仁模集勒石而心
經末有志寧等潤色題字蓋玄奘方於洛中
總譯西域所齎經藏以志寧等領其事故
云尒唐世宰相有兼譯經潤文使者即
其職也凡唐藏經卷尾皆有諸公名姓此
何與於書而仲蔚乃以是病之陋一至此乎
褒毋爲之失笑 二條弇州山人稿
王知撰曰序中如金容掩色心經中色不異
空〻中無色諸色字於草法合至空〻不異

五

色〻即是空〻即是色無色聲香味觸法諸色字乃色字集書者誤以此作色耳觀天地苞乎陰陽苞字下體文抱風雲之潤抱字右邊自見而昔無言及之者 金石文字記

懷仁聖教叙乃集右軍書宋人極薄之呼為院體院中人習以書誥勅士大夫不學也趙子固云其中逸筆不知懷仁從何處取入使人未學他書先學此殊為可惡子固深於書學者故其言如此至近時乃大不然視此帖

不断本如懷寶收藏家學與不學俱購求一

本以後人而秦中士夫爲甚有著金石史者謂

聖教叙較定武蘭亭相絶千里可爲噴飯

真所謂夜郎王不知漢大彼或未見真定

武耳蘭亭是右軍第一妙跡定武是蘭

亭第一妙本不特此也即宋所臨諸本無不

各具一風格陸子淵所謂原本既高得其一

枝半節無不善者人能學一分即得一分

之力無不卓然大雅惟一學聖教序則渾身

板俗即唐人吴通微號能書者亦受此累
况其他乎黄長睿云學勿能至自俗碑字
未嘗俗夫碑字不俗何以學之輒俗使學
蘭亭者有是乎長睿深於書學者失
言矣余初得一不斷本繼於故内復得此本
更完好字法纖毫畢具盖唐搨也秦人王
文含見之歎不釋手 銷夏記
按董文敏容臺别集云：聖教序是懷仁
書矣懷仁既奉勅書宜云僧懷仁奉勅

書何駕名右軍若奉勅集右軍書又不得自書文敏言懷仁真跡在其家恐未必是真跡即使是真跡當是懷仁集書之後另書豈可據此疑集書原本耶沈文恪跋所臨蘭亭後序云古人集字之工如出一手他帖不多見唯聖教序及此序耳董宗伯謂懷仁乃右軍後裔習其祖之筆法流傳既久遂以習爲集不知何所攷據則文敏所言懷仁真跡文恪亦不以此爲據也　光暎識

七

慈恩寺鴈墖褚河南書聖教序記

褚河南書本學逸少而能自成家法然疎瘦勁鍊又似西漢往〻不減銅筩等書故非後世所能及也昔逸少所受書法有謂多骨微肉者筋書多肉微骨者墨猪多力豐筋者聖無力無筋者病河南豈所謂瘦硬通神者耶

廣川書跋

此以序與記分刻二碑於慈恩寺墖下分東西兩龕置之風雨與童牧俱不能及是以能久而

不毀書法遒健然用筆輕細后署永徽四

年書似不及同州本 石墨鐫華

此長安本也筆法老幹簡勁有不可屈之

色而形態朴野似以貧賤驕人者可敬而

不可狎造其妙可以髙揖貴人而學之未

至覺粗直可憎蓋喜甘惡苦所從來矣

墨林快事

三藏聖教序世傳二本予嘗評之以爲王

書如千狐聚裘痕跡俱無褚書如孤蠶吐

絲文章具在然今藏書之家右軍之刻多
有而中書之搨僅見簡翁此帖紙墨兩
精原溥可以傳矣 蒼潤軒帖跋
趙崡曰據張茂中游城南記云寺廢毀殆盡
惟一塔儼然則今寺亦非唐剎而塔自宋熙
寧火後不可登萬曆甲辰重加脩飾施梯始
得至其顛求記所謂唐人墨跡盖郗舒元
輿之類皆不可得塔下四門以石為桄桄上唐
畫佛像精絕為游人刻名侵蝕可恨東

西兩龕褚遂良書聖教序記尚完好而唐
人題名碑刻無一存者問之僧云塔前元
有碑亭乙卯地震塔頂墜壓爲齏段今
巳矣金石文字記
長安慈恩寺有河南所書聖教序記分
爲二碑嵌鴈塔門東西兩傍㝡完好序云
永徽四年十月十五日建中書令臣褚遂良
書記云永徽四年癸丑十二月十日建尚書右
僕射上柱國河南郡開國公臣褚遂良

書無是同州召還後筆稱臣者以御製文非奉勅書也 銷夏記

同州褚河南書聖教序記

余舊藏褚登善聖教序記婉媚遒逸波拂處虬健如鐵線蓋善本也後陝省致一經輕搨不足言或以爲翻刻或以爲有二本弟俱有可疑者舊藏本稱龍朔三年建按遂良以永徽六年貶潭州顯慶二年從桂州未幾貶愛州歲餘卒蓋未嘗生及龍朔也豈

遂良嘗書之至是始摹搨上石耶陜省本則
云永徽四年中書令臣褚遂良書攷之本傳
宰相表遂良貞觀末爲中書令後罷永
徽三年以吏部尚書同中書門下三品四年進
尚書左僕射疑皆後人附益之耳弇州山人稿
此以序記并書一碑在同州遒逸婉媚波拂
處虬健如鐵綫后署龍朔三年書似勝慈恩
本
聖教二碑王元美攷年代官品以爲不合署

名處疑皆後人附益良是但元美未嘗至開
中遂不知二碑所在耳余又按玉海太宗製
聖教序高宗爲太子又述記并勒置慈恩
寺浮圖永徽四年十月褚遂良書則大墖本
似是真跡而同州本又勝何也二條石墨鐫華
按舊唐書褚遂良傳永徽元年出爲同州
刺史三年徵拜吏部尚書顯慶三年卒於
愛州至龍朔三年則遂良之亡已五年矣恐
是後人追刻也王弘撰曰碑後有大唐褚遂

良書在同州倅廳十字當是後人補書其書法亦徵不類 金石文字記

同州河南所書聖教序記與慈恩寺大小畧同而同州饒骨慈恩饒韻如出兩手而同州尤有墜石驚雷之勢後云龍朔三年癸亥六月廿三日建大唐褚遂良書在同州倅廳樓公永徽元年庚戌出爲同州刺史三年還朝六年貶潭州顯慶二年貶愛州三年戊午卒於貶所至龍朔癸亥卒已六年蓋非手書上石

者公歿同人不勝桐鄉之思復摹刻官所寔記所建歲月初不計其存亡其兩地字跡不同者摹手異耳　銷夏記

此碑書龍朔三年是時褚公已五年矣似屬可疑按雁塔二碑皆稱臣某此碑直書姓名而不稱臣王弇州所云褚公嘗書之其後模勒上石者容或有之銷夏記金石文字記皆擬為追刻誠是余於雁塔同州二刻之外又得一本年月同雁塔本而字法不同碑已有

断蝕處不知此碑在何所諸評論者皆不之及焉蒼潤軒帖跋論褚公真書聖教之後又一條云褚公行書聖教序碑立於懷仁集右軍書時蓋是咸亨三年然則褚公聖教序寳有四本又金石録載有王行滿正書聖教序并記在顯慶二年余亦收得一本 光暎識

王居士磚塔銘

上官靈芝撰 敬容正書 顯慶三年十月

近出終南山楩梓谷土中　金石文字記

騎都尉李文墓志

碑曰公諱文而不言其姓蓋石斷而亡其半尔文休承題其𢞴曰李將軍碑攷唐書及集古錄金石錄碑目皆無李姓名文者人無可紀史不悉載天下碑闕至多歐趙不能兼收理或有之第碑又曰夫人李氏禮不娶同姓則文似非李也唐初功臣率多賜姓而碑叙官閥有曰開國承祕得非先娶李而後亦

賜姓者與休烝素稱慱洽且不輕妄余是
以疑之金石評攷
同里曹生仲經嗜金石文手拓同州李君碑示
余細墨精善對之眼明碑未詳書者姓氏
觀其峻利秀逸非王知敬殷仲容不能造
詣及此李君諱文字緯東漢以後字必以兩
字稱一字者罕矣載於唐書房玄齡字喬
顏師古字籀李彩字師李琇字琇張巡
字巡郭曜字曜宇文審字審李愃字祚

李倐字堅賨思仁字恕張羲方字儀此外不多見也 曝書亭集

太宗文皇哀册

臣書 褚遂良撰并書

哀册褚固宜有書乃字法太穉而治雖河南降格而爲之亦不至是後人臨仿不可知要不可據以爲登善之臣果也 墨林快事

褚河南書哀册刻於吴江史氏余疑爲米南宫所臨以其時出米老脚手故也又常獲觀褚

書枯樹賦兒寬贊真跡與此體不類其米
跋尾蓋其晚年語意實有未盡必求售者
剪棄後語以冒褚名而希厚價尔觀陳子
徵跋惟南宮知之以下數語可見金石評攷
天台唐君國器嗜古如嗜利近於汴梁市中購
得褚登善所篆唐太宗哀冊文一卷舊嘗藏
相臺岳珂倦翁家後有北燕喬簣成所
題定為唐人書唐君既自識其左復請瀌一
言之瀌聞唐故事哀冊圖之大典也非職載

筆至司鈎衛者不敢為之登善自貞觀二
十二年九月己亥為中書令二十三年三月丁卯太
宗不豫四月己亥幸翠微宮五月己巳崩於
含風殿庚午奉大行御馬還京師當是時
登善秉政中書緝熙帝載者已九月哀冊
必屬之蓋無疑也此卷當為命藁之第二故於
二十三年下闕歲次己酉五月甲辰八字嗣皇
帝下不書治字家傳縉雲下無高祖配天
又有慶八字逷悲風於長下闕術字然特

其闕文耳徵之大詔令蘿圖琬琰集文粹文苑諸書其政又各有同異殆不能悉數也濂竊按正史雜史咸謂太宗以八月庚寅日葬與大詔令等書並同庚寅則八月之十八也今獨亥庚子則是月之二十八日不知何以有一旬之差將史誤耶或藁本之筆訛也嗣皇帝之名不書懼僭也其理固當太宗之崩既書二十六日己巳矣年月甲子初何足隱諱而懸空之耶尤有不可得而曉者相去七百餘載其事

十五

不可臆度未可以遽言也若論字畫當爲登
善所書登善初師虞世南晚入右軍之室故
唐之能正書者僅二十八人而登善居三四之間
此卷溫潤以虞其結體則多法右軍世之人徒
見登善所書或與薛稷顏者遂起之殊不
知先指有兼人之才而其作字初不拘一體張
顛善草書至其小楷極端謹有法傳其
學者惟顏真卿得之亦觀登善者宜以是
求之簣成雖號能覽古其言似不足徵也

國器尚永寶之翰林學士金華宋濂題潛溪集

褚河南書太宗哀册文𥧲得之先友登州教授鄭敬守先生書家論古名賢遺跡河南傳世之佳者三龕碑兒寬賛及此帖耳三龕碑未得見嘗見會稽鄭宗經有兒寬賛墨跡真妙絶此帖亦今世所罕見者余家諸帖此當爲冠東里續集

晉宋間人以風度相高故其書如雅人勝士

瀟灑醖藉折旋俯仰容止姿態自覺有出
塵意陵夷至于中唐法度森然大備而怒張
挺𠢕之氣亦已露矣唐初諸賢去古未遠故
猶有晉宋遺風觀褚公所書哀册豈後人
所可髣髴哉古人所爲常使勝於法而後世
常法勝於意〻難識而法易知顔柳之書余
一見即知其美此書八九年中凡三見矣今始
識其用意之妙正猶有道君子泊然内運
非久與之居不足知其所藴也　遜志齋集

倪寬賛

褚書本和易妍美聖教記序可見巳緣中有絲披老筆人遂目以枯澁而譌傳之淼可惋歎此賛用意細貼運筆輕活而一種老成尤自不可及蓋褚書中之最合作者墨林快事

枯樹賦

晉賢之後字之琤琤成名者褚枯樹其一也屢經翻摹精神如在況以元美先生付之良工固

二七

已足滿海內之志矣吳興益之以圖早安蛇足況繼之以臨能無虒皮集為一卷弥添河南之妍此不必容賛惟滌慮於此賦之適也墨林快事

枯樹賦故龍圖閣壽春魏公家傳云褚河南書其卷末題識亡云貞觀四年為燕國公書而無書人姓名按徐浩書品云中宗時中書令宗楚客恩倖用事嘗賜二王真跡二十軸因製為十二屛以褚遂良枯樹賦為

脚大會群賢張以示之薛稷崔湜輩見之皆廢食歎息驗此賦河南書明矣然既用作屏而今本乃横卷豈非後之好事者重裝褙以便緘藏耶抑河南書此賦自有别本耶不可復知也觀其筆力遒媚頗逼二王非河南不能為也而學者多云燕公于志寧也按志寧曾祖謹仕周開國封燕志寧貞觀末始襲祖封而此賦乃在未封前豈當時公卿自有封燕者而史失其傳耶或志寧

嗣封當在前而書傳記之誤耶又不可得而詳也余愛玩其書因究其本末於後（蘇魏公集）

右枯樹賦世皆以壽春魏氏為真丹陽蘇丞相雜識之墨帖既藏魏氏今所傳蘇丞相跋尾者亦模勒也至或以雍直所臨仿為魏本而系蘇跋其後余此本得之晉汶陽梁正壽正壽雅好筆墨且自精賞魏鄭公嘗云褚河南下筆遒勁甚得逸少體資此本皆蘭亭筆法識者寘云開封丁禹錫毗陵胡

篆之以勒石大野鼎炁㕡記 鷄肋集

景龍觀鐘銘

景龍觀者中宗所作景雲二年睿宗爲之鑄鐘也正書而稍兼篆隸奇偉可觀鐘今在西安府城鐘樓 墨林快事

睿宗景龍觀鐘銘楷書帶有隸篆然文弱如書生知其靡靡不振也且書各有體不得混如大小篆隸即楷也寫楷者亦惟用其法而不用其象故佳況楷豈可兼篆乎閱李仲

璇孔廟碑忽楷忽分忽篆令人噴飯睿宗

殆髗其跡耳 銷夏記

景雲觀在脩業坊見宋次道長安志鐘銘睿

宗景雲二年所撰并書字體與順陵碑文

畧似猶有八分遺意間雜篆法姿態橫出妙

品也由唐以來歷年既久當時古跡高臺已傾

曲池已平殘碑斷碣僅存千百之一而睿宗之

書獨留至今無恙鐘虡不移亦事之希有

者也 曝書亭集

初唐人作字尚有八分遺意正書之中往往雜出篆體無論歐虞諸子即睿宗書亦如此猶之初唐律詩稍似古風平仄不盡穩順開元以後書法日盛而古意遂亡遂以篆楷爲必不相通分爲兩部然而蚩之從虫㞢之从巴黎之从勿薛之从省虛之從业㬎之从析朩益之从横水此見行於今代者而不察其爲篆也詩篇書法日以圓熟而俗筆生焉亦世道升降之一端矣 金石文字記

菩薩戒本碑

高堅正書　大曆十三年

太宗廟碑

孫九鼎撰　天寶元年

雲麾將軍李思訓碑

行書　李邕撰并書　在蒲城

李北海翩翩自肆乍見不使人敬而久乃愛之如蔣子文俛僂好酒骨青竟爲神也吳興習之加媚似猶未得其道此雲麾將軍

碑尤著者將軍名思訓畫品在神妙閒碑韡絕不之及豈古人以執爲諱耶 弇州山人稿

北海書逸而遒米元章謂其屈強生疎似爲未當此碑是其得意者雖剝蝕過半而存者其鋩鐵凜然碑在蒲城楊用修謂已斷正德中劉遠夫御史以鐵束之又謂己巳朱秉器又謂良鄉亦有此碑蒲城者趙文敏臨書今蒲城碑尚在未斷無有鐵束事且蒲城李思訓葬處北海真跡的非文敏所

能良鄉本肥媚文敏書無疑楊朱二公未嘗至

蒲城而朱公尤爲聱斷 石墨鐫華

李北海書法獨步當時李陽冰評之爲書中

仙手趙子昂精心懇習遂亦獨步於元故模

搨日廣以至碑殘字削後爲俗工懼其滅沒重

加脩治謂之洗碑典則由是蕩然矣 金石評攷

此碑久壞不但字之完者日少而畫亦日瀾殆與

李他碑經重拓者相類全非公瘦硬古真

本色矣 墨林快事

李思訓碑為北海最妙之跡今殘剥已甚余所收者止缺一二字宋以前搨本為趙文敏故物其題簽乃手書也北海有兩雲麾碑一李思訓一李秀官同姓又同思訓碑在陝西李秀碑在良鄉石墨鐫華以為一碑且以北碑為趙文敏所臨誤矣良鄉碑不知何時入都城宛平令掘地得六礎洗視之乃秀碑也建古墨齋貯之不知又何時移至少京兆署中止存二礎矣 銷夏記

雲麾将軍李秀碑　在良鄉

右唐李秀碑李邕撰并書碑在幽州按明皇以天寶三年改年爲載今此碑元年正月立而稱元載何哉 金石録

李秀碑僅存二伯許字漫漶不可讀曾於海上顧氏得全本雄秀異常用其意書此論 董思白書樂志論跋

孫承澤春明夢餘録曰李秀字玄秀范陽人以功拜雲麾将軍左豹韜衛翊府中郎将

封遼西郡開國公開元四年卒葬范陽之福
禄鄉此碑爲靈昌郡太守李邕文并書逸
人太原郭卓然模勒并題額李北海有兩
雲麾碑一爲李思訓碑在蒲城一爲此碑其
官同其姓同也趙子函秦人未見此碑其著
石墨鐫華乃以爲一碑又以此碑爲趙子昂
所臨誤矣碑不知何時入都城萬曆初宛
平令李蔭署中掘地得六礎洗視乃此碑
存者百八十餘字碑首存唐故雲三字因築

二十三

室砌之壁間名曰古墨齋後移至京邸署中心
二礎其四礎相傳萬曆末王京兆惟儉攜之大
梁 金石文字記
黎民表古墨齋記云良鄉縣有雲麾將軍碑
礎置官廨不知何時爲校官裂爲柱礎墨本
遂不見於世近復修學舍吏以新砥置而不
用推之丸礫中過者不睨也邵生正魁董生鳳
元往經其地蹤跡之則古礎存焉規如錢鑑字
尚未泐也以語宛平李侯于羨侯喟然興歎

寓書縣令韡致都下云云得此記乃知是碑
入都之由在少京兆署中止二礎匪菴吴公涵居
是官時求之不得後忽得於蔓草間珍重
異常甃之文信國祠壁蓋以存官署中已經
一失再失而遇好古若王某又或取之而去不
若存是祠之得以無虞也吴公有記刻石光暵識
李北海千字文
首題云行書千字文末云開元十九年三月
廿八日隴西李邕書

盂

北海此書固與岳麓雲麾相似而較不露筋骨法密而神暇姿態殊勝趙松雪千字文似從此脫胎要之松雪自行其本色不必合亦不能合也此碑不知置於何所存不存不可攷顧余所見記載碑刻諸書無一及此碑則此碑久不存可以意斷矣 光暎識

少林寺戒壇銘

李北海行楷書

此書初於秀餐軒帖中見之似未盡北海筆

法之妙既而得原碑本一帙有儀圃曹先生鑒
賞印觀其筆法之妙無所不具難於形容
許靈長先生跋云余見北海書數十種用筆
各異唯岳麓雲麾相似此帙世不概見出奇
無窮抑先生晚年之筆與每作志傳皆手
自勒石伏靈芝黄仙鶴皆寓言也許故書家
善鑒别以此碑筆妙并信其手勒其推
重此碑如此按金薤琳琅記戒壇碑其云三藏
法師義淨製開元三年正月十五日立皆同碑

本獨於書人則云南館學生張傑又注缺字九
九不似碑本之無一缺字明是李張各有一碑
矣獨不應立碑之同月日也是不可解也并
州續稿云少林戒壇銘開元三年爲學生張
傑書當是時傑應尚少且不以書名而筆
法老成乃尒又時未盡習帝書故猶有瘦
勁意與條與金薤琳琅俱是作張碑跃不
及李碑誠無足怪而嵩山志云張傑書天
下金石志云張傑八分書俱言張而不及李

豈於李碑皆未之見耶　光暎識

岳麓寺碑

余友俞仲蔚爲余言李北海岳麓寺碑勝雲麾余亟購得之僅可讀耳其鈎磔波擻雖不能復尋覽其神情流放天真爛熳隱隱殘楮斷墨間猶足傾倒眉山吳興也題名稱前陳州刺史按邕謁上太山還獻詞賦上悦會有仇人發其贓者張說忌之下獄論死許昌男子孔璋救之得免謫尉遵化其

赴謫時道書也碑文頗庸陋又於杜拾遺集
見其一詩稗語殆不可曉何以負千將莫耶
稱於世耶米元章評其書如乍富小民屈强
生踈此語殊未當書故佳小佻耳邑以纖文獲
名以虛名獲死以佳書獲譽皆所不虞者因
附識之　弇州山人稿
是碑筆勢雄健在雲麾之上刻字亦出公
手　蒼潤軒帖跋
此碑俞仲蔚謂勝雲麾王元美謂殘楮

斷墨猶足傾倒眉山吳興余初未之見一日游長安有書賈持一碑來售余知其爲北海書亟伸之則岳麓寺碑也雖漫漶然筆意猶存亦不能勝雲麾差伯仲耳雲麾下半已無字上半存者乃如新此碑雖首尾皆可讀而鈎磔波撇不復可尋當是石理有堅脆也 石墨鐫華

岳麓碑雖已殘剥然其鋒穎尚淩厲不可一世北海奇人故所書尓昔俞仲蔚謂此碑

滕雲麾必有所見也北海書宋初人不甚重之至蘇米而稍龥其法又至趙文敏每作大字一意擬之北海諸碑皆手自鐫所云黄仙鶴伏苓芝無其人而託名也歐陽公云李邕書余始甚不好之之最晩譬猶結交其始也難則其合也必久全　銷夏記

娑羅樹碑

娑羅樹碑是北海筆遒逸豐美而不傷佻卞當是合作書也　弇州山人稿

北海得意之碑今有數種惟雲麾存其半其東林法華葉有道皆經再刻此亦淮上重翻者法華有其骨而無有其色皆足稱尊蓺苑大抵李法專以力勝一筆一畫如純劉貞玉壯士不能屈利刄不能入一切奇怪斜傾一二游戲在公原不自以爲佳後世之子雲自有其目寧有爲其所欺而景仰之者況以爲法乎 墨林快事

今重刻在淮安府張弨曰其末曰一歸可門

可門者何門也攷說文誰何之何本單作可其从人者則爲儋何之何易何校滅耳詩何蓑何笠尔雅何鼓謂之牽牛是也後借爲誰何之何更以擔荷爲儋何字〻日繁而忘其本此文以可爲何可見開元時文字尚存古法 金石文字記

北岳府君碑

行書 韋虛心撰 陳懷志書 開元九年

今在開陽縣北岳廟中 金石文字記

陳懷志此碑在李北海雲麾之下法華之上蓋以其筋骨有餘而丰度微遜尔蒼潤軒帖跋

伯夷叔齊二公碑

八分書　梁昇卿撰并書　開元十三年今在蒲州首陽山二賢廟中其文書於碑之兩面其側有後唐同光元年護國軍節度押衙丁約建立廟宇題字金石文字記

道安禪師碑

行書　宋儋撰并書　開元十五年　今在
嵩山會善寺廢戒壇前中斷

宋儋字藏諸廣平人高尚不仕户部侍郎
宇文融薦爲秘書省校書郎字作鍾體
而側戾放縱迹不副名開元中擧塲中後
輩多師之 述書賦志

宋儋筆墨精勁子瞻嘗云其人不解世獲
獪書便不足觀如儋書畫不可棄也 黄
山谷集

右道安禪師碑宋儋譔并書在戒壇寺西南

按志載傳梅云道安禪師碑廣平宋儋撰并

書文尚可讀字遒勁多骨而風致超逸出李

北海上耒云建墖僧破竈下損一字袁中郎謂

爲神僧破竈墮余細辨損處下從木不似墮

字豈嵩山有兩稱破竈者乎可疑也余謂此

書雖有風致然用筆傾側殊遜北海書史評

儋書如寒鴉棲木平沙走兔是爲似之耳至淳

化閣帖誤列儋書於秦程邈之後絕勝於此

而黄山谷亦稱僊書筆墨精勁又稱僊書姿媚尤宜於簡札惜不多見則因當時名筆也今碑已於萬曆時雷轟爲兩截爲土所瘞踰二尺許掘地得之文甚糢糊不可讀 葉井叔嵩山石刻記

敬節法師墖銘

正書 開元十七年 今在西安杜永村 金石文字記

李承嗣造佛像賛

正書 長安三年 金石文字記

中岳潘尊師碑

八分書　王適譔　司馬承禎書　聖曆二年

今在嵩山老君洞南題云弟子中巖道士獄馬蕭

奉書按唐書隱逸傳司馬承禎字子微事潘師

正傳辟穀導引術無不通師正異之曰我得陶

隱居正一法逮而四世矣則此碑稱弟子者司

馬承禎也廣韻獄亦司字老君洞即唐之逍

遥谷潘師正傳云居逍遥谷高宗詔即其廬

作崇唐觀及營奉天宮又勅直逍遥谷作

門曰仙遊曰尋真 金石文字記

高延貴造佛像贊

正書 長安三年 金石文字記

王徵君口授銘碑

正書 弟紹宗甄録并書 垂拱二年 今在

嵩山老君洞南徵君即王玄宗也 金石文字記

觀妙齋藏金石文攷畧卷九

明堂令于大猷碑

此碑僅存強半書法全出登善峻拔遒健可為傳神而書者名氏遂不可求惜哉按大猷志寧之孫立政之子志寧之玄孫顯於肅代朝傳云休烈父默成沛縣令早卒合之正為四世但不知默成者是大猷子否趙明誠有默成碑今不可得見矣石墨鐫華

今在三原縣碑云聖曆三年歲次庚子十一月十

二日合葬於雍州三原縣萬壽鄉之先塋而
碑非此時立也蓋後續爲之故其書並不用武后
所製字金石文字記
興聖寺尼法澄碑
行書　開元十七年　今在西安馬頭空金石
文字記
元氏令龎履温碑
八分書　郎混之撰　蔡有鄰書　開元二十
四年　今在元氏縣西寺内

碑陰有宋熙寧九年孟士龍遷碑記滎陽

鄭陶撰金石文字記

淄川公李孝同碑

孝同者淮安靖王神通之子史但附名神通

傳末碑亦磨泐可讀者才半中有云太宗

爲秦公孝同隸焉承間啓王曰秦公瞻視

非常功業又大雖非儲貳必膺寶歷靖

王心然之云云此亦可見矣撰文姓氏已不可

求書者據趙明誠爲諸葛思禎今亦磨

蝕但其筆法虬健波拂處大類褚河南可寶也石墨鐫華

大照禪師碑

行書　李邕撰并書　天寶元年

大照名普寂大通秀之嗣去達摩七世是名北宗門庭甚盛所謂兩京法主三帝門師者也碑當在嵩岳寺今不存拓本乃翻刻者不逮雲麾岳麓亞於婆羅耳金石文字記補遺

杜子美稱李北海碑版照四裔余行游天下

見東林岳麓諸碑皆宋以後重刻耳大照禪師碑乃唐時硬黃雙鈎神采煥發結構古雅宋時尚不聞其名況見其跡乎余冣嗜李書晚獲覯此遂摹勒上石以公同好雖謂之唐搨可也 容臺續集

金陵俞仲茅先生藏李泰和大照禪師碑二千餘字硬黃經筆法精整清栗有歐虞風味視他書欹側踈豪者大不同先生云此書自唐以來即爲高麗所藏以故絕

無宣和政和等璽群玉秋壑等印與蘇米
等跋神廟末年一舁得之平壤將獻之幕
府媒進余策遼事之必敗戒其毋遽往已而
果然此卷遂留余處稍酬之金帛不能滿
其意也而終無肎昂直應者故尚爲余物
耳世傳北海石本婆羅雲麾率以宕逸取
奇與此絕不類乃知古人勝處初不可以一途
取如菩薩神變散入諸趣在具眼者熟
參之蕭然有得也 六硯齋二筆

延陵季子廟記

蕭定撰 張從申書 大曆十四年

丹陽城西南六十里有延陵鎮去鎮九里爲吴季子廟有孔子十字篆碑及潤州刺史蕭定脩廟記大理司直吴郡張從申書并識重刊篆碑歲月二碑盖同時立也歐陽公不喜從申書僅録其三碑今存者獨此耳昔人評張書頡頏李北海今觀遺刻挺勁有餘而乏雋逸之氣恐未堪肩隨也 金石文字記補遺

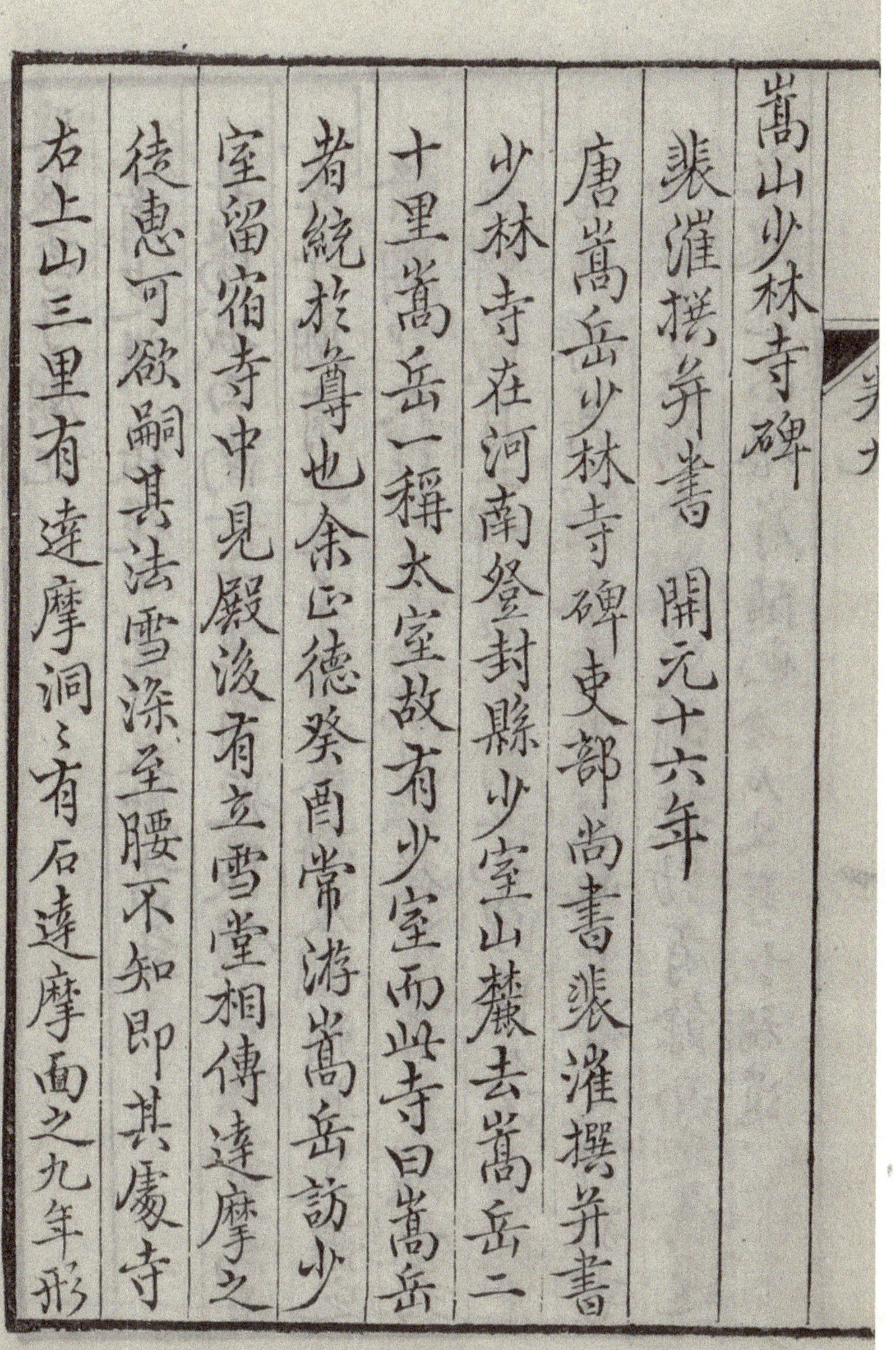
嵩山少林寺碑

裴漼撰并書　開元十六年

唐嵩岳少林寺碑　吏部尚書裴漼撰并書

少林寺在河南登封縣少室山麓去嵩岳二十里嵩岳一稱太室故有少室而此寺曰嵩岳者統於尊也余正德癸酉常游嵩岳訪少室留宿寺中見殿後有立雪堂相傳達摩之徒惠可欲嗣其法雪深至腰不知即其處寺右上山三里有達摩洞洞有石達摩面之九年形

宛然石上其事甚異達摩爲釋氏西来初祖可稱二祖碑雖及其人而二事皆不之載寺復有太宗與僧教書石刻盖太宗爲秦王時寺之僧翕王世充以獻故太宗賜書襃美而碑云僧執世充姪仁則以歸與教書不同余故書之以見古人之文不無缺誤如此然非余之親歷則亦莫能知也 金薤琳琅

裴懿公漼書少林寺碑開元十六年建又在嵩山而金石錄不載何也裴少時負文筆號

霹靂手而雅不以八法名此碑鋒至脊拖不奇
讀而書頗秀勁多媚態得非時代爲之耶
傳不載階封此書銀青光禄大夫正平縣子
亦可補傳之闕 弇州山人稿
碑首太宗皇帝御書七大字今書出開元帝
中刻太宗𢓜王世充時移寺主并軍民檄所
謂御書即此也但其中止世民二字以渴筆草
書填之餘皆正書不類文皇而開元帝以爲
御書賜額何也下方則裴懿公漼撰述寺之

始末并書淮負文筆雄霹靂手不以書名
而此文殊不及書書法秀勁其得意處漸升
伯施之堂矣 石墨鐫華
唐碑遇帝號必空三字此碑所記宇文周
事有明皇帝皇上空三字有隋高祖祖上
空三字而前有周武帝都不空蓋緇流不
通古今者之所為也
碑內王字俱鑴去按金史海陵正隆二年二月
癸卯改定親王以下封爵等第命置局追

恥存巨告身公私文書但有王爵字者皆立

限毁抹雖墳墓碑誌並發而毁之則知前

代封爵之碑有王字者多毁仆於此時而此

碑以梵力獨存乃其間王宫夏王之言育王

等字亦從而鐫去矣完顔之不通文義而

肆爲無道可勝歎哉 二條金石文字記

贈池州刺史馮公碑

八分書 崔尚撰 鄭譔光書 開元十一年 今

在咸陽縣其文曰公諱仁口字太玄長樂人馮

文王之脩也仁下闕一字 金石文字記

此當是道士馮道力父名仁口字太玄道力與

劉𢑱祖占玄宗嘗受命潛布款誠開元中

拜道力銀青光禄大夫冀國公而又拜其父

朝散大夫使持節池州諸軍事池州刺史

也開元十一年五月卒十一月壬申葬咸陽北

原建碑今在長陵西碑云意得玄珠謀參

黄石同心戴舜以爲天子蓋指玄宗受命

事也書者爲國子監丞鄭譔先譔先又

七

晉書韋維碑見鄭樵金石略朱長文古碑
攷則其書亦小有聲者此碑分隸自是名
家惜剥蝕不可搨石墨鐫華
右碑在縣東四十里漢長陵西下里許野中
字八分書剥落過半存者儘有可玩近下
半入土中北望平衍莫識墓之所在拂拭苔
蘚辨别形似讀之如右鄭監丞當時名筆又
分書唐太子右庶子韋維碑古碑攷載在
京兆向未搜得見是碑亦差慰想並記金石

遺文

碧落碑

篆書

韓王元嘉四男爲母房太妃立碑云有唐五十三祀龍集敦牂則咸亨元年也唐書言垂拱中元嘉徙絳州刺史與此不合

今在絳州有咸通十一年鄭承規釋文但篆文難通者頗多而翻刻復多舛誤如淮館儀儓釋僊爲山僉賁逮餘漏釋一逮爲建注儀鄰

以同㬇繹同爲洞直書心事繹書爲言敂心

慼慕繹敂爲叨並誤

敂古叩字出周禮宋謝靈運山居賦卷敂舷

之逸曲慼江南之哀歎用此字此碑用粤若稽

古作乩託字作侂宋韓侂胄字本此三條金

石文字記

右碧落碑在絳州龍興宮有碧落尊像

篆文刻其背故世傳爲碧落碑據李璿之

以爲陳惟玉書李漢以爲黄公譔書莫知

孰是洛中紀異云碑文成而未刻有二道士請刻之閉户三日不聞人聲人怪而破户有二白鴿飛去而篆刻宛然此説尤怪世多不信也碑文言有唐五十三祀龍集敦牂乃高宗總章三年歲在庚午也又云哀子李訓誼譔諶爲妣妃造石像按唐書韓王元嘉有子訓誼譔而無諶又有幼子訥元嘉以則天垂拱四年見殺在總章三年後十八年有子訥不足怪而不應無諶蓋史官之鈌也集古録

九

碧落篆李譔得觀中石記爲陳惟玉書
字奇古行筆精絶不類世篆學而惟玉於
唐無書名於世不應一碑便能到古人絶處
李陽冰於書未嘗許人至愛其書寢卧於下
數日不能去後成式謂碑有碧落字故以
名之李譔謂碑在碧落觀故名李漢謂
終於碧落字而得名余至絳州龍興宫考
其記知舊爲碧落觀又篆文若未畢者
終非碧落字則譔説是也其云有唐五十

三禩龍集敦牂永叔謂高宗總章三歲以
唐曆攷之實咸亨元年總章者誤也
絳州碧落篆刻天尊背州將不欲以椎擊
石像迺摹别石因封其舊石像今世所得皆
摹本也雖横直圜方典型有稽然遒其
神者衆矣叚成式言樊宗師作誌令陳惟
玉立太行山上此言險怪難知豈嘗求得其
當而妄戲哉世言字不攷古甚則以品爲鄰
令於古文數字正如此便知後世不識古字而

妄議者可以歎也二條廣川書跋

右唐碧落碑大篆書其詞則唐宗室黃公譔所述或云陳惟玉書或云譔自書皆莫可知李肇及李漢並言李陽冰見此碑裴回數日不去又言陽冰自恨其不如以槌擊之令缺處是也此說恐不然陽冰嘗自述其書以謂斯翁之後直至小生於他人書蓋未嘗有所推許唐人以大篆當時罕見故妄有稱說耳其實筆法不及陽冰遠甚也金石錄

段成式謂此碑有碧落字故以名李肇謂此碧落觀也故名李漢謂終於碧落字而名歐陽公謂其宮有碧落尊像文刻其背故名碧落碑　董逌攷其地原名碧落觀改龍興宮以李肇說爲是其書雜出頡籀鐘鼎款識或以爲陳惟玉書或以爲李譔李譔書皆不可辨洛中記異錄又云刺史李諶爲母房太妃追薦造像成有二道士來請書之閉户三日乃開化二白鴿飛

去篆文宛然像背此說尤怪誕然李陽冰
觀之七日而不忍去學之十二年而不成其妙
如此豈易知哉又一說陽冰毀其佳者數字
而去未知然否篆文原刻像背州將以不便
摹搨別刻置廟中今所傳皆模本也其文
曰有唐五十三禩龍集敦牂歐公謂為高宗
總章三年董逌謂為咸亨元年按總章
三年三月始改咸亨耳
繹文鄭永規書咸通中立書法方整甚有

歐虞遺意 二條 石墨鐫華

絳州碧落碑唐高宗咸亨元年庚午歲韓王元嘉之子訓等爲其妣房氏造碧落天尊像於龍興宮而刻其文於背故以名碑然不知何人書據李旋之玉京宮記以爲陳惟玉李漢黄公記以爲李訓弟諶殆莫能定之而翠岩龔聖予則又以爲宗室璀豈或有所攷耶吴㪤張天雨讀爲喧爲曜者非當以釋文鄭字爲是俞希盧辯叨作叩亦大

家而釋文則又訛矣盖此雜出於鍾鼎篆籀諸文其亦戛戛乎難知哉從水從人說文中音乃歷反溺則音奴弔反釋文令借休爲弱亦恐非本字之義而其他可疑者甚衆致禮之冗未暇及之姑識其後俟博雅君子正焉宋鑑坡

碧落碑石本吾子行所藏自云手補首行五字及十五葉一行之闕今觀補字非子行不能作也獨跋語謂以籀文歸小篆爲妙絕恐未必然周伯琦疑其雜出諸體者得之盖其妙

在筆不在體也此帖數傳至陳刑部明之家

嘗見此刻久不復識手臨二本輒爲好事

者取去數月後偶檢舊藏而得之則首行

故在而其中乃缺三十餘字豈摸搨先後之

有異耶古刻寖不完此固可寶而予行之

篆伯琦之緐與楊宗道之楷書宋潛溪之

題跋皆不可得已明之其永寶之 懷麓堂集

騎都尉薛良佐撿銘

正書 冉從兄鈞撰 弟良吏書 天寶三載

文言年止廿八卒於里第壇於終南山施陁林

善知識之次此官而葬以僧者 金石文字記

中岳永泰寺碑

行書 沙門靖彰撰 荀望書 天寶十一

載 今在嵩山永泰寺 金石文字記

任城縣橋亭記

八分書 游芳撰 王子言書 開元二十六年

今在濟寧州儒學泮池上 金石文字記

書在唐隸中爲古雅文極藻可誦 蒼潤軒帖跋

右任城縣橋亭紀唐開元廿六年任城尉游芳撰王子言隸書雖出唐人古意蒼然後之人能若此者甚少吾家唐隸獨有紀信及此二碑耳 東里續集

景教流行中國碑

正書 僧景淨撰 呂秀巖書 建中二年太簇月 今在西安府城外金勝寺 金石文字記

景教流行中國碑書法秀逸遒勁唐石之最佳者余前此未見己亥之秋王文含自

秦寄至未知碑在何地何以能完好如此（銷夏記）

華嶽精享碑

此開元帝遣蘇頲禱雨華山有應而建碑也作者爲主簿咸廙書者爲御史劉升見金石略僅二碑而遺此今觀其隸古道逸有漢人遺意五代以降求此一拙法不可得矣（石墨鐫華）

今在華陰縣西岳廟中其文即刻於後

周天和二年頌碑之陰宣義郎行華州華
陰縣主簿咸廙撰殿中侍御史劉升書銀
青光禄大夫檢校華州刺史上柱國李休光
題額碑之右偒有顔魯公大字題名乾元
元年十月左偒有賈餗謁華岳廟詩元
和元年十月作并書太和六年四月姪男宣
義郎行華州參軍琳重脩碑之下方亦有
唐人題名此碑前後空處爲宋人攙入題
名甚多章正文皆八分書題名或隷或行

不相混耳廟中古碑嘉靖末地震多毁唐碑惟此與述聖頌二通僅存古碑陰多無刻字故後周之碑而唐人得以刻之觀此碑而周人之質樸唐人之謙約兩見之矣按此爲華陰縣主簿咸廙而新唐書趙冬曦傳有大理評事咸廙業亦開元時人恐即是一人二條金石文字記

孔温裕修廟碑

温裕孔子三十九代孫能以私俸奏請葺廟

宜蒙嘉奬矣碑賈防纂文聊略未稱書者

無名氏而亦有顔清臣柳誠懸遺意不作惡

札石墨鐫華

此咸通中孔子三十九代孫温裕以魯國公鎮鄆

曹濮所出私財脩廟之記連原奏并勑共

刻一石無書人姓名惟存纂人賈防字存歐

虞遺法或纂人自書不可知夫防以鄉貢

進士攝巡官乃其評湯武桓文之德之功而

推重於孔子雖取論於已定之後然亦具有

南宫适宰我之識焉此即不以石字見收亦可以孤行於後世况字又古雅可録固宜與孔廟共悠久也况唐之崇聖温裕之尊祖均可傳之來斯爲According to其文都俾有攷焉墨林快事

遺教經

右唐遺教經國初時人盛傳爲王右軍書歐陽公識其非是余家藏金石刻二千卷獨此經最爲舊物蓋先公爲進士時所蓄耳金石録

歐陽永叔以爲唐寫經手黄魯直謂此書
在楷法中小不及樂毅論今世不知樂毅論已
遭火而别本爲薛崇徽所藏已於五溪其
搨本皆摹畫善者則亦與寫經手何異但此書
疏肥令密々瘦令疏自得古人書意其爲名筆
所推良有以也嘗得佛戒經其碑乃比邱道秀
書與此經一體率化衆緣共崇鐫刻則知爲道
秀所書道秀德宗時人其書當建中三年
壬戌蓋永叔魯直不見碑陰故所評如此廣

川書跋

太尉李光顔碑

正書　李程撰　郭虔書　開成五年　今在

榆次縣金石文字記

光顔光進皆以功蓋天下時人以大小大夫別之

兄弟孝睦載於舊史而碑稱光顔平吴元

濟師旋請於朝葬其兄則史傳所未及曝

書亭集

憫忠寺重藏舍利記

采師倫正書 會昌六年 今在京師憫忠寺

此初復佛寺之文 金石文字記

右采師倫書重藏舍利記在京師憫忠寺碑 建自唐會昌六年文稱舍利舊藏智泉寺〻經始於元魏幽州刺史尉萇命故又號尉使君寺按北史萇命太安狄那人萇作長參領齊神武起兵破尔朱兆者其曰節制司空清河張公則仲武也當武宗詔毀佛寺地分三等幽州等居上許

留僧二十人尋又詔諸道留二十人者減其半故碑云勅於封管八州内寺留一所僧限十人至是年宣宗即位遂弛其禁先是智泉寺已燬遂以舍利歸憫忠寺焉仲武在幽州屢破回鶻鄭畋謂會昌時功第一方毁寺之歲五臺僧多奔幽州仲武封二刀付居庸關曰有游僧入境則斬之及宣宗增置僧寺碑稱司空固護釋門殷誠脩敬若是乎前後不相侔者蓋仲武功名之士

宜其好惡與時移也師倫無善書名然猶存王知敬薛稷遺意亦能扶爭俗者 曝書亭集

憫忠寺葬舍利記

舍利壜一燔於太和八年一燼於中和二年至是僧復巖葬舍利於憫忠寺觀音像前南叙述記知常書之碑中所云隴西令公大王者李匡威也匡威欲遷舍利於閣內至拜跪於朝請發封壞詔可而後行當時崇重法寶如是 金石文字記補遺

九

右唐景福元年僧復巖葬舍利於憫忠寺
觀音像前於是南叙述記知常書之碑云隴
西令公大王者李匡威也是歲李克用王處
存合兵攻王鎔匡威救之有詔和觧河東及
鎮定幽四鎮碑稱欲遷舍利於閣内陳暐
請發封壤上許之盖匡威方恃燕薊勁旅
有雄天下意宜有請無不許者碑文俢陳
發緘時舍利光苂異香郁烈外石函封内
金函閟其崇奉象教至矣迨明年匡威

復出師救鎔其弟廷儔據軍府自稱留後廷威進退無所之鎔迎館於鎮登城西大悲浮圖顧望流涕未幾以圖鎔見殺然則事佛果得福乎舍利之瘞一罏於太和八年一罏於中和二年今廷威所建之閣遺跡已不可問其碑僅存焉尒已踣佛脚俾工拽而出之搨以藏諸笥 曝書亭集

國子學石經

今在西安府儒學其末有年月一行題名十

行日開成二年丁巳歲月次於玄日惟丁亥書
石學生前四門館明經臣艾居晦書石學生
前四門館明經臣陳玠書石學生前文學館
明經臣□□□□書石官將仕郎守潤州句容
縣尉臣段絳校勘兼看書上石官將仕郎守
秘書省正字臣柏暠校勘兼看書上石官將
仕郎守四門助教臣陳蓏士覆定字體官翰
林待詔朝議郎權知沔王友上柱國賜緋魚
袋臣唐玄度校勘官兼專知都勘定經書

撿校刋勒上石朝議郎守國子毛詩博士上
柱國臣章師道朝散大夫守國子司業騎
都尉賜緋魚袋臣楊敬之都撿校官銀
青光祿大夫□□□□□□□國子祭酒
同中書門下平章事太清宫使監脩國史上
柱國滎陽郡開國公食邑二千户臣覃挍
舊唐書開成元年正月中書門下奏起居
舍人集賢殿學士周墀監察御史張次
宗禮部員外郎孔温業兵部員外郎

集賢殿直學士崔球等同勘校經典釋文
又云令率更令韓泉充詳定石經官新唐
書亦列㙐等四人而碑並不載
舊唐書文宗紀開成二年宰臣判國子祭
酒鄭覃進石壁九經一百六十卷時上好文
覃以經義啓導稍折文學之士遂奏置五經
博士依漢蔡邕刊碑列於太學創立石壁九
經諸儒校正訛謬上又令翰林勒字官唐玄
度覆校字體又乖師法故石經立後數十年

名儒皆不窺之以爲蕪累甚矣舊史之評如此愚初讀而疑之又見新書無貶辭以爲石辟九經雖不逮古人亦何遽不賢於寺碑冢碣及得其本而詳校之乃知經中之繆戾非一而劉昫之言不誣也二條金石文字記

金石文字記著石經之繆戾一其字誤作某字及脫字多字一與今文不同而兩通者一先誤而後改一標題有八分書正書之異一旁注一續添一先脫而後添注一辭二十字三十字

作廿卅字之非具在本記至明且悉覽之頗
怪當時之校勘何其太踈也又所云諱劉業
不祧之廟諱七廟而祧廟不諱又成城字缺
筆知爲朱梁所補刻皆足以免後人之疑光暎識

長安縣丞蕭思亮墓誌
正書　顔惟貞𦘕　景雲二年　近出西安府

城南神和原土中　金石文字記

淨域寺法藏禪師塔銘
正書　田休光撰　開元四年　今在西安府南山

金石文字記

衛州共城縣百門陂碑

行書　辛怡諫文　張元琮記　孫去煩書　長

安四年　今在輝縣　金石文字記

比邱尼法琬碑

正書　僧彖遂篆　劉欽旦書　景龍三年

今在西安府城外賈里村　金石文字記

兖公頌碑

正書　張之宏篆　包文該書　天寶元年　今

在曲阜縣孔子廟中
舊唐書禮儀志開元二十七年八月制追謚孔子爲文宣王贈顔子淵兖公閔子騫費侯冉伯牛鄆侯冉仲弓薛侯冉子有徐侯仲子路衛侯宰子我齊侯端木子貢黎侯言子游吴侯卜子夏魏侯又贈曾参顓孫師等六十七人皆爲伯 金石文字記
兖公顔回也字子淵碑避高祖諱作子泉都督李庭誨命縣令張之宏㞑頌包文該正

書〻遒勁有法石惡多泐耳 石墨鐫華

楚金禪師碑

正書 沙門飛錫巽卷 吴通微書 附奉勅追謚號記 貞元二十一年 在顏魯公多寶墖碑陰 金石文字記

吴通微為學士工行草然有識其近吏者此碑清圓婉逸雖鉤磔小減而亦微有晉之丰度觀者當自得之 石墨鐫華

按賈氏談錄言通微為學士工行草然

體近吏中州士大夫效習之謂爲院體此碑
清圓有餘遒勁不足即所謂院本體非耶
得顏尚書小許鉤磔便脱此病夏熱偶題
弇州山人稿
嘗見山谷老人作字皆拖彼盖自謔爲前
無古人七亦推其自出機杼以致後人之慕
者日趨惡扎及觀吳通微則古已有此路
但山谷天資高不由一家入不至奴書耳今此
二家之書皆以自得爲奇吳自得於法度

之中其不合者少黄自得於法度之外其不合者多乃失之矣在俗而得之黄在雅豪人固不棄雅以就俗而學子亦不可貪雅以廢法然僧文既惡僧事亦非奇矣甘為之把筆若黄則無此矣 墨林快事

書學之盛莫踰李唐今世雖廝爛墨渝而收者得其一字猶鳳毛麟角不嫌於少多寶佛塔魯公之書遍天下而通微此刻僅見之即此可以想見當時之盛矣故世人

有言者曰收藏貴富賞鑒宜精二者我今

見之印翁夫子矣 蒼潤軒帖跋

實際寺碑

實際寺主懷惲碑無書撰人姓名觀碑中

有弟子思莊敬想清徽勒茲玄琰之語則

碑乃惲之徒所篹碑稱惲能誦般若神

咒際遇高宗武后兩朝可謂緇流之出色者

而其老也乃患惡疾以死朝廷復贈之曰隆

闡法師然則其法果安在哉 金薤琳琅

此碑行書源出聖教而漸作婉媚纏繞殊乏晉人瘦勁蕭踈之趣碑爲懷惲立鄱元敬云無書篆人姓名碑中有弟子思莊敬想淸徽勤兹玄琰則碑爲惲之徒所撰未知是否而王元美曰僧懷惲撰及書頗亦能爲其家言筆法尤圓孅有聖教遺意今碑中叙惲生死甚倫明云大足元年十月二十二日神遷春秋六十有二神龍元年勅贈隆闡大法師天寶二年建碑又弟子思莊云云如元美言

豈惲鬼篆書耶蓋碑首後人妄增懷惲
及書四字文理本不屬而元美疑於及字上
當有撰字遂誤耳元美博學絕世似未
見鄱元敬金薤琳琅又似未讀竟此碑然
謂惲頗能為其家言又似并取其文者至人
乃作夢語何也石墨鐫華
惲公死後贈號而生前自書此可笑事然此
碑晚出未為人賞故人亦無談及之者今詳其
筆法最佳乃表而章之以是人漸知有此

書而疑之愈甚不知此為學逸少也唐初大
王書全出而真者亦多有之惲公平日必多有
臨習之者存焉及其化去贈後而其門人知師
素心既不忍沒師之迹又恐他人書石不稱師
之雅志故集而刻之今以為師書固佳而就之
索會稽遺法更近人之寶之合不居藏序下
也　墨林快事

今在西安府學題曰唐實際寺主懷惲奉勅
贈隆闡大法師碑銘并序其下曰懷惲及

書蓋不可曉

文中有弟子大溫寺主思莊敬想清徽勒茲

玄琰題即其人所書 二條金石文字記

唐安寺尼明空墓誌

王鉟撰　大和八年

再建福田寺三門記

楊知新述　李少鴻書

道因禪師碑

王元美曰評者謂蘭臺瘦怯於父而險峻過

之此碑如病維摩高格貪士雖不饒樂而眉宇閒有風霜之氣可重也余謂蘭臺故學父書而小變為險筆時兼隸分自是南北朝流風餘韻李仲璇孔廟碑趙文淵所書華岳碑可覆觀也 石墨鐫華

偏鋒古未有也小王即之濫觴而其精神筋力仍在畫中未有全憑畫之正背兩邊以稜芒見奇者有之自大歐始然亦因八分之餘勢稍出一二筆耳而小歐乃全用之於主筆

峭厲激昂幾失古人沖和渾樸之致開惡
札之端啟宋人而筆筆皆偏即以長公之習顏
非不厚重而大抵只於筆兩邊見奇右軍
以來之法蔑也盡矣 墨林快事

歐陽通亞書較信本流麗有餘而嚴敬不
足杜詩云書貴瘦硬方通神今以此視化度
醴泉諸碑已自瀕肥矣然學者自非求信
本之迹則亦執柯伐柯取則不遠也 蒼潤軒帖跋

范陽郡新建文宣王廟碑

行書　韋稔撰　張濬書　貞元五年　今在涿

州金石文字記

同州澄城縣鄭公德政碑

行書　呂㬎　鄭雲逵書　貞元十四年　今

在本縣文多剥泐但云公字敎鄭州滎陽

人而不得其名今石文字記

舜照和尚碑

此碑在咸陽西馬跑泉地中武功康子秀先

生過而識之以語土人監於道傷其後王咸陽

移之咸陽城中寺以碑有安國寺字遂改名

其寺爲安國寺按碑叚成式纂僧無可書

成式文筆自奇此文爲佛言尤奇無可賈

島從弟有詩集傳世其書法出柳誠懸

而優孟者乎秀名誇太史德涵子也 石墨鐫華

無可之書固一時習尚石經多此法可知也然

此碑則導源二歐掩有河東清遒圓利洵

可擅一時之技出諸書僧之上 墨林快事

少林寺厨庫記

正書　顧少連篆　崔漑書　貞元十四年　今
在寺中　金石文字記
鉅鹿縣時傒墓誌
行書　劉逾明篆　貞元二十一年
其文曰葬薊縣燕夏鄉海王村之南原近出
之士中字拙而率　金石文字記
顔師古製頌
四言十章章八句有序
某府君墓銘

貞觀元年

供養記

景龍元年

大智禪師碑

公書　史惟則書　開元廿四年

此碑爲唐史侍御惟則書實泉賦述稱史書古

今折衷大小應變聲價極不落莫也其行筆絶

類太山銘而縝密過之知開元帝潤澤所自耳大

智師北宗之錚錚者嚴挺之粗能其家言俱可

存也 弇州山人稿

史惟則分隸書竇臮稱其古今折衷大小應變如因高而矚遠俯川陸而必見今觀此碑信是開元間分書第一手嚴挺之文亦麗則可觀大智師見唐方枝傳〻云開元二十年卒碑云二十四年

石墨鐫華

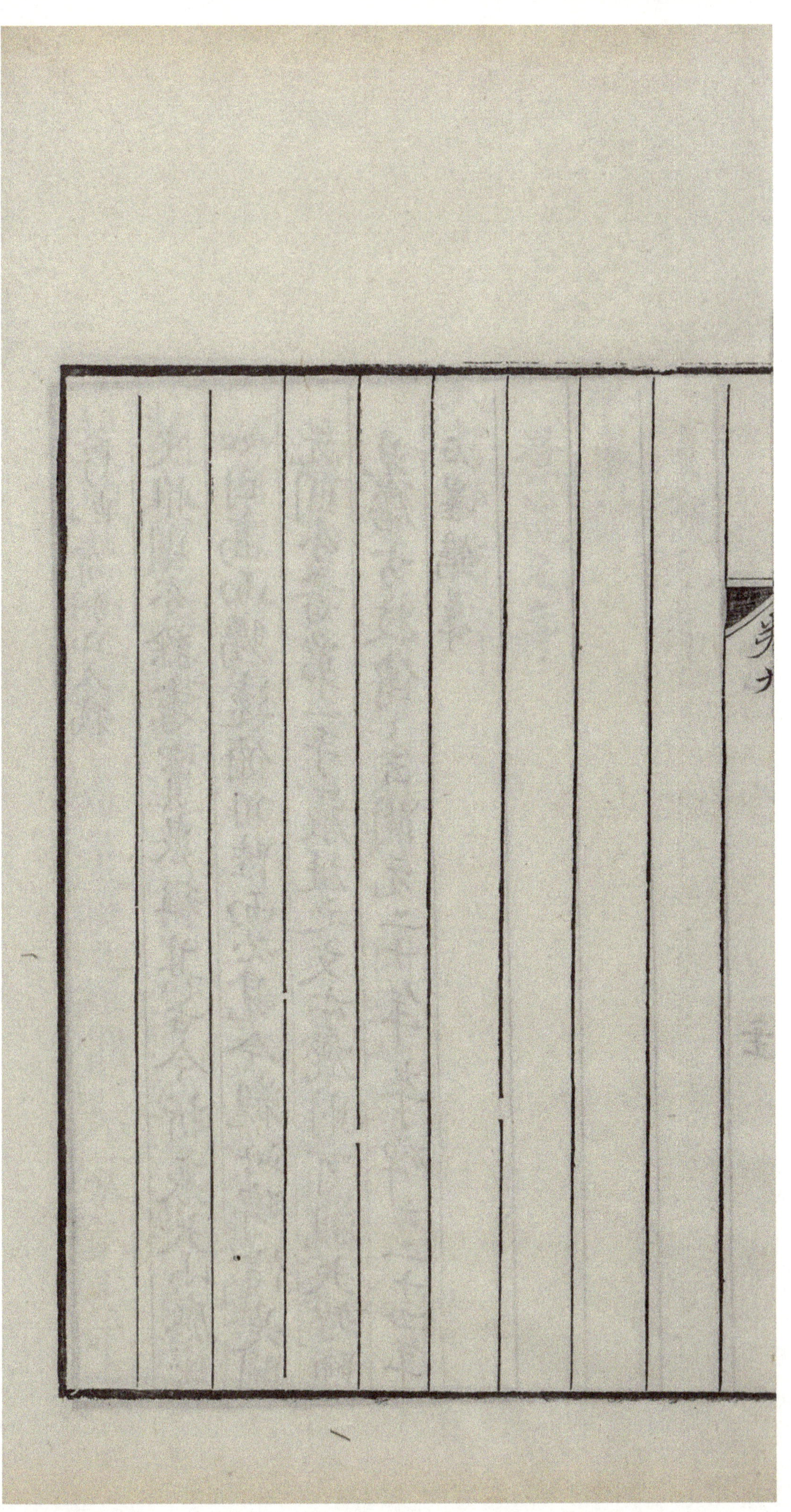

觀妙齋藏金石文攷畧卷十

御史臺精舍碑

八分書　崔湜撰　梁昇卿書　開元十一年

御史臺精舍記崔湜撰梁昇卿書讀其文則湜於佛可謂篤信者矣唐書列傳云桓彥範等當國畏武三思使湜陰伺其姦而三思恩寵日盛湜反以彥範等計告之遂勸三思速殺彥範等以絕人望因薦其外兄周利貞以害彥範等又云湜貶襄州刺史以

譙王事當死賴劉幽球張說救護得免後宰相陷幽求嶺表諷周利正殺之不果又與太平公主逐張說其餘傾邪險惡不可勝紀世言佛之徒能以禍福怖小人使不為惡又為虛語矣以斯記之言驗湜所為可知也故錄之於此其碑首題名多知名士小字頗佳可愛也治平元年三月九日書　集古錄

此碑昇御追書崔湜文湜人品殊污人齒類而昇御尚追書其文何也豈唐世重佞佛湜之立精

舍於御史臺適投時好耶但昇御分隸聲動一時東封朝覲碑史冊稱之今觀此碑名不虛耳碑陰題侍御史并內供奉殿中侍御史并內供奉監察御史名共六百餘人參差不齊分書者五六人餘皆正書〻皆有法 石墨鐫華

此唐中書令崔湜為殿中侍御史日所署蓋已入相而後人追書之者分體嚴正自是盛唐本色 墨林快事

此書與𠭁齊碑結體相類唐人隸書之可

觀者也　菊澗軒帖跋

唐自貞觀中李乾祐為御史大夫別置臺獄因當訊鞫近拘繫之其漸也侍御史東西推監察御史糾視刑獄各禁其因追武后時來俊臣侯思止皆為御史制獄之外臺獄圜扉悄滿崔隱甫總臺務言於朝撤去於是旁列精舍以釋典儆之崔湜為文梁昇卿書以八分開元十一年勒諸石碑陰列侍御史殿中侍御史監察御史并內供奉銜題名僅盧懷慎崔湜陸

景初三人亦昇御今書自懷慎以下正書百二十二人侍御史也自湜以下正書百八十四人殿中侍御史也自景初以下正書三百四十七人監察御史也碑額又有天寶元載以後侍御史知雜侍御史監察御史共五十人而碑之左右椎拓不及焉中有薛偘偘者二名重文碑凡三見此唐一代所僅有也昇御自監察御史歷殿中侍御史遷侍御史再遷太子右庶子

今在西安府儒學碑陰題名表其上格曰侍御

史并内供奉列盧懷慎等名中格曰殿中侍御史并内供奉列崔湜等名下格曰監察御史下有一并字下鈌不全列陸景初等名其盧崔陸三人姓名並八分書蓋梁筆也餘則正書乃後人續書之者　碑額空處前後皆有刻前刻監察御史及姓名後刻知雜侍御史及姓名有自天寶元載以後七字按天寶三年始改年爲載不當云元載恐是追書 金石文字記

涼州都督郭公神道碑

知運有兩碑其一張說文其一蘇頲纂知運傳載其子三人曰英傑英乂而蘇張二公所爲碑書其子四人曰英傑英奇英協英彥而無英乂歐陽公疑焉以謂英奇等三子在唐不顯史家闕漏尚或有之英乂嘗爲西川節度使其事甚著史官不應差其世家而蘇張二公作銘在知運卒後不遠亦不應缺其子孫余按代宗實錄云英乂知運季子而元載所爲英乂墓碑亦云隴右節

度使知運公之皇考也然則英乂之爲知運子無疑又按英乂碑云公以天寶二載筮仕蓋知運以開元九年卒明年立碑碑之所載諸子皆以有名位英乂幼未從仕故不載余又嘗得徐浩所爲英傑碑有云移孝於忠二葉四將齊名當代同氣十人然則知運諸子碑傳軼漏者尚多不獨此三人而已 德宗實錄又有郭英幹云英乂弟也 金石錄

濮陽卞氏墓誌

康熙二十年秋禁垣西偏中官劉進成宅掘地誤發古墓中有瓦爐一瓦罌一墓石二方廣各一尺二寸刻卞氏墓志四字環列十二辰相皆獸首人身一刻誌銘而書誌作鋕又無墓文人姓名第云歸于我彭城劉公而已文稱貞元十五年歲次己卯七月朔夫人寢疾卒於幽州薊縣以其年權窆於幽州幽都東北五里禮賢鄉之平原按憫忠寺有唐人舍利記二一云寺在城東門一云大燕城內地東南隅

有憫忠寺門臨康衢則唐之幽州在今都城之西南合之是碑益信 曝書亭集

邠國公梁守謙功德銘

此碑右神策軍護軍中尉楊承和篡并書邠國公者内侍梁守謙也攷之唐史宦者守謙無傳惟憲宗十五年書帝暴崩於太極殿中尉梁守謙王守澄等共立太子殺吐突承璀及澧王惲而韓文公平淮西碑亦載守謙在帝左右常命之往撫蔡師夫守謙以

一宦者而爵至上公此可見憲宗之信任小人宜
其晚節不終卒死宦者之手然則余之錄此
蓋將爲天下後世之戒非徒取其文字也　金薤琳琅
此宦者梁守謙造經於興唐寺而護軍中
尉楊承和爲銘之書之者也書全法歐陽
蘭臺方整老勁所不及者結構小踈耳但
頌宦者功德乃謂淮蔡之功十居其七將令
裴李諸公何處生活　石墨鐫華
此淮蔡之役監軍內侍紀功之碑也爲右監

軍楊涿和所篹并書者功則是已而其事不典是以文章家希言之即字頗可存而名不揚且更大誅中人之變書人姓名亦爲鏟駁淺之躳刹者以其淝名筆且姓字又漫可以作僞乃指爲徐浩并其文亦先從尾裝之遂不可讀予乃詳攷而得之行行改易一復其初遂爲完璧唐碑如此全美者甚少亦此字之幸逢也 墨林快事

重脩孔子廟碑

此李北海邕墓巻而張庭珪書邕文不及書此碑是已庭珪名書〻小史謂邕文必致珪書而評者有古木崩沙閒花暎竹語觀此亦未為的然但書趙盾作趙遁何也 石墨鐫華

此開元七年碑也李邕製文而八分則屬之張庭珪蓋李多行恐其傷於不恪而然乎抑可見唐日之以八分為重也張書嚴整有法不為新奇之致而鋒芒光燄奕〻映澈 墨林快事

舊唐書張庭珪傳庭珪素與陳州刺史李
邕親善屢上表薦之邕所製碣碑之文必
請庭珪八分書之庭珪既善楷隸甚爲時
人所重庭字作廷邕傳同金石文字記

葉有道先生碑
北海分隸固自遒逸雖於漢人不無小遜而
與梁昇卿韓擇木輩遂庶未知死誰手
矣又趙明誠錄二碑一爲邕行書一爲韓擇
木八分書此正分書而曰邕不知何故豈后世

翻本者未見邕碑而以韓書附會邕名耶書
以俟攷 石墨鐫華

右有道先生葉公碑李邕篆并書余集古所
錄李邕書頗多最後得此碑於蔡君謨君
謨善論書爲余言邕之所書此最爲佳也
集古錄

此碑似經重刻乃李字之瘦勁有骨力者莫
過於此而始終完全如此石者更不易得葉
先生種〻奇行知非虛誕北海記載隱而不

沒略而不漏滌得述二氏異端之法 墨林快事

有道之子慧明繇法善三世爲道士其祖若父

之碑皆邕篆而書之可謂濫矣書法秀逸閑

雅不見欹側之態蔡君謨謂是邕書之最佳

者良然 金石文字記補遺

彖天軍城記

道士胡伯仁書 大曆元年

茅山紫陽觀法師碑

玄靜先生碑 柳識纂張從申書李陽冰篆

額唐世工書之士多故以書知名者難有非有以過人者不能也然而張從申以書得名於當時者何也從申每所書碑李陽冰多為之篆額時人必稱為二絕其為世所重如此余以集錄古文閱書既多故雖不能書而稱識字法從申所書棄者多矣而時錄其一二者以名取之也夫非衆人之所稱任獨見以自信君子於是慎之故特錄之以待知者（集古錄）

從申書法出二王而與李北海彷彿昔人評

其書獨步江外此碑在茅山蓋唐行書之得名者 東里集

玄靜先生碑有二本一爲顏魯公書一爲張從申書昨余遊三茅山時見魯公碑乃方石斷裂草野而是碑极瑩然如玉辟立廡下李陽冰題額於大曆七年八月十四日建諸玄爲人指所畫豈以此碑世爲三絶故遂膾炙人口而知與不知皆愛耶 蔦澗軒帖跋

清河郡王李公紀功載政頌

王士則行書 永泰二年

王公此碑頗奇偉有矩矱 蒼潤軒帖跋

右成德節度使李寶臣德政碑 寶臣降虜與田承嗣輩割藩鎮之橫其人本不足道碑辭膚下爲諛饞讇不文獨王士則者僅見陶九成書譜中不甚著而書法遒勁瀟洒有李北海張從申之筆良可寶也碑在真定御史行臺不易搨昨夏温中丞如璋致一本裝潢成帙而記於後 弇州山人稿

左金吾衛將軍臧希晏碑

碑在三原縣

右金吾衛將軍臧希晏碑朝議郎守衛尉少卿淮陽縣開國男賜紫金魚袋韓秀弼八分書文多模糊不可讀所可辨者其卒以廣德二年八月五日及有懷恪懷亮語致懷恪碑希晏其長子也書法亦清勁可喜其能不因開元帝之好而變者乎晁卷文爲銀青光祿大夫行兵部侍郎清河郡開國公而

缺其名當以史証之弇州山人稿

華岳題名

顔魯公大字正書　乾元〻年

今在華岳碑之右旁王伯厚言華岳題名五百十一人再題三十一人自開元訖清泰今存者惟此與述聖頌二碑不過二十餘人而已又曰地震之後以碎石裝砌岳廟大門墉上亦有唐人題名今王無異所搨得者通共九十六人有裴士淹李德裕李商隱名金石文字記

唐人書法俱從右軍禊帖中各自抽繹而成如伯施得其朗潤信本得其縝栗登善得其婉逸公權得其雄邁泰和得其超卓陸柬之趙模則又全體脫出而乏其神駿其不踐迹而天成者顏平原楊景度二人耳 六硯齋

文宣王廟新脩三門記

八分書 張孝智〔撰〕 張平書 大曆八年

今在曲阜 金石文字記

孔廟殘碑

正書 程浩墓 顏魯公書 今在華州

此文載唐文粹爲扶風縣文宣廟記大曆二年駕部郎中程浩文而今西安府學有僧夢英書此一記其文正同但去扶風古縣也半篇其跋云此記刋石元在湖州臨安縣夢英愛而書之豈駕部先作此於扶風魯公又書之於湖州而去其半篇耶又攷唐地里志臨安屬杭州不屬湖州得非夢英之誤耶今華州有此殘碑數十字其文同 金石文字記

嵩山圓澈禪師禪林真訓

李邕書 開元十三年

鐵像頌

王端譔 蘇靈芝書 開元二十七年

石之堅不及鐵而像之尊又過於碑當其爲像時豈不欲萬古長在哉寧料其後毀萬斤鐵已灰滅而獨賴此一片石使今日知此地曾爲山魏睟之容香花之奉可以起來茲之想憶耶 墨林快事

右易州錢像碑頌開元廿七年崇文館校書郎王端篹行易州録事蘇靈芝書端此文多頌故太守盧暉德政詞猥吝瑣不復可觧靈芝此書遒勁有逸氣然今景龍間虛和之度埽地矣宣和譜謂其行書有二王法而成就頗放當與徐浩鴈行伐腳復顏世南夫季海誠有之以擬二王永興吾未之敢信也譜又謂靈芝嘗爲易州刺史郭明肅書侯臺記宋時墮胡中胡人每以墨本詒

榷場需縑十端始易一本妬者竟碎之今此碑幸尚完而求其所謂十縑之直理不能得一也物完毁貴賤要自有時然亦有不可觧者 弇州山人稿

陶南村評蘇易州書謂有二王法且於徐季海偏行可謂知言大抵唐人書端謹有則況易州復有書名宜趙明誠之采之也此碑傳世甚少豈以結字古朴不入時好耶 金石評攷

蘇靈芝書余所見者幽州憫忠寺寶塔頌

及是碑而已今其石漸泐飛動之致已失遂不堪與北海對壘此宋人搨本精采具存董尚書稱其遒密宜矣冊舊藏曹氏古林康熙壬午春忽見於花南水北之亭叵如久別故人相對古林金石表儲藏秦漢已來至五代十國凡七百本近已散失斯碑獨爲識者所得幸矣　曝書亭集

憫忠寺塔頌

此蘇靈芝之爲史思明書乃唐之所不宜存

其跡者易之人傳其碑無亦以妙札之故今
觀其字擀有李顏二家而視北海則加莊視
太師又多雋誠足述也 墨林快事
宗文惟簡鹵庭事實曰燕京城東壁有大
寺一區名曰憫忠唐太宗征高麗回念忠臣
義士沒於王事者建此寺爲之薦福東西
有兩磚墖高可十丈是安祿山史思明所建
此碑稱御史大夫史思明奉爲大唐光天大
聖文武孝感皇帝敬无垢淨光寶墖頌

者是也春明夢餘錄曰此碑蓋建於思明初歸附之時其碑完好近日劉同人作帝京景物畧謂碑上半斷裂不可讀且蘇靈芝之書名甚著當時乃謂為李北海自鐫名尤誤之甚不知北海自鐫名乃伏靈芝也此碑書丹於石故以左為前

按舊唐書肅宗紀至德二載十二月巳丑賊將偽范陽節度使史思明以其兵衆八萬與偽河東節度使高秀巖並表送降三

五

載正月戊寅上皇御宣政殿冊皇帝尊號曰
光天文武大聖孝感皇帝二月丁未大赦天下
改至德三載爲乾元元年令此碑建於三載十
一月而已稱尊號又以大聖字移在文武之上
與史書不合
宣和書譜蘇靈芝儒生也嘗爲易州刺史郭
明肅書侯臺記靈芝行書有二王法而成就
頓放當與徐浩爲行伐腳復類世南體齊善
於臨仿者

余後至燕一日與鄞人萬言同至憫忠寺諦觀此碑萬曰前行大唐光天大聖文武孝感皇帝及中間唐字史思明字類磨去重刻者石皆四面首行憫忠寺上元只二字令改范陽郡三字蓋思明復叛之後磨去之及思明誅後此地歸唐後人重刻者也當日君臣之分殆如弈棋然非親至其下摩挲遺石而徒搨帋上之字未有能得其情者若年月尊號之先後亦從此而無疑矣 四條 金石文字記

右憫忠寺寶塔頌其文張不矜篹蘇靈芝
書建自唐至德二載碑稱御史大夫史思明
奉爲大唐光天大聖文武孝感皇帝敬无垢
淨光寶塔頌宛平孫侍郎耳伯著春明
夢餘錄謂碑建於思明初歸附之時而
崑山顧處士寧人篹金石文字記稱嘗偕
鄭人萬貞一觀是碑其文陷處類磨治再
刻以爲思明復叛之後磨去及思明誅此地
歸唐後人所重刻者今年冬遇貞一於諸城

李渭清所遂同往觀焉碑首范陽郡三字史

思明三字次行大唐等十二字文中維唐紹統

及彼命戕與禪虞又東宅衆西鄰八川暨唐

祚字至德二載字其文深陷然書法寔出一

人始悟侍郎處士所云猶未爲定論也攷思明

之降在至德二載十二月至明年正月肅宗始

加尊號二月乃赦天下改元碑既建於二載十

月不應預書尊號又思明初附肅宗授以

歸義王范陽節度使若碑於降後宜大

書王尉不當𢾅稱御史大夫則是碑之建盖
在思明未降唐之先范陽三字其初本二字
禄山僭稱范陽爲東都必東都也大唐一行
其初必禄山父子僞號文中唐字其初必燕
字而至德二載其初必禄山父子僭號之年
無疑載攷安慶緒襲位賜思明姓安名榮
國追既降附復更舊名因命璽芝改書者
亦碑文以左爲前寧人謂書丹於石之故疑
從禄山俗尚未可定也不務與判官耿仁智同

僚思明之將復叛也表請誅李光弼不從寔爲起草辭曰陛下不爲臣誅光弼臣當自引兵就太原誅之及將入函爲仁智削去思明知之遂執二人仁智死不從度難獨免可知已當日思明降而復叛既誅之後唐人見其碑踣之惟恐不力安有反勒其名於石者乎此又事之所必無也貞一聞余言作而曰有是哉於是人摹一本余爲攷其始末書於後曝書亭集

田仁琬德政碑

十八

岑蘇靈芝之書靈芝之武功人生開元天寶間書

與胡霈然齊名霈然書評者謂其格力不

揚今霈然書不可見〻此碑可以得其概矣大

都原出聖教而肥媚爲多尚不及王縉書王

清源公碑而宣和譜擬之李海伯施李海

不足論恐伯施於地下笑人 石墨鐫華

夢真容碑

蘇靈芝行書 開元二十九年 今在盩厔縣

樓觀

是年四月玄宗自言夢見玄元皇帝云有像在京城西南百餘里即命使同諸道士求得之於盩厔縣樓觀東南山阜間迎至興慶宮大同殿宰相牛仙客李林甫拜賀金石文字記

靈芝之字纖而有體嚴而不局最爲合作蓋學褚而得其神者同時如薛稷徐浩未之或先也墨林快事

此蘇靈芝書按碑開元帝夢老子真容求

淂之中南之樓觀博州刺史李成裕奏准諸州
同勒石則此碑天下皆刻之金石畧載之云未詳
所在余此碑并田仁琬碑得自鄉人之守易州
者或在易州今中南樓觀亦有此碑亦虚𦙫之書
文同而易州碑稱奉勅旨宰相牛仙客樓觀
碑稱張九齡按碑此事在開元二十九年閏四
月九齡自二十四年罷相二十五年左遷荆州長
史二十八年薨未嘗生至二十九年也似當以易州
碑爲是樓觀碑經宋翻刻字畫不及易州

三舍豈但謬易其名姓耶 石墨鐫華

石墨鐫華論此碑在易州樓觀之異同可謂明確余所收一本稱牛仙客不稱張九齡則此碑非樓觀所刻也獨異真容求得之樓觀而碑刻於樓觀者有以牛爲張之誤何與余又得刻在古白鶴觀一碑先是党光所書早已損壞漢乾祐三年楊致柔奉命重書者 光暎識

不空禪師碑

碑徐浩書浩傳曰父嶠之善書以法授浩世狀其書曰怒猊抉石渴驥奔泉尤爲司空圖所愛又嘗論書曰鷹隼乏彩而翰飛戾天者骨勁而氣猛也翬翟備色而翱翔百步者肉豐而力沈也若藻曜而高翔書之鳳凰矣可謂詩詡之極今觀此碑雖結法老勁而微少清逸在唐書中似非其至者 石墨鐫華

顔魯公與季海同時同有能書之聲於世今顔之傳者不下數十本而徐之存者蓋少故人

知宗顏而季海之名遂掩余經營四十餘祀始獲此訣乃手自重裝晝夜其字之精神真態然後知二家之法度情致初似一規顏之體隳之則之舒揚之氣徐之體適之則多冲虛之美徐更進一籌若通其行草分篆討之徐不啻後矣 墨林快事

大遍覺禪師塔銘

玄奘久居西域廣繹佛言唐太宗極尊崇之據史卒於顯慶六年即龍朔元年銘則云

卒於麟德元年之二月史云年五十六銘云年六十九先葬滻東後移徙樊川北原即少陵原

文宗開成四年劉軻撰文僧建初書行草秀勁有法而文亦粗能言師事俱可存也石

墨鐫華

慈恩寺基公塔銘

李弘度撰　沙門建初行書　開成四年　今在西安府城南興教寺

基公者尉遲敬德之從子也度爲僧譯經於

慈恩寺卒於永淳中太和閒始建塔李弘度

銘之書者亦建初然其筆法不無少遜玄奘

塔銘 石墨鐫華

奎基法師尉遲敬德之子年十八有絶力每出

以三車自隨一載醇酒精饌一載女樂十餘人

一載兵器而自與壯士錦袍花帽以騎從遇所

欲留處縱飲至醉擁女樂徧幸之而後與基

運矛㨗槊持刺自快率以為常玄奘法師

自西域取經回欲立賢首宗旨而難其堪授

者一日請於唐文皇曰大唐國中能承我法嗣者尉遲子耳帝命敬德令依奘剃落奘爲開示數語即盡棄其習而精研宗乘今相宗諸秘奥皆其所披析也然性廓落不知有戒律饑則恣飡飽則齁睡而已一日行脚買牛肉啖之而挂其餘於錫端至一刹乃宣律師所住也留三宿別去宣律平日受天供不御人間食至是天供三日不至奎師行復来宣師曰日来爲粗行者腥穢所觸耶天人曰不然我輩岳瀆小

聖耳兩日聞本剎有大乘菩薩四洲大力神
王色欲界主咸在擁護故不敢唐突今章
其行始得展敬也宣律爲之三歎久之曰
我不能也而奉律益嚴此段話記海上老僧號休如者與予夜談於龍井不知所據出藏何函何典爾時但與覓雄○紫邁歷落之氣可以壯入膽骨故特追而著之

桃軒雜綴

尊勝陁羅尼經呪石幢

張少悌行書　天寶七載

今在西安府尊勝陀羅尼石幢天下多有

不具載此以少悌之名而存之 金石文字記

余所收石幢文凡十帋一張少悌書此金石文字

記謂以其名而存之者也石墨鐫華謂其書

清圓秀逸蘇靈芝輩不及曝書亭集亦

稱其筆法婣秀一劉鏞書曝書亭集有

跋一僧無可書石墨鐫華稱其佳無可俗

賈姓島之從弟也寧照和尚碑是其所書

爲鑒賞家所貴一趙信書一司馬簡書一

高岑書一沙門義淨譯其三無姓名書法

要皆可觀 光暎識

帝廟碑

李經書 大曆二年

贈太師孔宣公碑

此崔行功墓孫庭範書行功常書開元

寺千佛記者庭範無書名而此碑分隸

是唐初法亦有漢魏遺意可與唐語表

碑同觀 石墨鐫華

碑文内升什二字升音陞什音斗隸釋漢

二西

苦縣老子銘有什星宇司隸校尉楊孟文石門頌上順什極白石神君碑米什五錢注並云斗字漢隸分韻升什二字上升下斗唐比邱尼法琬碑天介斗極竟作升字則謬矣昔人以其文易混故改什爲㪷俗作斗而二字多有誤者故漢書食貨志治田勤謹則畮益三升不勤則損亦如之臣瓚曰當三斗尚書帝命驗黄曰神斗愽雅誤作神升又世語姜維膽大如升誤作斗

字之斗者漢樊毅復華下民租田口筭碑
斛作斛苦縣老子銘涼州刺史魏元丕碑
科作枓魏受禪碑料敎用兵料作枓王知
敬李衛公碑運奇料敵作枓歐陽通道
因禪師碑斜作斜韋虛心鄭予春北岳廟
碑史惟則慶唐觀金籙齋頌魁作魁晉
書孝武帝紀論謝玄之善枓軍事何超音
義曰枓力弔反一作料後人不知古人書法妄
改爲斷而淳化閣帖晉簡文帝書斟字作

斛又於升旁加一點以别升字後周華岳頌

斛字亦同張公禮龍藏寺碑揖讓而升大

寶升字作斗以斗加一點爲升則不經之甚

矣 二條金石文字記

少林寺靈運禪師碑

靈運禪師碑試大理評事崔琪譔會善寺

沙門行書而缺其名余向遊少林愛其中

碑刻時值大雪命人搨之此其一也或誚余

好奇之過不知余之所得抑亦多矣 金薤琳琅

此碑天寶九載立世言開元天寶之際文人嗤
地皆成珠玉今以此碑觀之如云窮歲默坐
猿對茶椀鳥棲禪菴彼嶺雲無心即我
心矣彼澗水無性即我性矣此數語雖今之
善知識不能拈出况經生哉書法自聖教
序中出是善學逸少者　蒼潤軒帖跋
今在寺中碑頂有字云寺西石墖靈運師墳
即梁帝皇嗣也以其爲梁武帝之裔而
稱皇嗣亦爲不順其陰刻陁羅尼經咒金

靈運碑者唐崔琪纂末云聖善寺沙門勤
下殘缺二字當時僧書耳文淺陋不足道
書法絕類聖教序無一筆不似後世傾側
偃臥以取姿態者甚人材雖足稱要之有
愧於此髠也　弇州山人稿

翔方節度李光進碑

令狐楚譔　嗣子季元行書　今在榆次縣

光進與弟光顏並為唐名將憲宗平淮西

光顔功最高唐書亦並有傳光進碑令狐楚

所篡光顔碑李程所譔皆名臣也然歐趙二錄

皆無此二碑歐錄所載李光進碑楊炎譔韓

秀實書者乃李光弼之弟非光顔兄也趙錄

有贈太保李良臣碑則光進之父官止雞田州刺

史初無功績以光顔故贈太保與二子同葬一地

乃趙氏錄其一而遺其二殊不可解余友朱錫

鬯過榆次趙村獨得此碑以副本遺余故得

而錄之金石文字補遺

太保李良臣碑

正書 李宗閔譔 楊正書 長慶二年

楊正書 今在榆次縣

李良臣即李光顔之父也碑爲李宗閔譔文詞尔雅可喜宗閔牛僧孺皆一代奇才而自陷朋黨惜哉 金石錄

良臣本河曲部落稽阿跌之族襲雞田州刺史隸朔方軍其稱太保者以子貴贈官 嘐

書亭集

義陽郡王苻璘碑

右唐苻璘碑按唐書列傳璘姓苻而碑作苻以姓氏書攷之瑯琊苻氏出於魯頃公之孫公雅爲秦符節令因以爲氏而武都苻氏出於有扈之後爲啓所滅奔西戎代爲氏酋本姓蒲至苻堅以背有文改焉今此碑以璘爲苻氏又云其先瑯琊人皆不可知然按璘與弟瑤皆封邑於瑯琊豈書碑者誤以符爲苻其家出於武吏不知是正乎金石録

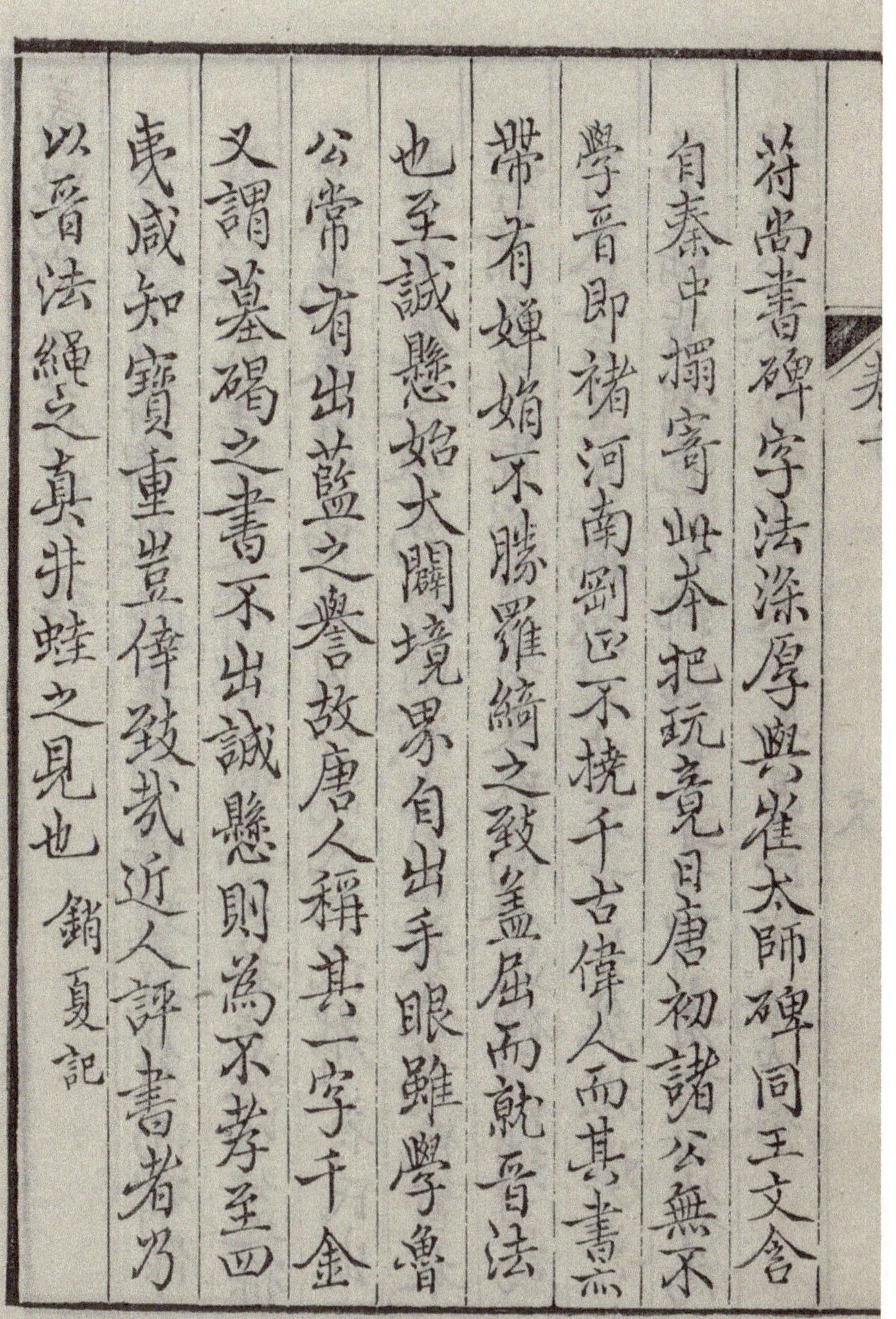

符尚書碑字法深厚與崔太師碑同王文含
自秦中攜寄此本把玩竟日唐初諸公無不
學晉即褚河南劉正不撓千古偉人而其書爲
帶有嬋娟不勝羅綺之致蓋屈而就晉法
也至誠懸始大闢境界自出手眼雖學魯
公常有出藍之譽故唐人稱其一字千金
又謂墓碣之書不出誠懸則爲不孝至回
夷咸知寶重豈偉致哉近人評書者乃
以晉法繩之眞井蛙之見也　銷夏記

嵩陽觀碑

聖德感應頌尚書右僕射兼右相吏部尚書

晉國公李林甫纂蓋玄宗命方士煉大還於

嵩陽觀六轉而移煉緱氏山太子廟九轉而

林甫紀其瑞者也當是時女蠱邉釁交作

於中外而林甫以金石之毒發之天下之緣措

發絶而唐事去矣而君臣方日熙熙然交史

其美而張大之良可歎也頌成之明載大真

冊其又七載林甫歿又四載帝走蜀不知大

卷九

內辟穀自託元始乞昇真人時亦得此丹力否耶書爲徐浩古隸與帝隸法絕相類雖以內勝亦自有態可寶也 弇州山人稿

嵩陽觀聖德感應頌乃道士孫太冲爲明皇煉丹六轉而移緱氏山九轉而李林甫紀其瑞徐浩書其碑者也碑作於天寶三載是時開元之政已弊而林甫以姦佞爲鋒本不足採但浩分隸與史惟則輩幾欲伯仲矣

臨淮武穆王李光弼碑

此碑額清臣篆張少悌書少悌書在當時不大知名而此碑殊勁拔清圓深得右軍行草遺意惜殘缺不完且於李公中興偉畧不得一記之唐史耳　石墨鐫華

此碑在張誼書姜嫄碑之上盛時叅借觀姚氏法書內有此帙敬爲書評歸之　蒼潤軒帖跋

姜遐斷碑

姜晞正書　碑在醴泉縣

三十

遐者墓誌之孫行本之子史但附兄簡傳墓

書遐碑乃簡之子晞代簡襲行本爵爲

郕國公者也書法全師登善而結體小弱碑

上段已亡止有下段棄墓側余摩而錄之石

墨鐫華

高邑縣殘碑

本願寺銅鐘銘

開元十九年　東京大福寺口口纂集書

龍門山大盧舍那像龕記

水經伊水出南陽縣西東北過陸渾縣南又東
北過伊闕鄜道元注昔大禹疏以通水兩山相
對望之若闕春秋之闕塞是也韋應物詩
鑿山導伊流中斷若天闕而司馬君實之
言曰龍門伊闕天所爲非山橫其前水壅其
流禹始鑿之然後通也斯言其信矣夫山有
八寺其一曰奉先像建自咸淳三年而以調露
二年賜額蓋闕去洛陽二十五里而近兩岸洞
龕佛像累千合夾侍坐立者幾盈萬壯

少陵詩所云氣色皇居近金銀佛寺開也碑

關書者姓名或云袁元哲[上石]又或云[右]續書之康熙

戊子竹垞八十翁彝尊識　曝書亭集

中興頌

右大唐中興頌元結撰顏真卿書字尤奇偉而文辭古雅世多摹以黄絹爲圖障碑在永州磨崖石而刻之模打既多石亦殘闕今世人所傳字畫完好者多是傳摹補足非其真者此本得自故西京留臺御史李建中家蓋十年前崖石真本也尤爲難得尔集古錄

中興頌刻永州浯溪上斲其崖石書之刺史元

結卷結自以老於文學故頌國之中興頌成乞
書顏太師太師以書名時而世尤瑰瑋故世貴
之今數百年蘚封莓固遠望雲烟外至者仰
而玩之其亦天下之偉觀耶嘗謂唐之文弊極
矣結以古學爲天下倡首芟擢蓬艾奮然挾
出數百年外故其言危苦險絕畧無時習態
氣質奇古踔厲自將嘗曰山蒼然一形水泠然
一色大抵以簡潔爲主韓退之評其文謂以所能
鳴者余謂唐古文自結始至愈而後大成也廣

川書跋

頌者美盛德之形容以其成功告於神明者也

商周之遺篇可以概見今次山乃以魯史筆法婉

辭含譏蓋之而章後來詞人復發明呈露則磨

崖之碑乃一罪案何頌之有竊以為未安題五

十六字刻之石傍與來者共商畧之　三頌遺

音和者稀半容寧有剩譏詞絕憐元子春

秋法郤寓唐家清廟詩歌詠當諧琴搏

拊策書自管壁瑕疵紛紛健筆剟題破從

此磨崖不是碑 范成大

磨崖碑中興頌元結譔顔真卿書字畫方正平穩不露筋骨當爲魯公法書第一唐文靡瑣極矣至結與蕭穎士輩方振之頌亦典雅仿嶧山諸碑第有可議者頌其君而并其君之父曰噫嘻前朝孽臣姦驕且絓之篇首豈頌體尒耶吉甫於宣王詩穆如清風者未聞以厲王并也序辭所謂非老於文學其誰宜爲亦誇矣晚人不當如是 弇州山人稿

磨崖中興頌碑自歐陽公集古錄已謂其
歲久剝裂字多殘闕好事者以墨增補之王
元美最愽雅乃云字畫方正平穩不露筋骨
當爲魯公法書第一豈元美所見乃崖石眞
本耶予獲一本恐是秉刻雖筋骨不露而神
氣全巳惜不得至永州崖一證之　石墨鐫華
此魯公書之翹然者在八關齋記之上　葛潤軒帖跋
書至於顏魯公魯公之書又至於中興頌故爲
書家規矩準繩之大匠河朔嘗見三數本皆

三

完好而森森如劒戟有不可犯之色今得此本
頗有殘缺既裝褙則反得古中韻勝乃知崖
角刓弊本真全露有李白所謂秋水出芙渠
天然去雕飾者尤可賞激也陵川集
元次山有文名唐人所推重中興頌又其得意
之作乃其韻俱用平聲殊見翦夫宮商經
緯依永乃和盡用仄必噍殺矣盡用平必滯
伏矣陸平原所謂偏絃獨張清奏靡應此
頌不無此病焉此頌大曆六年鐫於永州浯

溪石崖已八百幾十年不遽泯徒以顏魯公正
書能使山靈訶護若此耳李陽冰琅邪康
子泉銘亦磨崖字已不可辨余親見之或謂
此頌是再模則不可知矣宋廬陵羅大經謂
歎肅宗即位靈武事遂謂節判前敘數
語止言大業而不及盛德以為節判亦不滿之
羅君讀此不及竟耶頌中固已有盛德字
以補敘文之闕作文固有稱停庶免複累此
文廬陵之所不識也 隅園集

宋州官吏八關齋會報德記

右顔魯公書字徑可二寸許方整遒勁中别具恣態真蠶頭鼠尾得意時筆也此書不甚名世而其格不在東方家廟下故非餘子所及也記文宋州將吏爲節度使田神功疾愈請禱此猾裨媚驕帥之常，已足怪者第其時有可慨也蓋載緡漸輩方以因果之説聳人主，至引阿脩羅帝釋爲証，每虜至，禮佛祈禱退則脩八關齋飯僧報謝將帥體觧而世風靡矣

嗚呼唐之所以終不復振也有由哉 弇州山人稿

此宋州將吏爲節度使田神功頌疾愈作齋會也神功故非良臣徐白等媢其主帥非佳事而魯公爲曩爲書何也乃其字法大徑三寸許方整遒勁不减曷倩賛家廟碑 石墨鐫華

八關齋碑在歸德府字法大徑三寸許方整而有風致視他書更勝 銷夏記

此碑乃因田公之病而爲之當時所費不下千萬然當時猶有烜耀於此者今皆澌滅而田公事

五

獨以魯公之書而傳余常評此書在顏碑最
爲奇偉蓋以氣像森嚴而又不窘束故耳蒼
潤軒帖跋

刺史崔倬叙顏魯公石幢事曰會昌中有詔
大除佛寺凡堂閣室宇關於佛祠者掊滅
無遺分遣御史覆視之州縣祗畏至於碑
幢銘鏤賛述之類亦皆毀瘞此州口元寺先
有太師魯國顏公以郡守僚吏州人等爲連
帥田氏八關齋會鐫紀大幢亦鑿缺仆埋困

訪其遺文於前刺史唐氏之家得其墓本
命工補刻大中五年正月一日 金石文字記
右唐宋州官吏八關齋會報徳記顔魯公墓
并書筆力嚴整不減曷倩畫贊惜乎文
字滅沒闕一百九字因以魯公文集校補以便
快讀朝散大夫使下闕持節宋州守徐向
等下闕奉字左右僕射知省下缺事兼御
字之所建也下缺公名起下缺孝字安人務在
於撫下缺条况字緝熈下缺故能嚴天字佐

六

令下鈌右僕射李公忠臣字思明懼忠下鈌臣
圀已令公字公斬下鈌德信𢓊從諫遂并其字
副元帥李下鈌光𨒪請公字又討敬釭下鈌釭
歸順焉吏字封信下鈌鄰𨙸字每食宿下鈌
皆躬自省視字二年拜下鈌汴宋節度遷兵
部大曆二字妻信安下鈌郡王褘女爲凉國
夫人字居常不離下鈌左右閱讀史書或時
疾字二寺下鈌以祈福祐五年字功下鈌既高
字忽嬰熱下鈌疾沉頓字是即下鈌我公

字入於烈下缺熱矣字徐君悦下缺而從之
來字開元伽藍將下缺佐争衆帷字一千五百
人爲下缺一字者壽百姓張下缺烈等設字
又按碑本淪骨髓文集作淪字梟文武將
吏集作衆字羯胡搆逆集失胡字又討
敬釭集作詩字都六軍集作六年清河
張氏集作清州則又集夲之訛也元年拜
户部尚書集作授户部睦於姻黨集作親
黨不茹薰集作茹葷禮讖不絶集作禮

巇則當從碑爲正也首題顔真卿
譔字篆尾唐下當缺行宗字則又推而可知
也
按碑曰收滈德攻相州拒杏園守陳留陷思明
斬德信之從諫龔敬釭讓佚希逸破法子
營封信都郡王等事舊史皆無之而新史悉
合必歐公得此碑而更定之也新史又謂八年
自力入朝卒代宗爲斂千桒門追福然七年
壬子得疾宗州官吏爲之祈禳至八年卒而

朝廷又為飯僧追福可見當時從信釋氏之深也二條金石評攷

東方朔倩畫像讚碑

東方畫像贊碑陰記顏魯公書石刻在陵縣陵即古平原郡也故城址猶存今僅三之耳碑已再刻余所得乃舊本雖小糢泐然其峭骨遒氣溢鬱奮張亦足辟易餘子余謂東方生跡固奇詭然以逍遥流易之度處虛實有無間夏侯文亦時時有壺公蓟子意獨公書

太嚴整未稱所以發之不若留右軍寫其情性可也語固涉狂公復生不能不頫首耳 弇州山人稿

東方曼倩画贊昔魯公守平原時爲書今其石刻刓剥後世復爲摹搨以傳然魯公於書其神明煥發正在筆畫外若拳朱墨而印於石者此待詔書亦果有道耶公之書畢今猶有存者更數十百年後石破字缺人間所得皆其傳摹見者必嘔而笑之其書不足傳也 廣川書跋

此碑在山東陵縣王元美曾得舊本余所收乃長安故家者小〻磨泐當與元美家搨本同書法峭拔奮張固是魯公得意筆也元美謂東方生跡固奇詭夏侯文亦有壺公劍子意獨公書巖整未稱不若留右軍寫其情性可也余則謂魯公忠義而好神仙小説載公歿後指甲金色透出手背又寄家人手書事雖涉怪誕而亦可證公深於神仙之術固東方生千載至契也然其筆都無物外姿

態不如書汾陽家廟大是本色 石墨鐫華

右唐人所摹東方朔畫像贊圭角混融而光
精爛然非深知晉人筆法者不能予在中秘
獲覩褚登善鈎搨黄庭經與此正同雖紙
墨亦不殊信可寶也 宋犖鸞坡

此讚在山東陵縣書法較他刻更嚴整余以
曼倩生平極詼諧後世乃有以極正之筆書
其讚者使曼倩見之當為骨竦 錙夏記

此碑久毁東明穆先生得古搨重刻之石其期

立等字多僞想其元搨湯滅者時有之矣乎
前過平原留意蹤跡之迄不可得後乃購得
此本字更明悉何嘗有僞字且其篆題兼
存尤古雅峻峭全無鈍質俗態此時陽冰
稱高手乃其文采風流不及此十二字也其贊
字視顏他書獨瘦勁恬適與家廟碑相上
下蓋公中年制作最爲得意想此搨在
穆先生所收數百年之前可見世之罕物時
在人家但不易遇耳因此復識志蒐羅媿不

十

出里巷不得使之無脛而來其保持之慇當

何如　墨林快事

碑陰記

余既得先生畫賛自記希有之遇矣其後又得此記字比畫賛更大而筆尤豐偉鋒芒轉換一一如新盖擱更在前者遂成完璧其題乃公象公自書更少見尤可寶也記稱廟象捏素爲之二細君旁侍風流可想而書之年爲天寶十三載亂在目前而平闊李宗四公

又以北平王判官巡按狎至然魯公兄弟又伺其旁則亂萌即兆又相參錯可爲有國之永鑒則公所爲招韓君開元八年之新碑而大書之者非急也關係治亂當傳之百代耳　墨林快事

工部尚書臧懷恪碑

臧尚書墓碑顏魯公篆并書尚書墓在陝西三原縣顏公此刻人間少傳余向以使事道陝得之尚書七子希崇希旭希沈希情希

景希晏希讓皆爲顯官而希讓至魯國
公顔公文集復有臧氏糾宗碑書七子官爵
與此不同 金薤琳琅
臧懷恪碑顔魯公纂并書懷恪再爲王晙
蕭嵩兵馬使積官右武衛將軍封上蔡縣
侯三贈而至工部尚書則以子希讓貴故也
兄懷亮至左羽林大將軍懷恪有子七人咸
顯而希讓至尚書節度使魯國公碑稱兄
弟子姪勛賢間出自天寶距於開元衆

朱輪而拖珪組者數百人而唐史不為立傳故聊

載之書法偉勁不減家廟茅山而石完不泐

尤可喜也金石錄又載韓擇木書第三子太

子賓客希忱碑及希晏碑以韓秀弼書

之希讓胄子也而能為不朽計乃爾識有過

人者矣 弇州山人稿

臧將軍碑視魯公他書差勁峭且石又完好

鋒穎都具墨寶也 銷夏記

今在三原縣九陂城臧氏墓上文有廣德元

年十月字碑歷叙臧氏自魯公子彄及僖
哀二伯文武二仲而其下又列文人子原義
和榮緒摟莊子文王寓而政於臧文人下距
魯隱公殆四百年不得以爲公子彄之後且莊
子中名氏多是寓言不可爲據子原乃漢
臧洪原字从厂从泉後人復添三點今後漢書
作子源 金石文字記

顔魯公奉使題字

顔魯公奉使蔡州書今在同州其上有魯

公畫像　書曰真卿奉命來此事期未竟止緣忠勤無有旋意然中心悢悢始終不改游於波濤宜得斯報千百年間察真卿心者見此一事知我是行亦足達於時命耳又曰人心無路見世事只天知下有題曰觀此筆跡不顯歲月以事實攷之蓋使李希烈時也希烈以建中元年陷汝州盧杞建議遣公奉使至正元（宋諱貞故作正）元年八月丙戌公不幸遇害困躓賊庭者踰二年亦加於

頸而色不變度無還期誓不易節蓋書此以自表云靖康元年七月壬申朝散郎秘閣脩譔知同州軍事唐重書 金石文字記

送劉太冲叙

顏魯公送劉太冲叙欝屈瓌奇於二王法外別有異趣米元章謂如龍蛇生動見者目驚不虛也宋四家書派皆出魯公亦只爭坐帖一種耳未有學此叙者豈當時不甚流傳耶真跡在長安趙中舍士禎家

以余借摹遂爲好事者購去余凡一再見不復見矣淳熙秘閣帖亦有刻 容臺別集

麻姑壇記

顏真卿篹并書 小字正書 按魯公立此碑元作大字今有拓本而石正其小字者乃別本後人補刻非初碑也 大曆六年今在建昌府南城縣麻姑山萬曆初年重刻 金石文字記

唐麻姑仙壇記顏魯公譔并書在撫州又有一本字絶小世亦以爲魯公書驗其筆法殊

不類故正字陳無已謂余嘗見黄魯直言
乃慶曆間一學佛者所書魯直猶能道其
姓名無已不能記也小字本今錄於後使覽
者詳其真僞云金石錄

小字麻姑壇記或疑非魯公書魯公喜書大字
余家所藏顔氏碑最多亦嘗有小字者惟
干祿字書註最爲小字而其體法與此處
記不同盖干祿之註持重舒和而不局促此
記遒峻緊結尤精悍此所以或者疑之也余

初亦頗以爲惑及把玩久之筆畫巨細皆有法

愈看愈佳然後知非魯公不能書也故聊

志之以釋疑者 集古錄

右唐小字麻姑壇記顔魯公嵳并書在今

江西南城縣之麻姑山歐陽公謂或者疑其

非真而淺以爲筆畫有法非魯公不能書

也趙明誠謂陳無已嘗見黃魯直言此乃

慶曆中一學佛者所書魯直能道其名觀

陸放翁云魯公麻姑壇記有大小二本蓋用筆

主

丱子峴山故事通志金石略載魯公書亦有小字麻姑壇記則歐陽公之疑與魯直之言又似不足信元柳待制道傳云麻姑壇碑小字楷法尤精緊比聞舊石焚毀山中雖重刻無復當時筆意則亦以小字爲顔書但謂石已不存非也吳文正公云麻姑碑在吾鄉舊爲雷所破重刻至再字體浸失其真則被焚者乃臨川大字本而南城之石至今固無恙也　金薤琳琅

作字大至方丈小至粟粒其位置精神不差豪髮然後爲盡如以此字與中興頌參較當知予言爲信 姑溪集

額字小者最少惟此撫州仙壇記最爲千古之尤物自永卅以來六百餘祀膾炙人口鋒芒之内精神之外一無減損此雖中得名喆爲之護持引延然非其光怪陸離太和洋洽自足以永於宇宙之間而不可滅似有神物爲之守禁者亦不可得如此堅且久也 墨林快事

撫州有魯公仙壇記字形大如指頂筆筆帶
有緐意魯公最得意書也不知何時毀壞
世無見者余收此本淂之故蒸順家宋以前
搨楷墨精好最所秘惜至行世蠅頭小書
乃慶曆中人僞書載金石録而今舉世奉為
楷模誤矣杭州姜漸思有宋搨大觀第九本
余家正少此乃持以換仙壇本去今所觀者乃
忠義堂本耳　銷夏記
往見魯公所書麻姑壇記皆小字甲戌夏景

陵吳既閒驥之子昺彥來京師求作其父遺
集序遺余麻姑壇記大字宋公奉議大夫建
昌府知府梁伯達重建按集古錄跋麻姑壇記
云顏公忠義之節皎如日月其爲人尊嚴剛
勁象其筆畫而不免惑於神僊之說謂此
書也別有小字麻姑壇記一跋云右小字麻姑
壇記或疑非魯公書余家所藏顏書碑最多
未嘗有小字者惟干祿字書注最爲小字而
體法與此記不同蓋干祿注持重舒和此記

七

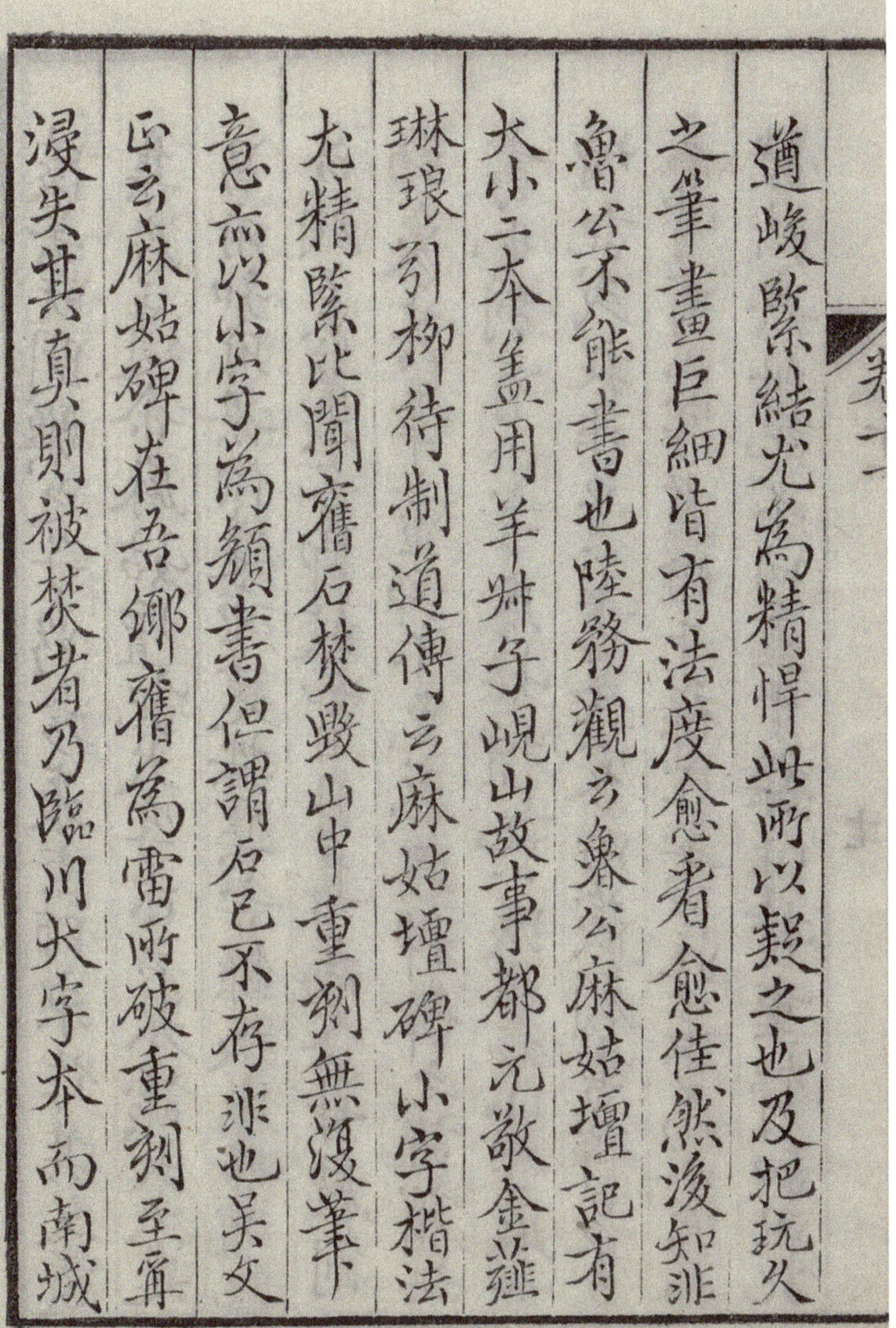
遒峻緊結尤爲精悍此所以疑之也及把玩久之筆畫巨細皆有法度愈看愈佳然後知非魯公不能書也陸務觀云魯公麻姑壇記有大小二本蓋用羊欣子峴山故事都元敬金薤琳琅引柳待制道傳云麻姑壇碑小字楷法尤精緊比聞舊石焚毁山中重刻無復筆意而以小字爲贋書但謂石已不存非也吴文正云麻姑碑在吾鄉舊爲雷所破重刻至再浸失其真則被焚者乃臨川大字本而南城

之石至今固無恙也云云今大字本蓋臨川舊石燬後梁君重刻於建昌者草廬所謂浸失其真者是也　帶經堂集

夫代與世移物隨時變居今鏡古匯蹟何稽石磴紅泉靈運之風流尚在銀鈎鐵畫魯公之生氣猶存若乃紀化仙都顯神丹於木石抽奇冊府寄藻思於縹緗則所謂昔人已矣遺跡依依以故點綴陳蹤聽之乘除大運俾千載而下意氣相感者得有攷焉

麻姑仙壇記魯公手書小楷并碑陰附刻褚河南虞永興歐陽率更柳河東諸小楷俱稱神品不知何年遺失山澗中謂爲好事者携去宋景祐間一樵豎偶于山澗鋤得之斷其一角故曾子固詩云碑文老勢信可愛碑石小缺誰能鐫後人每跡之謂翻刻新本不如也二條麻姑山丹霞洞天記

撫州南城縣舊有顔魯公麻姑仙壇碑後分南城入建昌碑隨入公廨闢爲一守索之

歸而命俗工摹一碑於郡今所相傳者是也余
覽顏書小楷最為難得而屢經摹仿失
其故吾每用慨惜爰是廣訪宋搨命良工
精刻函之邸中用存故事其碑陰衛夫人等
書亦並留不差毫髮臨池者尚鑒余之苦心
哉益王潢南道人題於遜學書院
仙都觀壇即蔡經故居王方平來會仙人
麻姑之處顏魯公記其事手書入刻往在
京師見一舊本筆法奇勁精采煥發悤

義大節披覽間畧具世尤珎之當時購之不得後十餘年來守建昌與刻亜貯郡齋啓視之石方廣盈尺中断字多磨滅不可辨為之慨然偶過近溪羅大叅出所藏舊本點畫波發與京師所見毫髮不差何異龍劍之合遂鐫之以傳郡之舊跡碑陰有唐衛夫人褚河南虞永興歐陽率更薛稷柳河東李北海諸小楷書家謂小楷難工右軍黄庭經外絶少是數家之筆跡真可與公仙壇並

傳者也因併刻之萬曆乙酉六月一日雲間季

膺書

是碑失去既久洪武初郡守新學宮見舊墨

聖座東偏爰委仙都道士立石殿隅今具在

也正德中山蹊樵豎於澗底拾出其碑版字

跡猶無恙先君以其奇遘輙珎襲一幅後碑

入郡中漸就刓裂瀏覽者每為悵怏茲郡爲

山季先生將圖翻刻而莫獲善本暇日過從姑

山房肆覽遺墨得是冊色喜遂命工入石與

四方好古者共之嗚呼是碑相傳已歷千載中間隱而忽現失而忽得裂而忽完若蛟龍幻化莫可方物是固魯公之精英貫徹今古斯能如是然微我鳳山先生亦孰與成之吾儕當知所以歸德矣郡人羅汝芳敬書已上三條

益王重刻碑跋

金殿鎮昭回翰墨錦雲張風雷氣魄真靈應千秋白石磨無磷萬載忠誠貫日光屈曲龍蛇滮海桑田直渺茫舟竈烱消遺址在古壇夜

靜月蒼〻　左逸士洄題

額碑刻於唐大曆六年魯公書卷文紀山迹也石贓書工良足珎重元季兵燹流落人間永樂初爲薊州衛知事郡人雷豫所得成化紀元其子泰獻於府遂什襲藏之盖欲其可久也嗚呼公之節義感於人〻字書特其餘事耳猶不忍泯沒如是要亦古人思召伯而愛甘棠之意同志君子珎致寶重毋令更流落可也　謝士元

主

余所收大字仙壇記未必是原碑大都是鍇夏
記所云忠義堂本也另見一本或是建昌重
刻遠不及此其小字者鍇夏記據金石録直謂
爲僞書金薤琳琅辯之㝡明無可疑其僞
也余收得二本字法精妙𢭏亦極工中有斷處
殆原碑所𢭏本致足寶惜余親家范舒山
侍御令南城時貽余一本蓋萬曆初年所
刻余所藏二本實勝之范云重刻碑今來
存　光暎識

顏氏家廟碑

右顏魯公家廟碑石刻四面環轉在關中後廟燬宋初有李延龍者語郡守移置之結法與東方畫像賛相類而石獨完善少殘缺者覽之風稜秀出精彩注射勁節直氣隱隱筆畫間吁可重也天寶間安氏蹶天柱折而力扶之者郭尚父張睢陽平原與常山四耳顏氏獨擅其二碑之所以重者寧獨書哉 弇州山人稿

此碑李陽氷篆額魯公譔并書石四面環轉製法精工廟不知在何處後燬宋初有李延襲者語郡守移置文廟此書結法與東方朔贊正同勁節直氣隱隱筆畫間 石

墨鐫華

古人云七世之廟可以觀德魯公之先後何其輝映也文學之優清貴之選人世可及忠烈之著褒卹之稠何可易得而況魯公以精忠大節之拒秉筆而叙也休哉詒厥之貽與

孔氏爭先矣魯公此碑則洵〻和雅不露鋒芒如韋甫雖〻有聲容之儼焉其在賊中題己像則又錚〻矯〻不可狎抑真與日月爲昭蓋公之忠孝大闕培植素厚故其出之胸中與取之筆下逈然不同 墨林快事

碑在西安文廟文刻四面制作精工魯公忠孝植於天性殫精竭力以書此碑而奇峭端嚴一生耿〻大節已若顯質之先人矣 鍇夏記

郭氏家廟碑

唐贈太保郭敬之廟碑廣德二年顏真卿篆并正書 古今法書苑

碑今在陝西布政司乃汾陽父敬之廟碑文與書俱出魯公手以一代偉人之家廟非得一代偉人之書不足當之可稱古今二絶碑陰載汾陽兄弟九人皆列大位不止史所傳紉明又也所載汾陽封拜亦與史小異 銷夏記

廣平郡文貞公碑

宋文貞公碑并碑側記皆顏魯公篆并書文

貞墓在沙河縣碑久埋沒土中近余友方思
道作縣出之重樹於墓以搨本見示金石
錄謂碑與新史不同者二事又謂碑側記
文貞逸事甚詳而新舊史皆無之余家
藏魯公文集中有此碑因得比較以補石本
之缺但其文時有小異如集本云建一言而天
下倚平碑一言作一陽集本云曾祖弘後碑
作弘峻集本云嘗夢大鳥銜書吐公口中公
呑之碑作大鳥銜書吐公口中而咽之集本云

欲優游自免碑自免作鄉里集本云左右
震竦碑左右作天后集本云勅使馳救之
碑救作赦集本云與執法通同碑作典
執政通問集本云玄宗將幸西蜀碑作中
宗將幸西京集本云公威氣詰之碑氣作
色集本云東宫有大功宗廟社稷主也安得
異議碑作春宫有大功主安得異議集本云
駕幸洛陽碑作駕達東都集本云馳道
險隘行不得前碑作馳道隘稽車騎不得

前集本云以臣免之碑臣字下有言字集本
云毋寵子愛碑作毋寵子異集本云勅公按
覆碑無勅字集本云置之座右碑之作諸
集本云仲冬十九日碑作十有九日集本云
塋墓官供碑塋作器集本云戊寅歲五
月碑無歲字集本云叨太僕之下烈碑烈作列
集本云義形言色碑言作顏集本云既遷
鄴城碑遷作還遷集本云汗洽流漿碑流作
如其不同者又如此此則趙氏之所未及也金薤琳琅

余始有碑側記文後一歲乃得碑文頗剥蝕其行筆與記全異碑辭內稱公雅善戲謔不當矜莊凡所詠諧人輙疏取昔人見公賦梅花以鐵心石腸爲怪故不足怪也非所望於蕭傅亦是一記太史公讀張文成事而疑其偉然丈夫乃如好女子世固有不可曉者

宋文貞公神道碑側記顔魯公書墓書刻沙河二公劉勁大節相埒書亦稱是真足三

絶第其筆以取勢爲主微類徐吏部而力過之不免奔驥渴猊眉山寔得此法作擘窠書愈增怪偉黄豫章獨印賞以爲瘞鶴銘之流亞噫惟其似之是以嗜之然耶 二條弇州山人稿

此碑書法方整中帶有虛和視他書稍異尤爲可寶余以崇禎巳卯於役河南親至碑下見石雖漸泐然規畫尚可撫摹搨一幅置輿中共晨夕者經年 銷夏記

錐沙三喻皆喻藏鋒不知出鋒亦有之因出鋒之道故成藏鋒之渾此碑是也東坡偃筆雖形顏顏失在用筆矣其學王僧虔亦然 容臺續集跋仿宋廣平碑側帖

右廣平文貞公碑顏魯公書在今沙河縣之東北康陵丁丑之年太末方思道爲沙河令碑已斷没出之土中鎔二百斤鐵貫而續之今方公所爲修復封樹皆無存矣惟此碑屹立於風霜烈日之中恐亦不能久也歐陽文

忠公以謂魯公真跡今世在者得其零落
之餘猶足以爲寶今此碑剥蝕猶少況以
廣平之重使歐公得之其爲珍賞當倍他
書矣 歸太僕集

千福寺多寶塔碑
右千福寺多寶塔碑岑勛譔顔真卿正
書顔公之書多矣惟此碑盛傳人間歐陽公作
集古錄跋尾而此獨見遺惟趙氏金石錄有
之謂多寶塔者僧楚金所造楚金嘗寫法

華經千餘部寘塔中趙氏澓謂於士大夫家數見之則楚金之書至宋猶有存者金薤琳琅

魯公正書惟此碑最著以其字比諸碑稍小便於展玩耳而結法視東方朔贊家廟碑似覺少遜王元美曰貴在藏鋒小遠大雅不無佐史之恨信然碑舊在興平千福寺不知何時移立西安府學中石墨鐫華

魯公書多寶佛墖最窘束而世人最喜如

杜少陵書佳處满卷而學者徒取其硬澁此殆曹子建所謂蘭茝生香人之所嗜而海畔有逐臭之夫者也嗟嗟世人若不具使眼而随人語言以評古書又曷足以言心賞耶 葛澗

軒帖跋

魯公之石布满天下或滅或闕而琅琅千古惟此碑最永釋氏所云不可思議豈此碑固將與蓮經共無極也耶此書最謹嚴雖少似拘束而天全神活自得之趣盎然欲流固是

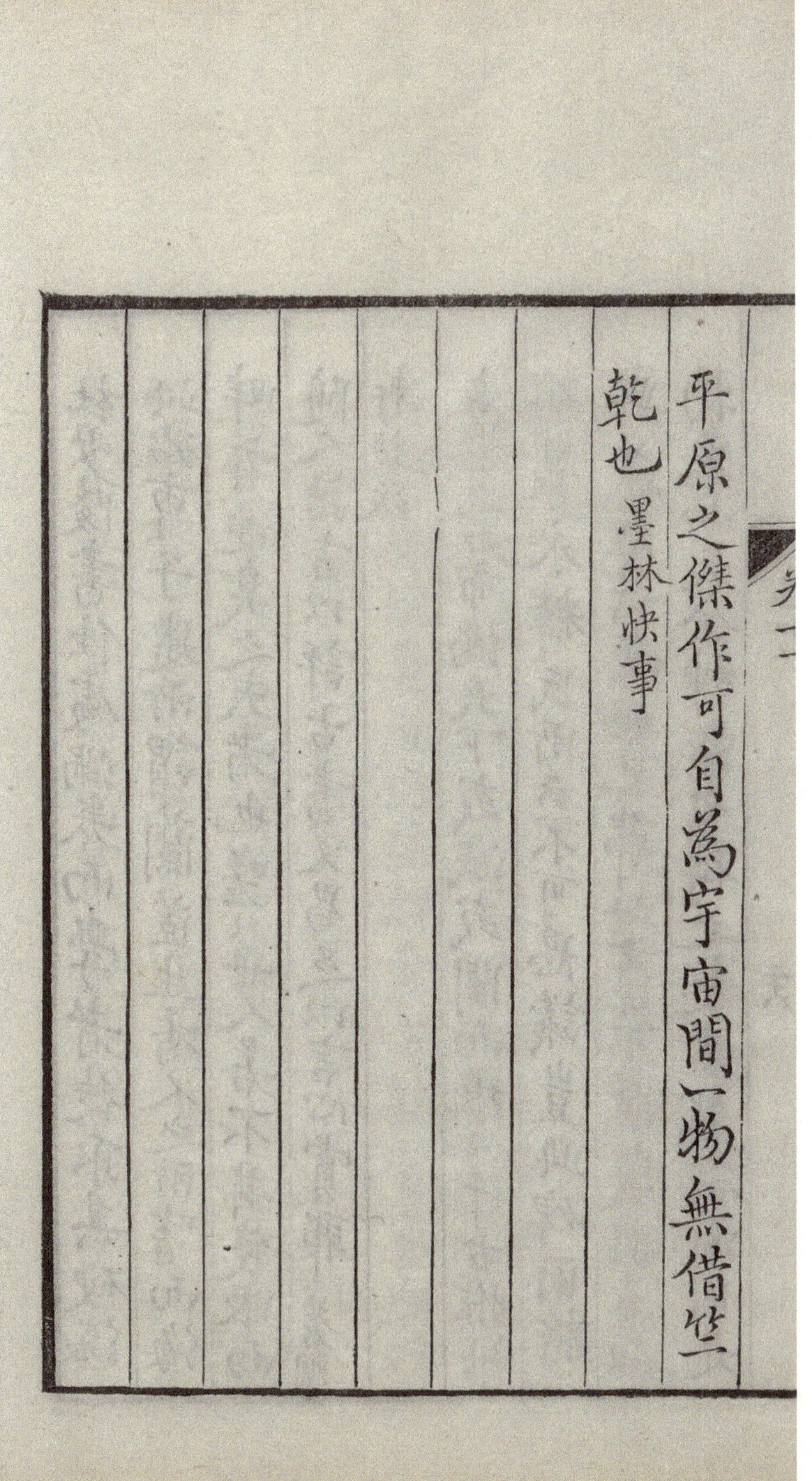

平原之傑作可自爲宇宙間一物無借竺乾也 墨林快事

爭坐位書藁

昨日長安七師文出所藏顔公與定襄郡王書草數紙比公他書尤爲奇特信手自書動有姿態乃知瓦注賢於黄金雖公猶未免也 東坡集

余少則艷魯公坐位帖晚始得此佳本爲之摩挲竟日噫藁草耳乃無一筆不作晉法所謂無意而文從容中道者也其肆余未敢論

獨笑魚開府郭僕射杞韯禄山希烈之徒澌

滅已盡而公之斷楮殘墨千載怕若新嗚呼是

寧獨書而已哉

公剛勁義烈之氣其文不能發而發之於筆墨

間何也余常謂公學不如其人於麻姑壇記見

之髯不如筆楷不如行有意不如無意於茲

帖見之二條弇州山人稿

魯公與郭僕射英乂書所謂爭坐位帖者其

草藁也世人重公名節故並重其書故草

草之筆亦爲摹刻人其可以不立德耶 金薤琳琅

此魯公草行不知何時上石已泐矣而法猶可尋王元美云無一筆不作晉法所謂無意而文從容中道者也又云劉勁義烈之氣文不能發而發之於筆墨間余嘗謂公學不如其人於麻姑壇記見之詞不如筆楷不如行有意不如無意於此帖見之而都元敬乃謂草草之筆亦爲摹刻目中有筆余不能不服膺元美

此碑雖泐而顏公筆法宛然近董氏摹入戲鴻堂帖乃云陡省者不足觀而自謂存魯公法度令以余觀董氏刻視此則神已多矣二條石墨鐫華

此乃魯公草本無意於書而天真爛然學者可以知作字亦之無意佳者乃誠佳也菭澗

軒帖跋

此帖烜赫宇宙不必言此本又搨之最先行間踈達筆意如生洵可寶也即近差糢糊亦勝於翻刻數倍况見此善本益信宋諸

家書無不致殫之非過也然只學其字耳公

於爭是非之際宜言不暇擇及言及軍容沖抑

巽順絕無一分鄙薄棄遺之習態惟欲與之

同歸於善共成一是其優柔忠厚之意見於言

外何其大也宋人言涉中貴至不比諸人類觀

其尚論古昔習態令人可厭況目交其人身評其

曲直豈作此中外一體之想以之相提真蘇合糞

壤之懸殊宜其形之筆札狼戾偏歆全失恬

和之度也公表表節義萬死不回誰知其所

養之平之定如此宋賢於此處不能學雖日摹其字安能移易其心胸以覬毫末之似哉　墨林快事

魯公作字多擘窠大書端勁而秀偉黃魯直云此所期無不欲高照千載者此帖草略匆匆前所未見開軸未暇熟視已覺桀然忠義之氣橫溢而點畫所至處便自奇勁公嘗謂盧杞曰朝廷法度豈更堪公破壞也於此又曰朝廷綱紀須共存正凛然想見其為人蓋

公所遭之時如此而所守之道不得不然故奢

卒未敢忘國之綱紀也余私有感於中者因

記於此 石門文字禪

宋搨魯公坐位帖及二祭文皆手稿也而坐位

一帖尤米元章所極力規橅不能得其仿

佛者蓋其書欝勃奇宕渾以天行而無

跡可求故令人自遠也 銷夏記

宋沈括夢溪筆談曰都堂及寺觀百官會

集坐次多出臨時唐以前故事皆不可攷惟顔

魯公與左僕射定襄郡王郭英乂書云宰相御史大夫兩省五品供奉官自爲一行十二衛大將軍次之三師三公令僕少師保傅尚書左右丞侍郎自爲一行九卿三監對之從古以來未嘗參錯此亦畧見當時故事 金石文字記

爭坐位書藁近得嘉善魏氏本摹刻甚工玩賞之下覺陝刻已泐之石一時改觀亦足喜也視摹入戲鴻堂帖者似爲勝之 光暎識

峻拔一角潛虛半股此於書法其體裁當如此矣至於分若抵背合如並目以側映斜以斜附曲然後成書而古人於此蓋盡之也魯公於書其過人處正在法度備存而端勁莊持望之知為盛德君子也嘗問懷素折釵股何如屋漏水曰老賊盡之矣前人於其隱處亦自矜持不以告人其造微者然後得之此二體又在八法六體外乃知書一技而其法之眾至此必參猶子文殆兼存此體者

五

也　廣川書跋

公行押之妙一至於此噫此藁草耳所謂無待而至者忠義之氣與懇切真至之痛鬱勃滂波礫間千古不泯陳深陳繹曾文徵明三跋慱雅殊稱是真跡在永豐聶氏尤可寶也　弇州山人稿

公祭文稿有二此其祭季明從子者其字之奇偉自然不可名狀即其文忠憤纏綿敘述有體真公不思而得不勉而中之妙境宜

其筆畫之精工有出於結構運用之外者也又有蔡伯父一通不但字無一佳而文多鄙俚不通即三尺童子知其偽而亦以其偽傳何也蜣丸蘇合自不可掩孰云愚可欺也視之爭坐帖其執管時尚有一分勝心客氣浮動於指腕之間不可按抑不如此一派義色琤琤欲飛去始知古人之成名者其不可及乃至於如此今之學子未嘗多見博學而早抨擊先哲抵益其陋已耳　墨林快事

六

顏魯公唐朝第一等人公字畫雄秀奄有魏
晉而自成一家前輩云書法至此極矣余嘗
見公爲州書告身一通其楷法嚴甚聞公行
書尤佳不可得見但時摩挲乞米石刻想象
風致耳今王君出示公祭姪季明文藁一紙詳
玩此帖縱筆浩放一瀉千里時出遒勁雜以
流麗或若篆籀或若鐫刻其妙解處殆
出天造豈非當公注思爲文而於字畫無意
於工而反極其工耶蘇文忠謂見公與定襄王

書草數經比公他書尤爲奇特信夫如公忠賢使不善書千載而下世固愛重況超逸若是尤宜寶之撫卷三復敬歎因題其末桑兆遽灘秋八月望吴郡陳深識

右魯公祭兄子季明帖前十二行甚遒婉行末循尔既事字右轉至言字左轉而上復侵恐字右傍繞我字左出至行端若有裂衣文適與補綴縫合自尔既至天澤逾五行殊鬱怒真屋漏跡矣自移牧乃改吾承至尚饗五行沉

痛切骨天真爛然使人動心駭目有不可形容

之妙與稧叙稿哀樂雖異其致一也彖字掠

策啄磔之間嗟字左足上擔處隐然見轉折

勢權字如泰山壓而底柱鄣末武字如輕雲

之楼日饗字蹙衂如鷙龍之入蟄吁神矣觀

此見真跡無疑按史公自馮翊太守轉蒲州刺

史封丹陽縣子而帖自署開國侯蓋史誤也杲

卿爲公從父兄而季明謂公從祖姊父浲從父

字加第十三於姊上公之處名義一字不茍可法

也季明杲卿之少子以死事贈五品官則賛善
大夫是也天寶末杲卿為范陽户曹安禄山表
假常山太守禄山叛公為平原太守遣甥盧
逖約起兵時杲卿長子泉明方往返真定
内邱間計事報盧逖使平原屬之季明
宜也玄宗不識真卿為何如人而顔氏兄弟
子姓戮力王室如此一門忠義其有自来耶玄
宗拜杲卿中丞因傳檄河北陽言王師大
至遂請土門十七郡同日推公為盟主兵勢

八

振矣賊懼急攻常山太原尹王承業不救
於是杲卿父子被執亦加季明頸謂曰若
降活汝子不荅遂殺季明杲卿至洛陽乃
遇害明年史思明歸國又明年則乾元七
年也泉明自常山陷復客壽陽清溝之
敗復陷思明至是歸公於蒲州以公命購
杲卿季明尸於洛陽河北杲卿僅得一足於
張湊所歸髮葬長安鳳栖季明同塋據
此帖季明歸櫬唯首而已哀哉此帖作於泉

明購尸還蒲之日死生亦大矣士大夫平居抵掌
高議視死宜若易然觀史及此帖髮膚有
所不敢遽忍殘身至此耶兄弟子姓駢首
就死豈易〻哉顔氏出魯國子淵平日循〻
如和風慶雲及畏於匡孔子意其必死則
其履巖霜烈日之變坦如康莊聖人既信之矣一
門忠義可不謂有所自來耶　至治三年十一月廿
日吴興陳繹曾書

米元章以顔太師爭坐位帖爲顔書第一謂

九

其字相連屬詭異飛動得於意外最爲傑
思而黃山谷謂祭姪季明文〻章字法皆能
動人亞顔坐位帖二帖宋時並藏安師文家安
氏之後不知流傳何處坐位帖世有石本而米
氏臨本尚在人間余嘗見之與此帖亞相類然
元章獨稱坐位而不及此也世論顔書惟取
其楷法遒勁而米氏獨稱其行草劉致山
谷亦云奇偉秀拔奄有魏晉隋唐以來風流
氣骨回視歐虞褚薛輩皆爲法度所窘豈

如魯公蕭然出於繩墨之外而卒與之合哉蓋
取其行書之妙也況此二帖皆一時稿草未嘗用
意故天真爛熳出於尋常畦徑之外米氏所
謂忠義憤發頓挫鬱屈意不在字者也聶
君文蔚出以相示俾為鑒定後有陳深陳繹
曾二跋深字子微號寧極翁宋季吳人繹曾
字伯敷元吳興人二人並以字學知名而跋語考訂
精審余復何言姑取黃米之論以備二帖折衷
亦補二陳之遺云嘉靖四年乙酉十一月長洲文徵

明書於金臺寓廬 三條停雲館

元君表墓碑

右唐元結次山碑顔魯公篆并書按唐書列傳結後魏常山王遵十五世孫而碑與元氏家錄序皆云十二世蓋史之誤又碑與元和姓纂云結高祖名善禕而家錄作善禕未知孰是也 金石錄

顔文忠爲元次山書中興頌跋又爲譔碑文而自書之所以推許次山者至矣其忠義才術畧

相當然次山於文非真能古者何至竭蹶其步

而追之耶　弇州山人稿

茅山玄靖先生李君碑

大曆十二年夏五月建顏魯公篹并正書碑稱

隱居先生以三洞真法傳升玄先生升玄付體

玄先生體玄付正一先生正一付先生自先生距

隱居五葉矣今致之隱居先生梁陶弘景升

玄為王遠知體玄為潘師正〻一為司馬子微

三人唐書有傳惟玄靖無之余嘗游茅山至

玉晨觀其前有雷平池〻南爲伏龍岡玄靖
葬其上碑今在觀中四周皆刻文字道士以
亭覆之 金薤琳琅
象公好仙術不特書麻姑壇已也按李含光
者陶隱居裔凡五世其事絶無紀獨人謂其
隸法勝乃父遂斷不作緜差近厚耳魯公
結體與家廟同遒勁欝勃故是誠懸鼻
祖然視虞〻永興褚河南閻〻氣象不無小乏

弇州山人稿

平淮西碑

韓愈撰

昔李商隱讀愈平淮西碑謂如元氣臣賴陶化康巍而當時不容或謂不叙愬功殺其言用夜半至於蔡破其門取元濟以獻盡得其屬士卒豈嘗泯没顧愈以裴度决勝廟算請身任之帝黜群議决用不疑其所取遠矣劉禹錫嘗忌愈故爲説每務詆訾且謂文昌此文自成一家又謂柳宗元言愈此文如時習小生作帽子頭以紃綴其

文宗元嘗推愈過揚雄不宜有此語皆禹錫妄也 廣川書跋

元和中有老卒推倒平淮西碑帝怒命縛來朕自斫殺之因至曰碑中只言裴度功不述李愬力徵臣是以不平上命放因勅段文昌別撰 事文類序

春秋論戰勝功賞必歸功於以之者李愬淮西之功謂裴度督戰以之耶韓愈文體裁宏麗足重國紀愬取唐安公主女出入禁中訴碑文

不實帝詔斲其文更命學士段文昌爲之以
功歸於愬或云憲宗疑裴與韓黨故抑其文
又疑李逢吉初議與裴不協皇甫鏄忌愈陰
毀爲黨致尔及觀裴度纂述蔡鄆用兵帝
之憂勤機畧皆歸功於上不敢以元功自居野
史云蔡州舊有吳少誠德政碑後勒韓文豎石
相對少誠碑流汗爲泥雖金石之物似亦有知何諸
人見及不及耶蘇内翰録臨江驛小詩云淮西功業
冠吾唐吏部文章日月光千載斷碑人膾炙不

知世有段文昌陳無已曰龍圖孫學士覺喜論文
謂退之淮西碑叙如書銘如詩李商隱讀韓碑
有詩落句曰願書萬本誦萬過口角流沫右
手胝傳之七十有二代以爲封禪玉檢明堂基
劉夢得嘗言柳八駁韓十八平淮西碑有帽
子使我爲之便説代判矣此才人忌能常態
耳夢得詩云城中晨鷄喔喔鳴城中鼓角
聲和平此美愬之入蔡須臾之間賊無覺者
又落句始於元和十二載重見天寶昇平時

此署平淮西之年也又朝廷功業臣子遭逢皆
有冥定裴公未第騎驢過洛陽橋〻上二老人
相指曰若要平淮蔡須此人作相裴巳過僕
聞之追而語于裴〻公曰彼見我龍鍾故相誚尔
及裴為右相始驗況裴公行師發地得石刻云
雞未肥酒未熟術者云雞未肥〻去肉為巳酒
未熟酒去水為酉破賊在巳酉日巳而時日果
應　六硯齋
碑舊刻叚文昌文宋知州陳珦磨去仍刻韓

古

昌黎文　天下金石志

嵩高靈勝詩

尉遲𢓜書　太和三年　今在中嶽廟壁有宋

熙寧丁巳王紳題字　金石文字記

岳麓書院重摹禹王紀功碑

韓愈書　大曆十四年

蝌蚪書後記

韓愈書　元和十一年

滕王閣記

韓愈書　元和十五年

祭岳題名碑

所題皆唐年號人名以殘缺不盡可辨

南海廣利王廟碑

碑在廣州府東南八十里海神廟中

右南海神廟碑韓愈譔陳諫書以余家舊藏集本較之皆同惟集本云蜿蜿蜒蜒而碑爲蜿蜿虵虵小異當以碑爲正今世所行昌黎集類多訛舛惟南海碑不舛者以

五

此刻石人家多有故也其妄意改易者頗多亦賴刻石爲正也 集古錄

石壁寺甘露義壇碑

正書 李逢吉譔 元和八年 碑在寺中

碑陰有進甘露表云臣說言臣所部太原府交城縣石壁山寺今月二十二日夜甘露降於寺內戒壇西及寺外柏林上大枝小葉無不周遍凝洼垂滴甘甜如蜜當寺臨壇大德僧慎微與僧惠廣等一十五人咸共觀嘗覆

問如狀云云貞元十二年九月二十五日臣説者河東節度北都留守太原尹李説即普光明殿碑所謂尚書李公者也此碑為元至順三年重刻 金石文字記

涿鹿山石經記

劉濟譔 元和四年

處士馮公墓誌銘

公諱懿字彖義 開元二十年

褚河南千字文

褚遂良書見於石刻者世亦甚鮮况其真跡乎今觀所書千文筆勁險媚真如鐵線縈結而成或者評爲柳誠懸所臨褚書似則似矣其入神處恐非誠懸所至也法書苑

右法書苑云云評其真跡也余得者乃是石刻刻亦精妙不失其真河南聖教序記枯樹賦兒寬贊皆以瘦勁取姿而千字文筆致另出結構特多跌宕殆與哀冊髣髴此石今在吾鄉朱氏潛采堂不知何時所刻往論石刻

者多未之及 光暎識

柳宗元書

所題三言六句末一行元和十二年柳子厚書

大達法師玄秘塔碑

唐大達法師玄秘碑裴休譔柳公權正書歐

陽公嘗謂物之所遭有幸不幸詩書遭秦

不免煨燼而浮屠老氏以託於字畫之善遂

見珍蓄若此碑是矣嗚呼緇流之藉文字以

傳後世如余之所錄蓋不止於一玄秘也 金薤琳琅

玄秘塔銘石刻在關中會昌元年建柳學士公權書裴觀察休篆又十二年休始以塩鐵使入相所著楞嚴義觧諸所參會妙入玄宗豈彼法中居士長者之流耶此碑柳書中之最露筋骨者遒媚勁健固自不乏要之晉法一大變耳弇州山人稿

塔爲大達法師建者碑裴休譔柳誠懸書〻雖極勁健而不免脫巾露肘之病大都源出魯公而多疎此碑是其尤甚者

碑陰僧正言買涯造經堂疏正書亦方整可

錄正言者大達弟子也 二條 石墨鐫華

柳行草以禊詩爲上正書以此爲上行書之

妙〻在全不拘法度信心信手即使成就一

家此正書妙在法出於顏而能變顏之法

顏之法筋在畫中而二邊皆肉或豐或瘠

不必齊也柳變畫之兩邊爲骨而畫中爲

肉故顏法內蘊而柳法外稜內蘊猶存王

術而外稜則王術去盡矣然自後世惡札之

濫觴也故顏妙集先而柳侯闢後令人漸喜

柳而右軍遠矣然亦仿像其行草耳若求

正書如此者一筆無也 墨林快事

柳誠懸書學出自烏彤烏彤出自懷素而

素自直遡永師者大抵唐世字學極盛然

自彔公而下其餘諸名家數人同論則具體

而微各觀則同工異曲玄秘塔是柳書之極有

筋骨者刻手精工唐碑罕能及之故可寶以

爲玩也 蒼潤軒帖跋

誠懸玄秘碑最爲世所矜式然筋骨稍露不
及紀聖德與崔太師碑宋僧夢英等學之
遂落硬直一派不善學柳者也　錯夏記

西平忠武王李晟碑

右唐李晟碑裴度譔碑載西平子十二人愿聽
總懸憑恕憲愬懿聽惎懸唐史宰相世
系表所書亦同而新舊史列傳皆云晟十有
五子舊史云侗伷偕無祿早世豈以侗等早世
故碑不載與又李石譔李聽碑云西平有子

十六人起更有未名而卒者耳元和姓纂載西平子十人以碑較之姓纂缺聰總憑愿懿四人而懸愿應二子墓碑舊史皆無之又其倫次差謬當以碑爲正金石錄

李晟碑裴晋公撰柳公權正書晟在唐功蓋天下可謂偉矣碑不具載又唐書列傳叙其官與碑不合碑謂晟由左清道率歷三府右職累遷至光祿太常卿傳則云授特進試太常卿碑謂晟爲涇原四鎮北庭節度

都知兵馬使代宗徵之以左金吾衛將軍爲神策軍兵馬使傳則云以右金吾衛大將軍爲徑原四鎮北庭兵馬使碑謂晟平蜀還授檢校太子賓客而傳不書碑謂建中二年以晟爲神策先鋒都知兵馬使加御史中丞尋拜左散騎常侍兼御史大夫傳則云晟爲神策先鋒加檢校左散騎常侍兼魏府左司馬尋授御史大夫碑謂皇居失守授晟檢校工部尚書充神策行營節度使傳則云詔拜神策行

營節度使碑謂大駕再遷加檢校右僕射尋

轉左僕射同平章事兼京兆尹神策軍京

畿鄜坊節度觀察等使管内及商華等州

副元帥復詔晟兼河中晉絳慈隰節度使

又兼京畿渭北鄜坊丹延節度招討使又進京

畿渭北鄜坊商華兵馬副元帥傳則云進晟

尚書左僕射同中書門下平章事復詔晟兼

河中晉絳慈隰節度使又兼京畿渭北鄜

坊丹延節度招討使又進京畿渭北鄜坊商

華岳馬副元帥碑謂鑾輅爰歸拜司徒兼
中書令俄以本官兼鳳翔尹鳳翔隴右節
度觀察等使及四鎮北庭涇原等州副元帥改
封西平郡王傳則云拜晟司徒兼中書令尋
拜鳳翔隴右涇原節度使兼行營副元帥
徙王西平郡晟之碑作於當時而史成於後
代要當以碑爲是金薤琳琅
碑在高陵縣王墓前裴晉公譔柳誠懸書已
磨泐不可讀矣都元敬全錄其文缺數字

又别本有刻者與碑亦牴牾數字當是傳寫
之誤王元美云西平諸子皆已逝獨太傺聽存
乞晉公文寨落不能發其忠義戡定之績至
於料吐蕃背盟事絶不載蓋聽於其時徒
見晉公禄位勛業之盛然埒西平意其文足
以光顯其先而不知晉公雖非忌者以為位寧
相文從簡要體當如是而於西平之元功偉
畧十不著一二嗚呼今碑首云奉勅譔書序
末云乃命臣度稱代言時似非聽乞也王元美

豈未讀其全文耶　石墨鐫華

此碑余舊未見近始見之字雖剥落然一段挺拔不群之概可捫而得也　銷夏記

朔方節度使清源王公碑

唐朔方河東河西隴右節度使清源公王忠嗣碑中書侍郎元載𩠐門下侍郎王縉書載其女夫也所記事與史不甚異其文詞瑣冗無足多者縉於書稱名家與李邕相伯仲評者謂其過薛少保今其結法清婉老

勁不在岳麓雲麾下覽者自當得之

哥舒之力爭義者能之李臨淮之先見知

者能之清源仁者也所見遠矣所見超矣二條弇

州山人稿

忠嗣歿於天寶初碑立於大曆十年元載撰文王

縉書載忠嗣女夫縉王摩詰兄也縉名能書結

法老勁真可與李邕伯仲然姿態婉媚啓後世

如趙承旨諸人書者此碑也石墨鐫華

王公此碑元載撰文夏卿書毋字結體規模北

海而肥余曾於盧岡卿書室見之記憶不真因近世希有也聊存之蒼潤軒帖跋

圭峯禪師碑

圭峯禪師碑唐相裴休譔并書其文辭事跡無足採而其字法世所重也故録之云集古録

圭峯禪師宗密法門龍象第以多所游講著述一時不能無疑於達摩慧能之宗旨而裴丞相休獨能知之然至累千言而爲之辯則亦贅矣自心而證者爲法隨顧而起者爲

行〻有殊法則一即四語已盡之是時柳誠懸銘書名天下僅以之篆額而自書文者滌欲有敎於裔也書法亦清勁蕭灑大得率更筆意裴能知裔爲四依十地人其自待當亦不遠而沒後爲于闐王子書姓名於背豈猶未能離輪迴耶抑亦所謂隨願而現者也記於此俟者宿質之　弇州山人稿

此碑裴相公休譔并書〻法全出歐陽信本而瘦勁不及也當時誠懸書名動一時乃任篆額休自

任書亦信能書矣余不敏竊謂此固當勝柳書 石墨鐫華

裴休書脫胎於智永而附益以歐陽率更是碑乃其以篆額付誠懸而已任書何不自量也後世有以為勝柳書者兒童之見耳 銷夏記

姜嫄公劉廟碑

姜嫄公劉新廟碑中書舍人高郢纂試大理評事張誼行書廟在今邠州城南唐邠寧節度觀察使張獻甫所遷故當時稱為新廟

而高郢爲文余昔以尚書郎出使寧夏道郃
謁廟其後稍上有履迒平乃姜嫄履巨人
迒所在余爲大書履迒平三字俾州官刻寘廟
側盖州人但知有廟而少知乎此故表而出之

金薤琳琅

碑在郃州張獻甫爲節度作廟祀姜嫄公
劉者也高郢譔張誼書郢事李懷光能
引譬忠義不爲勢屈卓然名臣獨爲相
時不能制王伓文輩耳文尤冗弱殊無足稱

張誼於書家不甚著此書不及王縉而畧似柳公權亦足存也 石墨鐫華

張誼是碑行押綽有魏晉風韻乃知令人不能退筆如冢以造古人妙處而欲傳世真是愧赧無地也 蒼潤軒帖跋

武安君廟記

廟在今咸陽東古杜郵起慘刻獨有將畧耳亦祀至今何也辟閭記唐乾符五年重脩事正書遒勁亦有歐法知唐世官𢘾無不

三五

作佳書也石墨鐫華

本嶺寺碑

此碑獲鹿縣孫按察家掘地得之乃靈泉

信士畢瑜造墖藏舍利者行草亦不惡石

理脆巨其真耳然是唐碑中之最下者石

墨鐫華

周公祠靈泉碑

周公祠靈泉湧出大五小七凡十二處觀察崔

珙奏狀勅石事在大中間石前刻奏狀中刻

宣宗批荅後刻珙謝表文詞婉至有盛世風書遒健有法且其叙列大似漢人碑例而遜其古質耳如此等碑宋以後恐不能得也 石墨鐫華

雲居寺浮圖銘

易州雲居寺石浮圖碑明皇開元十五年太原王大悅纂并書 燕都遊覽志

兗州牧京兆韋君碑

常君名元珪李邕文張廷珪八分書

杜順和尚碑

碑在開佛寺董景仁行書亦清勁但小弱耳

石墨鐫華

淨業禪師墖銘

正字畢彥雄篹文而無書者名書法齊習褚河南者勁挺似之而其鉤磔處不及尔楊脩齡侍御在長安日亟賞之遂多搨者石墨鐫華

興福寺半截碑

此碑斷鈌棄西安城南隍中王生堯惠輩見

之以語郡守昇置泮宫碑爲大將軍吴文竒弘福寺僧大雅集右軍書余觀其筆法去聖教序遠甚應是集字者不及懷仁而碑中有開元九年字𣪍又從聖教序諸刻中摹集非右軍真跡也 石墨鐫華

此碑郡少上半其叙之人只存其名文而已姓亦不存集人大雅乃興福寺僧故世謂之興福帖其集王字顧獨得精神筋力儼如生動不比懷仁只得其形模并其古淡之趣而已是以書

家重之遂多湧沒余所藏乃最先搨本希墨皆泚今有無論筆意之宛具矣余亦用分行法節別之文始可想見乃鎮軍大將軍行右監門衛大將軍及其夫人李氏之碑以開元九年十月廿三日葬此正盛行聖教序而毫不依仿蓋內史之精神各由性所近而入一有所入即爲自家物而出之安得同若奴步懷仁抑豈能並爲千古耶　墨林快事

鄎國公主花臺銘

申屠液墓志書今在西安南門内華嚴寺金石

文字記

申屠液順宗時人唐鄎國公主花臺銘唐書公主列傳鄎國公主順宗女始封清源郡主 申屠液書 金石表

杜府君夫人常氏墓志

李宣墓 姪成均行書 貞元十年 今在西安

寺坡杜君官至京兆尹名濟 金石文字記

濟瀆北海壇器物銘

此銘濟源縣令張洗墓誌歐陽公謂洗之所記乃

天

開元時事州縣祠廟置齋郎六人官不勝其濫又謂史家不能詳載惟於碑刻見之按碑作於貞元十三年歐陽公誤以貞元爲開元且碑載廟有令一人祝史一人則其官固不止於齋郎攷之唐書百官志五嶽四瀆令各一人主掌祀事此外又有祝史各三人齋郎各十三人則官之濫又不止如歐陽公所書而史家亦未嘗不詳載也但與碑有不同耳 金薤琳琅

山川望秩濟瀆神清源公建廟於濟源縣西北

而築北海壇於廟後號廣澤王掌之祠官
歲立冬日奉祀其來久矣舊俗廟不設祭
器先期令請於上官購諸洛下酧以稅繒所
用沉幣之舫則以車遠運沁河渡口貞元十一
年濟源令張洗字濯纓覩廟中楸槐數
本爲大風所拔用其材製祭器凡百二十有
二餘以造雙舫云按尔雅祭川曰浮沉郭景
純注以爲投祭水中或浮或沉語焉未之詳也
碑文謂沉幣雙舫蓋舫以浮之幣以沉之比

於鄭氏之注義較明晰令山祇川后祠宇恒有車船置殿左右殆本古祭川遺製亦洗於事神有禮度治人必有方惜乎斯銘不載圖經而洗之政事亦無表見碑今藏吳江潘氏稼堂其善藏諸 曝書亭集

唐制附祭北海於濟源此碑記新作祭器事碑文乃濟源令張洗字濯纓所篆簡古有體裁一洗駢儷之習洗與韓退之同時文體已矯傑如是蓋文弊之極而將變元結權德輿

輩皆然不獨韓也　金石文字記補遺

李陽氷三墳記

此季卿表曜卿三墓陽冰書碑雖無翻刻字字畫法具而神已似與前碑同（李氏卜塋李曜卿兄弟三人而弟季卿記從子陽氷書謂之先塋記經大中祥符間翻刻石墨鐫華錄先塋記於三墳記之前故曰前碑）王元美乃謂石猶故物故無傳改之譌豈別一碑耶抑未見前碑耶元美自任識書恐於此碑失之矣陽冰顏魯公家廟碑書作陽氷　石墨鐫華

篆書自秦漢而後推陽氷為第一手令觀三墳記運筆命格矩法森〻誠不易及銷夏記少温書始自嶧山終歸孔篆故勁利豪爽遂為一代絶筆論者以為蒼頡後身誠知言哉今遺刻散見人間者庶子泉銘怡亭刻石為家而不可見〻此亦已過半矣蒼潤軒帖跋

元吾邱衍謂陽氷即杜甫之甥名潮取海賦陽氷不治之義為字既以字行乃別字少温楊用脩嘗辨其非按陽氷趙郡人太白從叔其字少温見於宣和書譜與其

名相應若名潮而以陽氷少温為字於義皆無取且陽氷工篆書潮工八分觀趙氏金石録載城隍祠記忘歸臺銘孔子廟記先塋碑三墳記等為李陽氷篆書而慧義寺弥勒像碑彭元曜墓誌為李潮書則其非一人明矣

令人讀陽冰為陽凝非也文苑英華有林滋陽氷賦戴侗六書故曰說文仌凍也冰水堅也俗作凝孫氏魚陵切說文盖以冰為凝按仌於楷不能獨成文故後人加水焉凝之從冫从氷無義當從仌文二條金石文字記

李輔光墓誌

崔元畧篆 巨雅正書 元和十年 今在高陵

縣

文稱門吏晉州司法參軍巨雅此輔光爲河中監軍所除唐時士人而出於內侍之門者蓋不少矣輔光少選入內而有夫人輔氏子四人唐之宦官有權位者則得娶婦史之所載高力士娶呂玄晤女李輔國娶元擢女皆奉勅爲之而楊復光至假子數十人又後漢書劉瑜傳言常侍黃門亦廣妻娶周舉傳言豎宦之人亦復虛以形勢威侮良家取女閉之至有

白首殁無配偶遂於天心單超傳言四侯轉橫

多取良人美女以爲姬妾則固不始於唐時

也

唐人日曰二字同一書法惟曰字左角稍缺石經

日字皆作曰此碑及玄奘塔銘亦然故陸氏

釋文於九經中遇二字可疑者即加音切宋

以後始以方者爲曰長者爲日而古意失矣

碑内宫掖作宫戫阼作祚士君子作仕皆誤

盧藏用書蘇許公碑亦以戫阼作祚三條金石文字記

楊州都督段行琛碑

張增正書　李同系篆額　大曆十四年　今在

汧陽縣

此碑名不著而書法遒逸豐美極是當家書者爲張增增無書名亦可以知唐人能書者多矣非此碑則后世不知有增也按碑行琛者忠烈公秀實父忠烈兄弟四人長稱顗次公次秀成次同顗史傳不著因爲拈出碑又不署著撰文者姓名豈即張增耶忠烈公

汧陽人碑在汧陽完好可搨趙明誠金石錄

又有一碑云楊炎篹蕭匠書與此不同而都無

此碑豈叚公有二碑耶書之以俟攷石墨鐫華

此碑人以其非名家也搨者少故石尚全然字

固非惡可以觀唐日文明之盛又何必名家後

可存也墨林快事

張增無書名所書叚公碑遒勁豐逸全得晉

人遺法唐石之最佳者也鐵夏記

彌勒佛頌

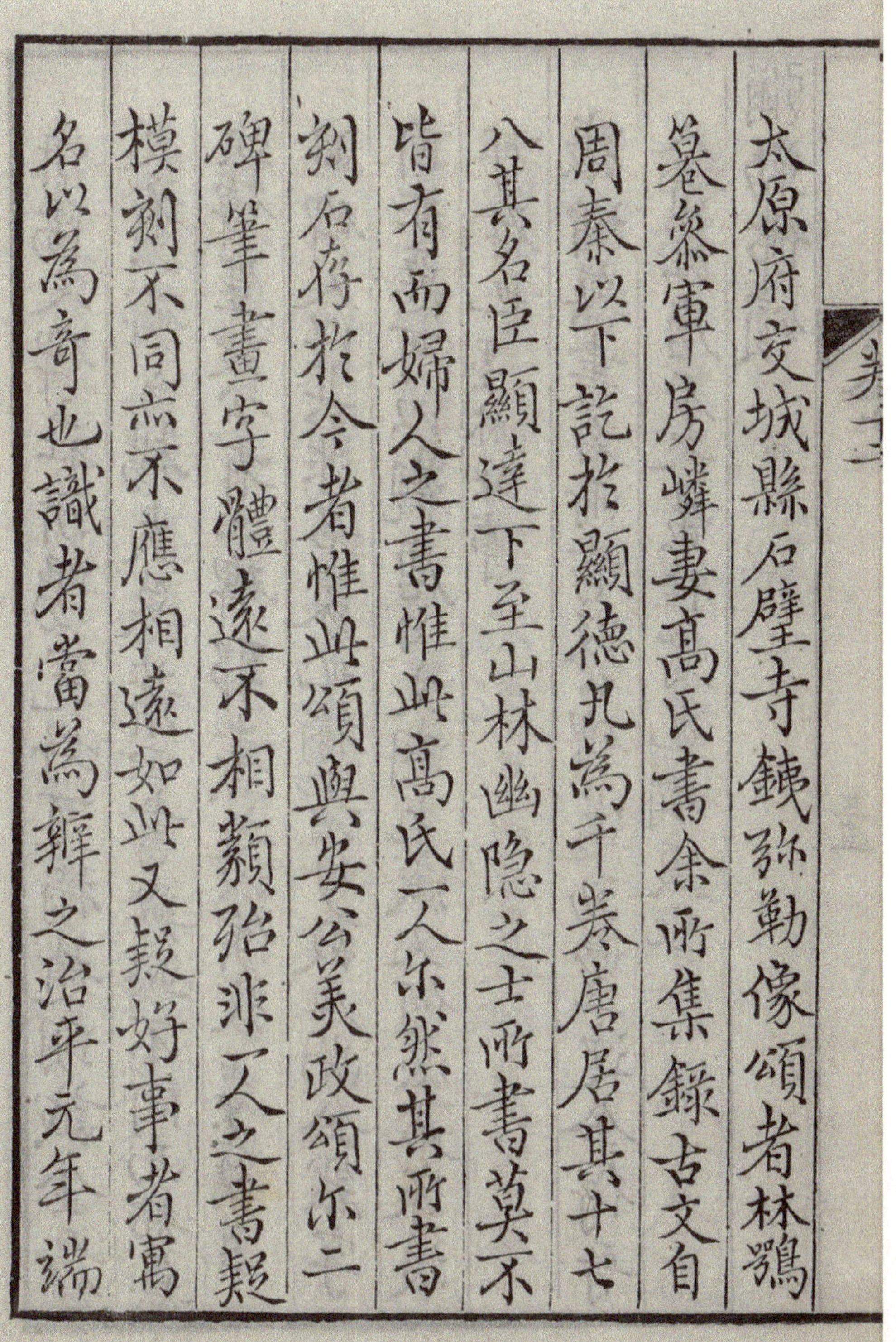

太原府交城縣石壁寺鐵彌勒像頌者林鶚
巽叅軍房嶙妻高氏書余所集錄古文自
周秦以下訖於顯德凡爲千卷唐居其十七
八其名臣顯達下至山林幽隱之士所書莫不
皆有而婦人之書惟此高氏一人爾然其所書
刻石存於今者惟此頌與安公美政頌爾二
碑筆畫字體遠不相類殆非一人之書疑
模刻不同亦不應相遠如此又疑好事者寓
名以爲奇也識者當爲辨之治平元年端

午日書　集古錄

此房嶙妻高氏書高氏又書安公美政頌歐陽公謂字跡如出二手而疑好事者寓名以爲奇余未見美政頌此本借自東肇商觀其筆法遒勁信足名家而一經元祐火燬政和間寺主道琢重勒再經大定火燬泰和間寺主元釗又勒鎸鑱都無僅存形似耳金人口苑䟦語歷歷可證近吾鄉人有爲交城廣文者爲言碑今又就燬交城人猶有舊搨本以此襯之當

三十四

亦非開元刻乃泰和刻也然則碑自元祐至今凡三燬於火矣何高氏之不幸也　石墨鐫華

集帖中少女人書所存惟太原叅軍房璘妻高氏所書鍾佛頌昔人稱其字畫簡古筆力遒健今石雖經翻刻然簡古遒健之致尚在夫男子生而泯泯者何限乃婦人借書名以傳後世君子疾沒世而名不稱焉寧無愧巾幗哉　銷夏記

華州城隍神濟安侯廟記

濟安侯廟記在華州蓋昭宗自華歸長安
襃賞節度使韓建而及於城隍之神者也
記爲諫議大夫李巨川撰拾遺柳懷素書
其所載七月甲午建迎上於富平丙申至
華州命建與丞相參大政固辭其年爲
大京兆光化元年加大傅興德尹與史皆合
特巨川所諛建辭過當後梁兵下華州以
建所爲表檄書奏皆出巨川手又爲建畫
策殺十六宅諸王遂禁旅斂藩鎮資數

而傃之距碑成僅一年爾吾故記其事以戒

夫文人之貳心而腼辭者　弇州山人稿

記在華州唐昭宗在富平韓建迎之至

華自華歸長安褒建而及於城隍神記

爲諫議大夫李巨川草拾遺柳懷素書

文固諛詞而楷則嚴整何如君家誠懸具

眼者自知之　石墨鐫華

碑在州城隍廟内近日移之西安唐昭宗自華

州還京改華州爲興德府封少華山神爲

佑順侯華州城隍神爲濟安侯此文多述韓建

之功稱太傅許國公而不名

唐文粹録房鄴少華山佑順侯頌與此同時

朱彝尊曰巨川爲韓建掌書記譔許國勤王録

以媚建方昭宗幸華建請散殿後軍誅李

筠圍諸王十六宅皆巨川教之後爲朱全忠所殺

新唐書附諸叛臣之列 三條金石文字記

鄭太常恒暨夫人崔氏墓志

秦貫撰 正書 大中十二年

三十六

夫人即今世所傳崔鶯〻也年七十六有子六
人與鄭合葬此銘得之魏縣土中足辨會真
記之誣而志墓之功於是爲不細矣金石文字記
唐鄭太常恒暨夫人崔氏鶯〻合祔墓在淇水
之西北五十里曰舊魏縣蓋古之淇澳也明成
化間淇水橫溢土崩石出秦給事貫所養志
銘在焉犂人得之鬻諸崔氏爲中亭香案
歲久之尋得其家有胥吏名吉者識之遂白於
縣令邢某置之邑治志中盛稱夫人四德咸備

乃一辱於元微之會真記再辱於王實甫關
漢卿西廂記歷久而志銘顯出爲崔氏洗冰玉
之恥亦奇矣或傳此志銘又於康熙初年崔
氏見夢於臨清州守〻往學宮自織土中清
出夫臨清與淇邑道里遼遠何以墓石又在臨
清耶姑存以備攷 曠園雜志

昔年見一書載崔鶯〻有子七人客有言鳳皇
一將九子者余以爲喻然其書不知所出今日
讀鄭恒爲崔夫人埋志子六人曰瑱珮瑾玘璿

琬女一人適盧積字行甫崔七十有六而合葬此

碑成化間出於舊魏縣靡壕古之淇澳也碑立

於大中十二年當以會真記歲月參攷之容臺集

李克用北岳題名

按宋沈括筆談云岳祠在曲陽祠中多唐人

故碑殿前一亭中有李克用題名則知此字乃

當時所刻或毁於靖康之兵火而金人重刻之

今石也然克用將門之子何能工於筆法乃尔

豈亦如宣和書譜謂滚渠太祖批荅賀表

當是筆吏所書之類與　金石文字記

曲陽縣北嶽廟有唐李克用題名一百二十八字

文稱中和五年二月者即光啓元年改僖宗以

是年二月至鳳翔三月還京改元之詔猶未下也

克用與義成節度使王處存同破黃巢以功

封隴西郡王而盧龍節度使李可舉成德節

度使王鎔惡處存約共滅之分其地通鑑載

克用遣將康君立救之而碑文則云領蕃漢步

騎五十萬衆親來救援與通鑑異又云至三

月幽州請就和斷遂班師取飛狐路却歸河
東則又史所不及載者當唐之季藩鎮連兵
境上各事爭鬬職方不録其地朝廷號令所
及僅河西山南嶺南劒南十數州上下不交以至
於無邦生斯世者其聞見已不能悉真況百
世之下寧免傳聞異詞哉惟金石之文久而
泐徃徃出風霜兵火之餘可以補舊史之闕此好
古之士窮搜於荒厓破冢之間而不憚也克用
本武人未嘗以知書名而碑文楷畫端勁詞亦簡

質可誦英雄之不可量如是夫嗚呼益以見金石之文爲可寶也 曝書亭集

華嚴九會之碑

李玄穆行書

石柱題名

柱八面每面爲三段或四段自唐初迄宣宗諸名臣多在焉書者不知何人筆法出歐陽率更兼永興河南雖骨力不逮而法度森然蓋唐世以書判取士故人多習書而歐虞褚薛一

三九

代前茅人多用其法柱今在西安文廟門内石

墨鐫華

易州石浮圖頌

王利貞文　太極元年

張祥師墓志

諱義琬字思靖　開元十九年

法門寺重脩壇廟記

薛昌序篡　王仁恭正書　天祐十九年　今在

鳳翔府寺中

通鑑後唐莊宗同光二年封岐王李茂貞為秦王今此碑天祐十九年建而其文已稱秦王則在同光前二年矣蓋必茂貞所自稱又史言茂貞奉天祐年號此碑之末亦書天祐十九年而篇中歷述前事則並以天復紀年至天復二十年止亦與史不合 金石文字記

碑稱天祐十九年是時唐亡已久李茂貞尚稱唐年號又二年而莊宗取梁茂貞稱臣又一年而茂貞死戰爭之時得作此佛事者以梁晉

構兵茂貞偷安故也按傳茂貞先稱岐王莊宗改封秦王據碑則已先稱秦王矣碑王仁恭書亦精勁有法 石墨鐫華

後唐汾陽王真堂記

右後唐汾陽王真堂記李鶚之五代時仕爲國子丞九經印板多其所書前輩頗貴重之余後得此記其筆法蓋出歐陽率更然窘於法度而韻不能高非名書也 金石錄

後晉重脩瑤巖閣記

蘇禹墓　蘇曉書　開運二年　劉知遠立

石

後漢不其縣令童府君碑

孫彭年記

後周晉州慈雲寺長講維摩經僧普静捨身記

藏瑩撰　雲靄書　顯德二年

後周栖巖寺脩舍利墖殿記

李瑩墓　張靄書　顯德六年

後周栖巖寺疆界禁約碑

李裕書

觀妙齋藏金石文攷畧卷十三

重脩周康王廟碑

宋祖葺前代帝王寢廟文武成康皆有之今碑存者獨成康尔而康王碑斷泐不可讀開寶六年建黃遜浮篆孫崇望行書亦與唐太宗廟同時而王元羨題憲宗廟碑謂宗祖注意憲宗蓋未見周成康唐太宗諸碑耳崇望待詔書院者一時習尚故不離通徽院體也 石墨鐫華

廣慈禪院新修瑞像記

雍熙二年　希夷先生陳摶譔　楊從义書并

篆額

增脩中嶽中天崇聖帝廟碑銘

乾興元年　陳知微奉勅譔　邢守口奉勅書并

篆額

篆書千文序

乾德五年　陶穀譔　皇甫儼書

英公於篆書獨推李監而陶承旨穀此序亦云

陽冰死而夢瑛生其然乎序書出皇甫儼手

可謂升率更之堂者　石墨鐫華

重脩開元寺行廊功德碑

建隆四年　劉從乂譔　袁正己書并篆額

重脩益姜廟因留古調詩

嘉祐戊戌　五言古廿二韻　宋宗諤并書

真宗御書先天太后賛

真宗此書在亳州龍德宫逍遥有致蓋以其年正月謁龍德耳先天太后者老子母也唐系自老子尊徽號曰玄元皇帝故太后之號因之乃宋亦

弇州山人稿

真宗御製御書廣生帝君讚

帝王學書自非急務然即其筆勢觀之亦足以知其治所在趙宋自太宗後惟真宗稱良觀青帝廣生君刻亦足以知好生之意評者謂其書妙在全備八法

右碑在泰山南麓青帝觀中宋真宗御製廣生帝君讚并序其文及篆額皆御書青帝即禮記月令所謂其帝太皡而史記封禪書

秦宣公作密畤於渭南祭青帝唐書王璵傳

請置春壇祀青帝於國東郊者也夫帝者

一而已矣易傳曰帝出乎震齊乎巽相見乎

離致役乎坤說言乎兑戰乎乾勞乎坎成

言乎艮是周流乎四時八卦之中而其為帝

者一也家語載孔子之言曰其也聞諸老聃

曰天有五行水火金木土分時化育以成萬

物其神謂之五帝古之王者易代而改號取

法五行五行更王終始相生亦象其義故其

生爲明王者死而配五行是以太皞配木炎帝配火黄帝配土少皞配金顓頊配水於是有五天帝五人帝之説漢儒因之遂立感生帝之名謂帝王先祖皆感太微五帝之精以生鄭康成述春秋緯説蒼帝靈威仰赤帝赤熛怒黄帝含樞紐白帝白招拒黑帝叶光紀則王子雍諸儒所排駁而後世雖存五帝之祀亦不遵用其名者也豈若易傳之言簡而當哉若真宗之事又所不足論云 金石文字記

夢英夫子廟堂碑

英於篆體偏傍二石皆係跋語與忠恕書皆作正書皆方勁有法而此碑忽尔蹶張全用柳誠懸玄秘塔法不師其遒勁而師其粗踈所謂真惡札也米南宫可作請以是質之　石墨鐫華

夢英謬篆極爲可鄙一時縉紳從而贈詩今觀此碑有顔柳遺法殊堪披誦豈唐時舊刻特重摹之上石故典型俱在耶　蕭潤軒帖跋

英師學柳不啻似之冷面枯腸出世人所宜也夫

子廟記緣其文美殫意極精以敵之允為合作程碑初刻遂無傳 墨林快事

扶風縣夫子廟碑首云天地吾知其至廣也之作者唐大曆二年丁未駕部郎中程浩碑尚在扶風縣令傳為皮日休誤矣皮在僖宗廣明年與大曆相去年代殊遠不知何以錯誤如此碑書法清勁仍多古字地作墬三作弎道作衜子作墑光作炗唐作啺天作兲善作譱遊作遻曹作曺 升菴外集

此碑蒼潤軒帖跋墨林快事弇庵外集皆稱之趙
子函獨貶之者過也按碑文爲程浩撰相傳爲皮
日休金石評攷云此記載在古文大全作皮日休而碑
作程浩豈日休代浩作歟攷日休文藪無此文則
當從碑余竊謂代作之說宜有之既代之作則已
集中自不必載耳　光暎識

絳州夫子廟碑

聖教序蓋唐文皇從右軍墨迹集之而又獲懷仁
善手故能師法百代此碑從刻本摹集僅形

五

似耳無論不及聖教即以較吴文斷碑又隔一塵矣 石墨鐫華

絳州夫子廟記宋人集右軍書聖教序猶是真跡中集者叟又從序書及他石摹刻形似之外風流都盡矣然記得朱凱陽好曹孟德書劉共父好魯公書朱以時代譏之劉荅固耳吾唐忠臣若漢賊也朱乃屈吴此夫子廟記不當滕作奘師序耶吾姑爲此石解嘲 弇州山人稿

抄高僧傳序

陶彖旨文全之蘊藉英大師書徒尔矜張俱非當家善乎元美氏之言曰陶法門之畫葫蘆者英筆塚之溢枯骨者蔑以易矣　石墨鐫華

摩利支天經并陰符經

此碑首摩利支天經前作佛像次黄帝陰符經前作黄帝問廣成子像畫俱不惡書者爲汝南袁正己亦能習歐陽率更法者因以見宋初諸人猶步趨唐矩也　石墨鐫華

袁正己所書摩利支天及陰符經立於乾德年在

京兆國學以太學刻二教之經不必論宋初文字徐
以篆夢英以雜體袁以楷皆得郭忠恕之一端
而此袁得意之作古淡閑雅尚有李氏之遺風焉
蔡襄稍為變調繼以蘇黄各出新意淩夷至於顛
老古法埽地盡矣余於宋初猶有取焉尔墨林快事
潛山巖詩
淳化改元　永陵李建中題
西臺本學王大令書而拘攣若此猶韓非之學黄
老李斯之學荀卿也余觀筆勢尚有先賢風

三體陰符經

乾德四年　郭忠恕書

右郭忠恕三體陰符經其二大小篆其一隸也忠恕篆筆與徐鉉埒而尤以工小楷名書入妙品仕宋爲國子主簿用酒狂得罪貶能自卜死日或云仙去不死也陰符最爲唐人所重褚河南前後奉勑書至累百卷中亦多精語是老子以下鬼谷以上人作但非黃帝書耳忠恕既謫仙人宜

其有會屢書之而不足也　弇州山人稿

重脩中岳廟記

中岳廟記乾德二年鄉貢進士駱文蔚撰并書

瘦樸有骨畧似歐陽率更　嵩陽石刻記

重脩嵩岳中天王廟碑

嵩岳中天王廟碑盧崖州撰有唐李衆蕭之風猺

崇望盖以書待詔者運筆固圓熟毋乃通徽院体

之遺耶　弇州山人續稿

祥符玄聖文宣王贊

秦至無道而創封禪儒人排之未達於天人之故也天

地之秀孔子未生散於山川孔子既出鍾於泰岳是

以自秦之後洎漢及唐未有不登封泰山而降禮曲

阜者載在史故非若七十二君之荒忽也故不知者

謂因岱而及孔子不知造物之意尊孔子而本於孔

子之所由生也即祥符之主詐為天書以誣上帝況

於岳神而於孔子獨為懾志躬賛躬書下及弟

子尠其心亦有一髴之明者其賛或假手潤色字

必其所勉為皆不必以章布之法繩之矣墨林快事

此真宗東封還過曲阜奠孔子而作碑二方上刻御製賛下刻加號詔真行書無名氏疑亦書院待詔尹熙古輩爲之雖不離院體而亦有聖教遺意據碑奉勅諸道州府監各於文宣王廟刻賛并詔不止曲阜余所收乃曲阜碑蓋它處易燬而孔林獨存耳 石墨鐫華

宣義大師夢英十八體書

後有郭忠恕書

勸慎刑文并箴

此宋鼎迥述自古酷吏循吏之報應以爲用刑者勸文冗似黠鬼書則方整勁抜有歐陽率更法稍遜其道逸耳碑無書者姓名以后慎刑箴碑証之當爲盧經書

迥既作慎刑文又爲是箴刻石永興軍文宣王廟即今西安府學碑立於大聖中是時迥判西京已年八十餘矣名宴太清樓既而獻斧扆慎刑箴是此耶中多爲長吏語似非上天子者迥爲殿中丞時失入死囚奪二秩故晚年津〻慎刑如此耳書碑者進士盧

經大有歐法 二條石墨鐫華

愼刑箴乃晁尚書迥判西京時所作一叙一箴極其剴切

而進士盧經書刻於石書法整潔可愛當兹刑罰煩

苛四海重足安得此仁人之言重刻之石置司刑之座

右乎 錯夏記

承天觀碑

大中祥符二年 李維奉勅撰 尹熙古奉勅書

并篆額

龍門銘

大中祥符□年　御製御書并篆額

永興軍修文宣王廟大門記

大中祥符二年　孫僅譔　冉宗閔書

中嶽中天崇聖帝碑銘

大中祥符七年　王曾奉勑譔　白憲奉勑書

并篆額

重脩北嶽碑

北嶽廟在曲陽中有一白石梁相傳云是舜時從嶽

飛至者因祀於此其説迂誕不可信然古樹遒竦

十

有二塑鬼奇甚皆千年外物碑刻亦稱是魏公此書全法顏平原而時〻露柳骨鋒距四出令人不可正視公之受遺二世以身係輕重此亦可窺一斑矣　弇州山人稿

嘗見王元美稱是碑云魏公書法顏平原而時〻露柳骨鋒距四出令人不敢正視愈慕而購求之既得再閱所謂鋒距四出良是但以三公較之似不無少遜顏之方整而偏得柳之奮張居顏柳間可也何至兼二公令人不敢正視乎魏公受命二世以身係重

輕誠不可及而於書家嫡派恐不敢過枉也石墨鐫華

余於宋名臣墨跡每每見之獨未見公手書此碑倣魯公書宛如畫像贊毅然有不可犯之色銷夏記

韓魏公書杜少陵義鶻行

墨池編論字體有擘窠書今書家不解其義按顏真卿有云點畫稍細恐不堪久臣今謹據石擘窠大書王惲玉堂嘉話云東坡洗玉池銘擘窠大字極佳又云韓魏公書杜少陵義鶻行詩擘窠大字此法宋人多用之墨札之祖也米襄陽

志林攷據

右韓忠獻王琦所書杜甫義鶻行端嚴厚重古所謂顏筋柳骨殆無以過之展卷熟視則夫搢紳正笏不動聲色而措天下於泰山之安者其氣象猶可想見其彷彿也朱文公有云韓公書跡雖與親戚卑幼未嘗有一筆作行草勢以此觀之王之為人出中邊外無斯須不本於誠故其建功立事凝定不摇德在生民而著史冊宜也視彼傾欹偃仆常若大醉中書者則其躁急寬易相去何如哉 宋學士集

劉太初書中嶽醮告文

中嶽醮告文真宗御製翰林待詔朝奉郎行少府監主簿賜緋臣劉太初奉勅書并篆額刻於石幢八面在中岳廟峻極門外其書有唐人風致嵩陽石刻記

重刻終南山上清太平宮碑

上清太平宮碑太平興國五年徐鉉奉勅譔張振奉勅書

汧陽普濟禪院碑

闍冲卿撰　沙門善儁書

碑在汧陽于侍御永清始獲之亟稱賞以爲不減聖教序余得一本觀其書非惟不及聖教抑且不及隆闡法師碑時代爲之非書者責也書者爲僧善儁曰習右將軍王羲之書其年爲大中祥符癸時蘇黄四家未出故書雖遜古猶有唐風

石墨鐫華

原理碑

天聖五年　孫沖述　張茂宗書

賜西岳廟乳香碑

咸平六年　韓見素譔

髙紳轉運荊湖奏請賜南岳焚香而四岳并及之據碑南岳諸殿日破乳香一兩西岳諸殿共十一處乃日破半兩古人焚香其儉如此且所焚乳香非今香也碑正書亦有柳誠懸筆意　石墨鐫華

宋傳書真武經

真武經元符二年河南宋傳小正書秀雅可觀　嵩陽石刻記

心經序

心經序僧省言書趙崡云謂心經序於報恩寺壁間

唐南陽忠國師述宋九華山僧省言書：全出伯施

幾於亂真 石墨鐫華

雲居寺碑

燕山雲居寺碑鹽鐵判官朝議郎行右補闕王正

述鄉貢進士鄭熙書鄭熙穆宗時人 吉金貞石志

袁州學記

李泰伯撰柳淇書章友直篆額世稱三絕

柳淇書學中興頌筆力雖未絕勁而間架已方嚴

書史會要

重刊樊宗師絳守居園池記并叙

孫沖譔　薛瑛書　耿說篆額

游師雄昭陵圖攷

六馬贊唐文皇御製歐陽詢書石與文德皇后
碑同立陵后高宗又詔殷仲容别題馬贊于石座
則賁宜有歐殷二公書也今文德皇后碑與歐書
都㠯而陵上馬無石座書世所傳圖乃游景叔所

刻景牀序云得唐陵圖記云然楊用脩丹鉛錄記
六駿贊云在秦中殷仲容譔歐陽詢書又有元學
士王惲跋云云其說與景牀小異或用修所見乃舊
石耶然一爲歐書刻石一爲殷書刻馬座實出太
宗製非殷譔而歐書也游公刻圖盛傳用脩不當
未見何牴牾乃尔令去用修未百年豈舊石頓已獨
有游公刻耶景牀亦云詢書不復見獨殷書存距
昭陵北五里今石馬已在陵下不數十武又無座書其
非唐馬無疑然則殷書宋時尚在今亦淪沒不可求

矣非游公刻圖誰其知之公又云殷書薛仁杲作仁果以証史官之誤如此類者尚多游公雅善臨池李靖李勣碑陰各有題字草行甚佳而此圖序乃醴泉縣尉刁玠正書滌得歐陽詢遺意者可觀也 石墨鐫華

温泉箴

温泉箴唐燕國公張説作宋治平丁未孟冬朔縣令尹光臣立石虞部員外郎楊方平書丹

驪山雜題

程懿叔詩一首謝彥詩一首吴雍詩一首惠吉詩二

首張詢詩一首曹儀立石刻正甫太丞詩四首王素
詩一首田積詩一首朱光庭詩一首李君保書郭忠
詩一首程懿拚又詩一首張畢詩一首蒲宗孟詩
四首李挺詩三首孫僅詩二首張若谷書孫漸詩
一首程昔章詩二首温迪詩一首趙子期詩一首袁
宏道詩六首

李長者祠雜題

唐李長者皇枝也諱通玄滄州人祠在太原壽
陽縣方山昭化禪院記一篇宋崇寧元年比邱宗

勝立石前作長者像又宋張商英新脩祠堂記并
書又元祐己巳魯郡侯曾布謁祠題名偕行者錢景
山潘璟邹壎張元淳李發李良臣李秉後附曾
紆題名又紹聖二年楊謨題詩一首郭時亮次韻和
又元符庚辰知壽陽縣事郭瑗以祈雨獲應設
報謝道場見五色雲起散為五顆明珠且現長
者身自記其異又邑宰貟逢原留題二詩崇寧
口年立石又太原府帖崇寧二年壽陽縣方山昭
化禪院口准尚書禮部符內勑命指揮施行

又政和戊戌十月張商英作記陳知質篆額張元
亮書碑陰又張商英手啟一通又宣和辛丑董賓
卿留題詩一首又西堂海慧詩一首沙門呂次韻和
又元統五年沙門呂詩一首又貞元乙亥太原王革卜
重修寺記又祁人王雷詩二首
故贈左屯衛將軍劉公墓誌銘
元祐元年　楊構譔　臧逢書
周孝侯廟記
元祐四年　沃叅譔　劉明仲書并篆額

京兆府新移石經記

京兆府學新移石經記一帙乃宋元祐五年黎持爲文安宜之正書以紀呂公移碑之故者呂公舉真光明俊偉有功斯石余嘗兩觀石本概想蔡中郎遐軌然後知是記之作所關者大蒼潤軒帖跋

京兆府學新移石經碑記宋元祐中京兆黎持篆文河南安宜之書鐫之者長安石工安民也其曰汲郡呂公者宣公大防之兄以工部郎中陝西轉運副使知陝州以直龍圖閣知秦州大忠也自唐鄭

軍等勒石辟九經一百六十卷天祐中梁新城石爲韓
建所棄劉鄩守長安幕吏尹玉羽請輦入城鄩謂
非急務玉羽紿曰一旦敵兵臨城碎爲矢石亦足以助
戰鄩然之移置尚書舊省至大忠領漕日始克盡
列於學載持記甚詳方是時宣公在朝二三執政
罔非正人監司長吏咸以興起學校裒集經史爲務
至紹聖元符之際小人柄政諸君子咸被重罪以去
宣公竄死虔州未幾大忠亦降官崇寧初籍黨
人立石端禮門側蔡京復自書碑頒郡縣彼張

商英周秩楊畏之徒反覆附和恬不知恥民以一石工
獨能嚴邪正之辨不肯鐫名姓於碑惟恐得罪
後世匹夫之志不可奪如是夫持爲京兆學官其
文辭條達類南豐曾氏而宜之之書亦稱入格迄今
博聞之士或不能舉其姓氏民則後生末學皆能
道之以見立身行己不可不爲後世慮苟是非得其
正雖百工技能之人反有榮於當時之士大夫者嗚呼
可感也已王羽者京兆長安人以孝行聞杜門隱居
郭辟爲保大軍節度推官仕後唐至光祿少卿

晉高祖名之辭以老退歸秦中嘗著自然經五卷武庫集五十卷其書散見於冊府元龜惜歐陽子不爲立傳而其書亦不傳於世也余既慨碑文之出於民所鐫而題其後余友鍾淵映將注五代史記并書玉羽之事告之俾附注於鄠之傳焉 曝書亭集

題李衛公墓

元祐四年 游師雄題

鼓堆文

嘉祐元年 司馬光題 尹仲舒書

元祐黨籍碑

元祐黨籍徽宗書之立石端禮門其初九十八人亦既而蔡京復大書頒郡縣以上書人及己所不喜者作附麗人添入凡三百九人碑稱皇帝嗣位之五年蓋崇寧四年也是時籍中曾任宰臣執政者十無一存曾任待制及餘官亦已零落過半已者毀其繪像及所著書奪其墳寺存者定為邪等降責編管荒徼禁不得同州住其子弟亦不得詣闕下小人之快意亦有甚於斯時者矣豈復有所

忌憚乎其後張綖肴詳謂王珪一名不合在籍自九
十七人外蓋以上官均岑象求江公望范柔中鄧考
甫孫諤六人共一百三人皆係名德之臣許子孫陳乞
恩例次數而龔其頤正遂采三百九人之事跡成元祐
黨籍列傳譜述一書凡一百卷蓋惟恐其闕然則
小人之厄君子適以榮之士之自立宜審所擇矣京所
書刊石滿天下惟桂林勒之崖壁故至今獨存碑後王
珪章惇姓名湯漶者爲瀑泉所汎也康熙乙丑二
月望日書　曝書亭集

晁氏客語云紹聖初籍定元祐黨止數十人世以爲
精選後乃汎濫人以得與爲榮而議者不以爲當
也張文簡縕華陽集有紹興間進劄子云臣竊
看詳黨籍人姓名見於碑刻者有二本一本計
九十八人一本三百九人内九十八人係崇寧初所定
多得其真其後蔡京再將上書人及已所不喜者
附麗添入黨籍汎濫雜冗遂至三百九人看詳得九
十八人内除王珪不合在籍自餘九十七人多是名德之
臣所有三百九人除九十七人係前石刻所載其餘更

有侍從上官均岑象求餘官江公望范柔中孫諤
鄧考甫等六人名德亦顯然可見共計一百三人係得
罪降推恩指揮 許子孫陳乞恩例之宰臣文彥
博執政梁燾等十六人待制以上蘇軾等三十五人餘官
秦觀等三十九人以此攷之蔡京手定黨籍原有二本
南渡合二本詳定為三本 王伯厚小學紺珠載三百
九人乃京第二本 龔頤正列傳譜述一百卷凡三百五人
又不可詳者四人亦據第二本也今此碑列章惇李
清臣張商英賈易楊畏輩蓋亦第二本未經南

渡詳定者慮為諸賢之玷故詳著之云 帶經堂集

余同官黃州司馬于北溟成龍由粵西來贈余元祐黨籍碑一本云碑在柳州之融縣乃黨人沈千曾孫沈暐刻也暐跋云元祐黨籍蔡氏當國實為之崇觀邇悟乃詔黨人出籍高宗中興復加襃贈及錄其子若孫公道愈明節義凜凜所謂詘於一時而信於萬世矣其行實𫝑則有國史在有公議在餘官第六十三人沈暐之曾祖父也後復官終提點杭州集真觀贈奉政大夫暐奉託名節後敬以家藏碑本鐫諸玉

融之真仙岩以爲臣子之勸云嘉定辛未八月既望朝
奉郎權知融川軍州兼管内勸農事古雲沈暐謹
識又周元亮先生書影亦載此碑一則附録之
書影云倪文正題元祐黨碑云此碑自崇寧五年
毁碎遂稀傳本今獲見之猶欽寶録矣當碑毁
時蔡京厲聲曰碑可毁名不可滅也嗟乎嗚知後
人之欲不毁之更甚於京乎諸賢自涑水眉山數
十公外凡二百餘人史無傳者不賴此碑何由知其姓
名哉故知擇福之道莫大乎與君子同禍小人之謀

無往不福君子也余凡兩見此碑各不同碎碑之
後宜無可搨當時令郡邑各建之或尚有存者
故其式弗一耳　二條筠廊偶筆
元祐所立姦黨碑以司馬溫公爲首一旦爲雷所
霹張山人有詩昨夜風雷起擊碎奸黨碑若
問張山人不知　事文類集
余得黨籍碑二本一沈暐所跋者一饒祖堯所
跋者饒本視沈本字樣較大又題額沈是正
書饒是八分書按書影謂當時令郡邑各

建之或尚有存者故其式弗一沈饒摹刻之不同以此故也 光暎識

御製宣聖贊序

紹定三年製淳祐改元刻石國子監宣示諸生

重修文宣王廟記

建隆二年 劉從乂譔 口昭吉書并篆額

阿房宮賦并後序

元祐八年 游師雄後序 安宜之書

西嶽題名

丁亥歲程琳恭謁岳祠同于待問楊士奕陳傑留
慶祖男嗣隆嗣𤫊嗣恭姪男嗣直從行又大觀四年
李傳恭詣帝祠供養又政和二年西河宋逵弟
造恭謁帝祠姪脩仔從行又皇祐己丑程琳再
經華陰恭謁岳祠同蔡挺楊士奕男嗣隆嗣𤫊
嗣恭嗣先侍行又慶曆丁亥葉清臣恭款神祠
明年再經宇下劉紀王仲平施邈李孚佑從
行又政和壬辰二月謝璘趙𠮷同謁祠下又宣和辛
丑東平梁鼇弟鯤侍親恭謁祠下又紫微呂

卷十三　三三

公祈雪汶上盧訥洛陽程旨樊川王讜從熙寧癸丑讜題又政和四年杜宏錢揚紫著樊賓同拜祠下又宣和辛丑梁口恭謁祠下又大觀四年東汶梁慶祖侍親恭謁帝祠又楊可世可韡可昇可輔可鄉可晟恭拜祠下政和四年二月初三日謩題白琰劉丁梁宓史彥臣同行又書其〻觀者有

四

靈巖雜題

蘇軾詩一咸陶啓一詩二張子雍七咏任瀛詩一林泉

老衲詩一傳亨詩三

孔林宋金元雜題

或紀恭謁聖祠年月姓名或序恭謁聖祠事或

題詩篇詠檜居多所刻凡九十有七

賜孔廟書樓勅

大中祥符二年

兖州仙源縣至聖文宣王廟新建講學堂記

景祐四年　成昂譔　孫丕巳書　孔彥輔篆額

小學牓

至和元年　鄉貢進士張袗書

萬安橋記

王元美云萬安天下第一橋君謨此書雄偉遒麗當與橋爭勝結法全自顏平原來惟策法用虞永興耳余觀此書雄偉遒麗實有之而結似平原無其縈密策似永興無其秀逸時代爲之耶君謨之罪也　石墨鐫華

鄭杓子經著衍極取古今十三人謂公書起五季之衰萬安爲摩崖之苗裔可謂確論蓋大

書不難於矩矱而難於得天真趣多今以此觀之

只似作蠅頭小楷此固其過人者　蕉潤軒帖跋

泉州萬安橋長三千六百尺費至一千四百萬事亦

鉅矣忠惠以一太守不費公帑爲之事舉而民不

怨此忠之所以爲忠惠之所以爲惠也橋成公召還朝

乃大書刻石雄偉閎宕堪與橋稱　鎖夏記

晝錦堂記

歐陽脩譔文　蔡襄書

蔡忠惠公書此記凡一字數十更存其合者緫得

顔碑什七耳今得宗搨徐季海書洺州府君碑以其意爲此如黄金鑄范少伯一鑄而就止以速成自喜不計工拙也容臺續集

運筆柔則無芒角執手寬則多緩弱點掣短則法臃腫點掣長則法離澌畫促則字勢橫畫疎則字形湯拘則乏勢放或少則純骨無媚純肉無力少墨浮澁多墨笨畢衮切笨䔿草叢生也鈍書病如此其衆唯積學漸成者當求擺脱入究竟三昧此宜有墨池筆塚終身於是然書法須得天然至功力

亦不可棄王僧虔曰宋文帝書自謂不減王子敬時議天然勝羊欣功夫不及便知學力所至不可廢也蔡君謨妙得古人書法其書晝錦堂每字作一幅擇其不失法度者裁截布列連城碑形當時謂百衲本故宜勝人也 廣川書跋

韓魏公以上相作晝錦堂於相州時歐陽文忠以參政為之記而蔡忠惠以三司使書之時稱三絕又謂忠惠每一字必寫數十赫蹏誒合作而後用之以故書成特精絕世所謂百衲碑者是也今觀

其用筆特遒勁偉麗出入清臣誠懸間而不無
跋師琵琶之誚然自宋書家當以襄爲首云弇
州山人稿

瀧岡阡表

歐陽公書如其爲人外若優游中實剛勁朱子集
歐陽公書筆勢險勁字體新麗自成一家東坡集
歐陽文忠公瀧岡阡碑爲龍神借觀事甚奇黄
魯直檄龍文云臣黄魯直謹言臣聞天子詔脩
永州以三月三日趨朝欽承皇上渷寵錫以重爵

推以峻位加恩三世著其褒辭以贈修命石氏鐫
之故刹瀧岡阡表世次碑乃僱舟載回五月十
三日至鄱陽湖泊舟廬山之下是夜一叟同五人青
衣大帶来舟揖而言曰聞公之文章蓋世水府願
借一觀自謂龍也請碑入水遂不見焉惟陰風
怒號淡月映空修驚悼不已坐以待旦黎明起
諭直時知泰和令以同邦之誼命直爲文以檄恭
惟洞天水府之宫震澤主者潤濟王闕下福地陰
陽龍池歲月星斗茲寒受雩質於上界雲

津變化膺顯號於人間廟食吳中官民均賴茲有
河神之玩法敢將表石以沉淪妙畫雄文自應呵
護瓊章玉冊孰敢誰何雖龍宮之幽玄而雷神
之慧徹巽風震雷駭蚪奔鯨地裂水竭淵泉
俱滅既已各司其職胡不永保其身以汝上天功
也驤首雲霄德配亭毒乾道之性厥位六焉𡸕
成以升實汝之神下地利也淵源潭洞養身適性坤
絕娠塵其德玄焉禹舟之負實汝之功今汝不然乃
罹茲禁萬一株連五龍盡滅書畢投檄湖中忽

空中語云吾乃天丁也押服驪龍往而送至永豐沙溪勅賜文儒讀書堂之南龍泉坑而交也文忠公歸家掃墓但見坑中雲霧濛蔽虹光爍空往視一大龜負碑而出倏忽不見惟碑上龍涎宛然在焉乃起置於崇國公墓前俾垂不朽嗚呼文能動龍孝足感天公之文章德業至矣極矣天下萬世誰不翕然而宗師之時熙寧三年庚戌七月望日黄魯直謹識　筠廊偶筆

石曼卿大字

明道二年書

韋蘇州詩高於王維孟浩然諸人以其無聲色
臭味也因舉石曼卿詩極有好處如仁者雖無
敵王師固有征無私乃時雨不殺是天聲長篇
某藏於某人處見曼卿親書此詩大字氣象方
嚴遒勁極可寶愛真所謂顏筋柳骨今人喜
蘇子美字以曼卿字比之子美遠不及矣某嘗勸
其人刻之不知今安在曼卿詩極雄豪而縝密方
嚴極好如籌筆驛詩意中流水遠愁外舊山

青又樂意相關禽對語生香不斷樹交花之句極佳可惜不見其全集多於小說詩話中略見一二尔曼卿胷次極高非諸公所及其為人豪放而詩詞乃方嚴縝密此便是他好處可惜不曾得用朱子語類

石延年字曼卿宋城人少以詩酒豪放舉進士不中為三班奉職陳氏曰其仕三舉進士為三班奉職也詩格奇峭工書體兼顏柳為世所珎卒後其故人有遇之者曰我今為鬼仙所主芙蓉城呼故

人往遊不得忽然騎一素騾去如飛其後降於

亳州一舉子家又呼舉子去不得留詩一篇與

之張浮休云旻卿字道勁可愛蘇子美遠不

及矣 襄陽志林

觀音感夢記

杜草書　李舜篆額

太史公祠題名

一王景脩題名元豐庚申一田溉高士乙邰餘題名元

祐五年

藍田縣重修孔子廟記

嘉祐八年　章惇譔　閔景仁書　李舜篆額

劉真人贊

大字題云提點刑獄公事延平張維經畧安撫使歷陽張孝祥以會慶節祝聖壽於西山資慶寺飯已登超然亭遂遊中隱巖白龍洞劉公巖以歸乾道元年九月廿二日是年十月朔作劉真人贊使巖中道士刻石

過井陘淮陰侯廟詩

三十

韓琦題　曹溼書

章惇草堂寺遊記

子厚與子瞻遊而題此書亦用卧筆間作渴

筆遊絲法亦遒逸可存也　石墨鐫華

新譯三藏聖教序記

沙門雲勝書　端拱元年

觀妙齋藏金石文攷畧卷十四

復唯識廨院記

唯識廨院者藍田故龍泉寺也有燃集諸著與姚氏共復之而為之碑碑之文寡落耳書或正或行或草兼一二筆小篆分隸其草又時作渴筆極奇怪遒偉似彖公誠懸而時復出入但記者為豫章黄口鈌其名書者為瑯琊口口元鈌其姓名二字題額者為鄭口口闕其名立石者為口大雅鈌其姓諸人名姓無一全者獨刻者張遵姓名無恙人

固有幸不幸哉 石墨鐫華

復唯識廨院記㒃章黄庶譔庶字亞夫宋時人其文載其伐檀集中 光暎識

汝州香山寺大悲菩薩碑

右碑蔣之奇譔蔡京書京字元長莆田人也早有時譽尤嗜書有臨池之風初類沈傳師久之深得羲之筆意自名一家其字嚴而不拘逸而不外規矩正書如冠劍大臣議於廟堂之上行書如貴介公子意氣赫奕光彩射人大字冠絶古今鮮有儔匹節

錄宣和書譜

正獻杜公衍書

正獻杜公以元老之重退居睢陽皇祐中宗翰出

宰鄉邑公賜詩以寵其行邇又贈言以勉之治效

深恐真跡後湯滅勒於堅珉傳示子孫奉遵訓

戒　孔宗翰識

正獻公晚乃學草書遂為一代之絕公書政使不工

猶當傳世寶之況其清閑妙麗得昔人風氣如此

耶　東坡

高適五十始爲詩而與李杜抗行正獻公莫年乃學草書筆勢翩翩遂逼晉魏孰謂秉燭不迨晝游哉　東觀餘論

正獻公嘗和孫珪秘丞詩曰老來楷法不如初試向閑齋習草書落筆何曾見飛動雕章果已過吹嘘公楷法端勁如其爲人暮年始學草書而歐蔡蘇黃諸公皆盛許之豈非大本先立則縱横造次無往不合耶　停雲館帖跋

蔡卞曹娥碑

北海曹娥真碑傳世甚少皆摹刻也此蔡卞於元
祐間書頗得其神而精采勝之以其宋人勿貴
也且石在越迄今尚完善此摺更早字更全尤
覺奕奕射人豈孝女之神常在山川間有志爲書
者則精英即附助之耶抑其地石佳而刻手工自
昔已然耶由此觀之則卞勝於京京又勝於襄今知
有襄而不知有他蔡名之有幸不幸如此若具目
當家則一字便有定評寧復向人言下轉墨林快事
蔡開府手腕極有力故行法多遒逸惜一二俗筆未

三

書去亦此碑尤可玩也　弇州山人稿

于真菴記

此徽宗爲道士于元隱羽化作都轉運使任諒譔記而集唐歐虞褚薛顔柳李陽氷諸書者也亡國之君尚虛無而忌政治無足言者其書歐虞褚居十之七顔柳薛才間出或以顔柳字大不倫薛書少故尒李則獨以篆額集搨俱善但書而百衲殊不足觀存之以備一種　石墨鐫華

于道士元隱歿宣和帝賜之道號乃集唐諸名

家書而爲記集字絕無湊泊痕風神瀟洒高手也

錆夏記

韓魏公墓誌銘

熙寧八年　陳薦譔　文彥博篆額　吕書

靈巖寺䟽

建中靖國元年　蔡卞書

帖宋題胡口宗高奎觀又有題云嘉靖元年三月六

日棠陵方豪觀嗚呼君子可以人廢書乎

米南宮謂卞得筆此書圓健遒美有兼人之力

四

而時以己意參之蓋有書筆無書學者要之不可

以人廢也 弇州山人稿

善感院新井記

熙寧七年 侯筍篆 文辯大師慧觀書 李元

直篆額

題介子廟碑

介子廟碑張商英書

商英法顏而自運爲多 都穆寓意編

張丞相好草書一日得句索筆疾書滿紙龍蛇

飛動使婭錄之當波除處婭罔然而止執所書問曰此何字也丞相熟視久之曰何不早問致余忘之冷齋夜話

永興軍香城善感禪院主海公壽墖記

元豐改元　文𨚗大師慧觀記　王頤書　李元直

篆額

韶州寶林禪院記

鄭霖記　趙汝郢書　曾用虎篆額

汾州平遥縣清虛觀記

元祐七年　謝愫記　朱處厚書　裴述之篆額

賜壽聖禪院勅

熙寧二年

修感聖竹林寺羅漢洞記

竹林寺羅漢洞記崇寧間僧有提譔奉議郎知

永安縣事王道之書　嵩陽石刻記

泰寧軍升元觀牒

右碑在泰山東南麓升元觀其大字草書甚

遒勁不知何人筆錄之以見當日牒文之式考宋

史婁寅亮傳但云政和二年進士爲上虞丞不言歷
官兗州亦可以此碑補史之缺其曰太師國公則蔡
京也 金石文字記

韓昌黎五歲

嘉祐八年 李寀篆書

太學葬士子義冢記

嘉定元年 王介記 陳一新書

開元寺圓照墖記

大觀四年 陳振譔 晁詠之書 吴暌篆

六

三聖堂銘

元符三年　竹環記并書

三十六峰賦

四明樓异令萬高賦少室賦不足道而書者爲武林僧衆寥極得坡公臥筆法遒勁古雅即坡公見之亦當首肯 石墨鐫華

武林僧衆家從坡公游其所書樓四明三十六峰賦筆法全倣坡公聞彼時徐州有營妓習坡公書人每不能辨蓋公爲一代偉人即異流婦女

咸知企慕彷法如此而朝士顧欲殺之而甘心者何歟

銷夏記

范致沖聖廟題名

孔子祠墓古今賢哲莫不過而拜焉拜必有題刻石雜沓皆不足錄偶見宋宣和閒范致沖所留少快人意字法朗豁蘚漫瑩暢洵千百不一二見者尚恨其於此時作元長手腳不無迎合之意然蔡其人可輕耳書固未惡也後評者以端明易之未見遠絕覽古者當平其心庶可張其

泰山建長腳竿記

元豐三年　胡元質譔　裴𠑽書　口守德八分篆

額

龍圖梅公瘴說

紹熙改元　朱晞顏跋　石俛八分書

重修泰岳廟記

宣和六年　宇文粹忠奉勅譔　張漴奉勅書

篆

游師雄墓誌銘

紹聖四年　張舜民譔　邰龢書　章楶篆蓋

京兆安民安敏姚文安延年摸刻

游公表章古跡自周秦以及唐無不有題識至今尚存焉志亦云然志多與史合蓋修史時采志語入也志張舜民譔頗盡闡揚之致書者邰龢清圓秀勁大足名家所可恨者傷佻耳其書只尺作只赤赤與尺通楊用脩以尺牘爲赤牘本之鶬經雄上有文鷄上有赤王元羡又引華山石闕云高二

文二志平等寺碑云高二丈八赤 石墨鐫華

仲恭從學於蔡魯公京〻教仲恭學沈傳師遂自

名家 鉄圍山叢語

仲恭書秀有餘而老不足 姑溪集

封豐澤廟神勅

政和八年 黄翰記并書

昭祖菴記

政和改元 武陵王齊叟記

祀岳神頌

宣和庚子

泰山題名

一天觀元年范致沖題一宣和巳亥錢伯言題一徐世

隆書一泰定元祀段輔等題名一至正乙酉賈魯題詩

陸放翁帖

所書或行或草陸書不多見有此足珍　光暎識

吴說書

宣和元年　書臨川先生諸葛武侯詩廣陵先

生於忽操

九

唵字讚

一宋太宗讚正書宋熙寧二年刻一唐玄宗讚八分

書金正大元年刻

劉次莊書仁壽縣君墓誌

正德中祈澤寺脩佛堂此志皆嵌墻角僧欲碎

以爲路東橋顧公見而止之遂傳於世余向見此石

在露地諷寺僧移向屋下然比久不至山中今不

知果移否也又龍池邊有宋時移文摹刻極精

印岡公當不應反遺之也余既借觀此帖而並以

是告原愽原愽有别業在湖西他日轉擱之歸齋寄

事也嘉靖甲寅三月十八日浄信居士盛時泰仲交

記 蒼潤軒帖跋

啓母殿題名

政和戊戌 王鄧陳庠王渊同詣崇福祭啓母殿

庠題

拜謁孔林題名

宋熙寧八年錢勰 大觀丁亥黄輔國蔡渊石采

聖裔端友尹天民王瀚朱平董延賞邁汝賢

杜立誠李壽　政和丙申夏鰭　宣和元年范致沖

宣和四年王雲狄玠安寓呂希莘　宣和五年王

衣同弟光賓　金大定甲辰赫虩

嵩山崇福宮題名

大觀庚寅　張杲題

紫虛谷題名

熙寧辛亥李禹卿　熙寧辛亥劉凡田述古

元符己卯李公弼　宣和七年盧漢傑李百和李劉中

菩薩戒

張循王之孫鎡舍宅爲寺有發願文集米元章書
爲之 容臺續集

甚矣人之好名也好異也以米老之高資遠襟何患
不名於書圖而作意爲奇盡取古人之法而廢之
能免於深呵以爲韋而嗜之者奉之爲正宗至於
未能似者亦勉而學之甚慕古崇師之雅幾爲識
見不真所掩今平心品之張鎡此字大有可取乃不
在似米也若一一似米久矣夫人不之存矣懷仁一誤
於唐今後人皆遂至今更有可笑者集歐褚李

額人〻撏扯雍腫癡削脩極苦楚而本色更無可取一夕而與瓦石俱盡悲夫 墨林快事

洪内相高州石屏記

慶元改元 洪邁書 朱希顔跋

代州牛頭山順應侯廟記

元豐元年 王崇拯記

重修三藏鳩摩羅什塔亭記

元符三年 甯祖武譔 釋宗議八分書

登封縣盧店剏修東嶽廟記

建中靖國元年　劉口口譔　李伸書　馮益篆

額

乾明寺建壇記

政和五年　趙復圭譔　田仲淵書并題額

靈巖寺五頌

大觀四年　住靈巖釋仁欽述　侍者道巖

書

重脩北岳廟記

崇寧五年　韓容記

雙林大士十勸

紹聖元年　淨土院滌明闍書

龍興寺題名

宋人金人觀猪河南書聖教序題名

金剛經

篆額曰府藏坡金經

中書劄子

景祐二年

越州顯寧廟昭祐公牒

紹興元年

星巖石室題名

紹興辛亥　張達明題

岳忠武大字

紹興五年　送紫巖張先生北伐詩

紹興十八年進士題名録

此刻於環滁山中者是科第一甲十人第二甲十九人第三甲卅七人第四甲百廿二人第五甲百卅九人紫陽夫子在第五甲第九十最爲下第

而是刱则専爲文公一人姓名下注云字元晦小名
沈郎小字季延年十九々月十五日生外氏祝偏
侍下第五二兄弟無人一舉娶劉氏曽祖徇故
不仕祖森故贈承事郎父松故任左承議郎福
建々陽縣群玉鄉三桂里自爲户註之如此其詳
餘但注其州縣而已其得因文公以傳其姓名
猶爲幸也榜首王佐山陰人宋狀元録載會稽
志云王佐廷對第一與朱某同榜志中言佐立朝
風節亦自卓々可觀而必以與文公同榜加重如此

又蓊潤軒帖跋嘉靖戊午年書云句容柳浉江君言遠祖江賓王與朱文公同年家有當時試錄云云因得[illegible]手墨本按此試錄蓋江賓王手書而其子孫藏於家自宋紹興以至明嘉靖閒垂四百年不失出以示人以爲榮則凡同榜三百廿餘人與三百廿餘人之子孫莫不藉此爲榮可知也已光眹識

祖廟祭文

景祐二年　卅五代孫道輔墓卷　張宗益奉命書

友石臺記

友石臺記朱文公淳熙己酉年書記後書云此屏山先生紹興甲午年間之所譔按宋史儒林傳劉子翬字彥沖學者稱屏山先生以大儒之文淂朱夫子書之而益彰矣朱夫子書似不一格他所見者不具論惟確淂家傳詩禮四大字筆法端嚴此書則極流動然端嚴者自逸流動者不放要是中正和平之氣流溢於筆墨間者也是碑在福建〻寧府載天下金石志中 光暎識

宜州學記

淳熙六年　張栻記

蘇東坡草書醉翁亭記

蘇文忠書早師顔魯公嘗大書醉翁亭記刻石不改魯公家法晚喜李北海書稍去其圭角變爲圓熟舊時劉方筆仗不能盡脱此復書亭記眞行草相間别有一種奇逸柰學公書多年故攷其淵源特爲賛歎予書得其仿佛實繇公之下不勝慚惶云吴寛碑跋

十五

右蘇文忠公草書醉翁亭記後有趙文敏宋昌

裔及吳文定沈石田諸公題識其爲真跡無疑然

筆畫奇逸全不類其平日所書舊嘗見東坡

雜帖中有雲鉄月駛舟行岸移八字公自題云

此書真似楊風子也蓋楊少師書宋初極重而

傳世甚少豈公嘗愛而學之耶而此記筆法大

與八字相類亦足爲一驗也昔子由題懷素自叙云

余兄和仲特美行草惜不令其一見然則公蓋嘗

留心於草聖者特世少見耳大抵人品既高下筆

自然不同昔杜祁公楷書方嚴而晚乃以草聖見
稱蓋高人韻士胸中無所不有不可以一律論也中
立師相命彭撫勒上石以見東坡草聖之妙敬
題其後　碑跋

新鄭公家藏蘇書醉翁亭記今刻之石結法遒
美氣韻生動極有旭素屋漏痕意第不類長
公余見蘇行草不少唯渴筆一二得似之耳此書
遂無毫髮且公此書既不登石不應復用前跋豈
公没後有王逸老者居恒欲出懷素上乃其筆

耶或南渡諸公如陸務觀張温甫華覲琅邪石
刻戲書之耶又念三君不辨此妙境令人恍恍跋尾
趙吴興小悞愕而跡不應稱宋及趙子固并沈啓南
吴原愽跋恐亦未爲真耳區區不能隨人悲笑因記
於此以俟夫識者　弇州山人稿
此新鄭公得之嶶麼邱者公命摹刻摹者文壽承
故能縱横自如字字不失真態其真跡一入江陵一再
入大内今世所傳乃摹本耳王元美再三致疑初以
爲不似公書公没後有王逸老者自欲出懷素上

或是其筆或是陸務觀張温甫輩戲爲之后又云
渴筆縱筆拂策磔掠有折釵股屋漏痕法以
爲公興到書則又不類又云趙吴興宋昌裔沈啓
南吴原愽跋是入石時壽承作此伎倆無一真者
當盡割去之以備一家余蓄有此帖亦時展玩其
中無一筆類長公者但此君筆法雖不能盡脱
宋習却勝長公何不自顯姓名而署長公耶殆
不可曉然謂或爲長公興到書則斷無是理也
諸跋非真亦似有據第無從詎之石墨鐫華

成弘間有士人白麟專以伉壯之筆恣爲蘇黃米三家僞跡人以其自縱自由無規擬之態遂信以爲眞此所謂居之不疑而售欺者蘇公醉翁亭草書是其手筆至刻之石矣米公書說亦此公所爲也 六硯齋

蘇文忠歸去來辭舊本

此帖似李北海流便縱逸而小乏遒逸氣當是三錢雞毛筆所書耳卓犖順大奇人然亦名使之在彼法中固無取也瘴海孤臣借暖牢落不亦

無以送,日爲之一歎。弇州山人稿

東坡謫嶺南,故舊少通問者。在蜀惟巢元脩,在吳則僧契順,皆徒步萬里,訪之於荒陬絶徼之外。元脩以是登名青史,號稱卓行。契順亦託此以傳,真可敬哉!契順之言曰:惟無所求,故來惠州。蓋有求則有欲,有欲則失其本心,是非顛倒,有不自知者。世之小人疾視君子,至欲擠之死者,豈皆其本心?正生有欲故爾。趙公珎藏此帖,間出以示人,所補多矣。西山集

此石本在潯陽長公此書用筆員鋒鍔都不露
後有跋差大字更竦爽余少藏是本每暇則臨
數百字常慨想惠順自言惠州不在天上之語而壯
之謂其間關萬里只求長公一書爲誕及今觀之公
此書眞足以傳惠公一死然公不書他文而獨書靖
節此辭豈非所謂飽喫惠州飯細和淵明詩者滌
有感於中耶　蒹潤軒帖跋
陶千古眞人蘇千古眞士其重之不相借而光長相
映發一也此書又居窮寥無人之地思傳其精神面

貌於北方與名士大夫相見宜其佳也況書之以遺契順代綑載事甚清誼最古此之為遇合當自某墨以来無兩　墨林快事

文忠書歸去来兮辭與僧契順者在途謝繩匹家後題彭鏞拜觀又鄧文場金固同觀又王汝玉跋刻石於潯陽王弇州稱其流便縱逸洵有之其謂小乏遒氣竊以為未當也此書極佳摹入晚香堂帖似未及此　光暎識

蘇東坡海市詩

九

坡僻常謂韓退之能開衡山之雲而不能鮮憲宗之惑能信鱷魚之纍而不能已當時之謗觀海市詩若出一轍世稱二公命宫舍磨蝎故文而多訕信哉 蒼潤軒帖跋

此本逍遥自在似不欲著畫又似非筆版所成宛如星緯在天洲島出海蹤々密々圓長全破不一其形亦不一其變自有書法以來無此憑虛規巧者也 墨林快事

右蘇長公書自作登州海市七言古體詩一章

◎

凡十二韻集有小序而此不著登州岸東大海每春夏之交於波濤晻靄間見城郭邑屋樓臺觀闕參差隱見而人物車輿騎從裨販之類往来雜遝不啻通都要區之突出乎前里俗李言海市以為異餘時莫之覩也長公以元豐八年八月自陽羨起知登州十月十五日至登二十日召為禮部員外郎念奇觀之非時而茲遊之莫再乃瀝誠致禱於海神廣德王之廟明日見所謂海市如春夏焉因作詩紀異視昌黎公之謁於衡

嶽不亦異體而同符哉儒者語常不語怪海市之幻涉於奇詭佛言幻境豈近是耶然則盈天地間一氣耳其屈伸消息固有忽然而成形亦有窅然而莫知其終始者矣海為歸墟魚龍物怪何所不有則夫翕是百物之精而使光景變化隨感隨應為城邑樓觀為人物車騎尚皆神之所為而造化之迹也黃太史云東坡乞得海市不時見神物亦愛魁礧之士乎此足以明長公之心矣夫奚疑哉

蘇東坡黄州雪堂詞

坡書此黄州二詞行模大小絕似表忠觀碑遂無一筆失度恐好事者若聖教序之勒石也内百年强半来日苦無多語人或憂之而公歇歷禁從節師又十六年而後殁四百年後乃爲唐伯虎作讖無情之能感有情也如此　王世貞

蘇文忠廣濟大師行録小楷書

唐廣濟大師行録碑　王渢譔渢與禅師並時蘇文忠書并跋其字圓勁不必言妙在運筆天然

若不知作小楷者，故爲小楷中所難也。光暎識

蘇東坡表忠觀

長公書法得自顏魯公，魯公自蠅頭小楷至徑七八寸，未有能窮以大者也。蓋其胷中之氣不恒得大展，局促細幅，不旣其質，莛之撞烏足發洪鐘之響哉？此長公表忠觀碑，爲公字之極大者，而其氣概尚有未展之色，倘有長廊巨崖，揮斗大奇蹤，不知又當何如佳也。蔡萬安橋便癡重，可知方丈之難也。每風簷披對，手足亦爲之舞蹈。墨林快事

大字有骨力學長公書者自此入可得其勢𦰏

潤軒粘跋

表忠觀碑蘇軾書文多磨滅舊在清波門外

今重刻府學 天下金石志

表忠觀碑蘇文忠公譔并書結法不能如羅池

老筆亦自婉潤可愛銘詞是蘇詩之佳者余

常怪錢氏起羣盜非有大功德於民而能制一方

傳數世竊爵崇奉迨於大明爝火自若納叛

之後圭組映帶者又百餘年久而人思之何也武

肅王初有國將築宮望氣者言因故府大之不過百年塡西湖之半可得千年武肅笑曰世有千年而中不出眞主者乎柰何困吾民爲遂弗改此其智有足多者五代史故歐陽氏懟筆未盡徵也 弇州山人稿

緱山集載有文忠行書表忠觀碑字僅拇指大者余未得見爲恨 光暎識

蘇文忠乳母銘

此刻在黃州近有人於土中得之蓋子瞻親書

於石者以故比之他書尤淳古道勁其用墨過豐則平原之遺軌也　弇州續稿

蘇東坡羅池銘碑

東坡公書柳子厚羅池銘辭道勁古雅是其書中第一碑內步有新船秋鶴與飛昔人證之巳明無足論者子厚英秀鬱鬱未吐沒為明神亦是常理獨怪嫚客死當是附倭文態未洗盡耳　弇州山人稿

蘇長公半月泉詩

前書蘇軾劉季曾輔孫鮑朝懋鄭嘉會蘇

堅同遊元祐六年三月十一日

靈巖慈受和尚披雲臺頌

凡十詠孫瀾跋宣和元年比丘沖正上石

蘇東坡安平泉詩

律詩一首舊碑失去沈一先集蘇字重刻

蘇東坡金剛經

坡書金剛經刻石者二本其一後有甘昪提舉跋

爲甘刻其一前有篆書十餘字凡坡書楷法

多拂起是右軍臨宣示筆意甘本失之今此舊
本也第石理粗澀鋒鐵多中斷耳 弇州山人稿
弇州謂此書刻石有二本余所得者前無篆書
後亦無甘跋繼得一本有倦圃先生印記亦與前
所得本同 光暎識

蘇書司馬溫公碑

溫公碑在夏邑蘇文忠奉旨譔書文既宏肆琳
琅其書書法端謹大存晉唐遺法文忠第一
妙跡也此碑仆後皇統八年夏邑令王廷直重

剜之因斵舊石爲四前有額後有趺事載元人
程鉅夫老杏圖詩敘及王廷直修復溫公墓碑
記中 銷夏記
宗之政事推司馬文章首長公以長公而述司馬
宜爲一代巨觀 墨林快事
司馬溫公紹聖初有旨令毀隧碑篆章先生自
黔安至荊南作詩云司馬丞相驃登庸擢用
元老超群公楊綰登朝天下喜斷碑零落
卧秋風盖謂此也孫舍人君孚云方毀拆時大

風之石群吏莫敢近獨有一匠氏揮片而轝未

盡碎忽仆碑下死其碑元賜精忠粹德事文

額叙

帖有虞山書跋云司馬文正公以元祐元年九月卒

於位其葬也以二年正月辛酉既葬之明年勅

翰林學士蘇軾譔碑上親爲篆字以表其首

誠盛典也紹聖間惑於群憸之口仆碑而磨其文

至金皇統間始訪得舊本而摹立之斷碑爲

四額一跋一共六石余初得此碑凡四紙縱長丈餘

横半之與斷碑為四之説符合而額與跋皆不可攷矣嗚呼是碑也仆於宋復於金其間豈無鬼神護持而余乃幸而得之又豈易哉又豈易哉

天啓乙丑冬十有一月二十七日虞山老民錢謙益謹記題簽亦虞山手書皆方勁不同時手又有一行云天啓丙寅秋七月既望程嘉燧拜觀於津逮軒　兆暎識

蘇書湖郡刺史雍叙

蘇書齊州長清縣真相院釋迦舍利塔銘

蘇書上清詞

蘇書蒲澗寺詩

蘇書大字憶子由詩

蘇書大字醉翁亭記

歐公此文蘇公此書真不負此滁州山水但不知

李陽冰篆㾾子泉與韋蘇州作詩時如何 蒼

潤軒帖跋

北宋學士東坡蘇公之筆趙子固家藏舊物也

余爲伯田馮先生所得余在京時嘗見此卷於

高仁卿家前後有子固印識今患亡之想爲俗工裁去詎謂神物而实亦見侵如是然而字畫未損猶幸甚耳或者議公書太肥而公却自云短長肥瘦各有度玉環飛燕誰敢憎又云余書如綿裹鐵余觀此帖瀟洒縱横雖肥而無墨豬之狀外柔内剛真所謂綿裹鐵也夫有志於法書者心力已竭而不能進見古名書則長一倍余見此豈亡一倍而已不識伯田之所自得又幾何元貞二年四月一日持來求跋聊爲草草 松雪集

蘇書豐樂亭記

坡公所書醉翁豐樂二亭記學東書法出顏尚書徐吏侍結體雖小散緩而遒偉俊邁自是當家醉翁一記偶創新獲翩翩動人無取大雅介甫詒之作誌更成捧心若能於壓字處用古韻差可耳 弇州山人稿

蘇子瞻王郎碑

蘇長公詩寄徑山和尚

蘇黄馬券帖

右馬券帖刻在嘉興陸宣公祠中乃子瞻為李方叔所書後有子由詩并魯直跋方叔即子瞻主試落第者余嘗謂子瞻以玉鼻騂贈方叔不足奇而子瞻以玉鼻騂贈方叔則甚足悲然方叔不遇於子瞻乃命也而后竟齟齬以死使坡公有愛才之累則士之自立可不慎歟嘉靖己未二月八日因友人所貽湯為誌此

馬券帖是蘇黃二公為方叔區處其窮者讀其券真有令人愧死處今時風土偷薄豈徒

朋友道淪落如兄弟骨肉以財勢欺凌者何限

况兩姓人耶

大字甚佳方艸遇予贍不偶而落第即此翊觀

之不徒見當時友誼之篤亦足以知李公人品矣

三條蒼潤軒帖跋

黄山谷晦堂開堂疏

文節此書骨肉俱到勝七佛偈百倍蒼潤軒帖跋

山谷此書不帶一毛單刀直入是真具禪觀者墨

林快事

黄魯直七佛偈

此書遣筆纖刻手不佳失真多學者恐流於媚

米元章曾譏黄魯直是描字今以七佛偈觀之信然如缺月踈桐之横放晚登快閣之清勁大江東去之轉折則又種種臻妙大抵學書之士只須遍覽古今墨跡石刻爛熟胸中臨書時隨筆興趣寫出更不可道古人不好處便落人脚底

下尔二條蓍潤軒帖跋

黄山谷食時五觀

食時五觀帖多折筆

余嘗謂涪翁四體詩與五觀帖視其言若迂而真有益於人今人閱世事不空讀梵書不廣少侈於衣馬老溺於晏安失意則弃去竟日得志則饕餮終歲其有留意清淡者鮮矣而又況於滌諸聖諦耶余借此帙於羅氏閱之而滌有所感故手臨以還之也 二條 蒼潤軒帖跋

涪翁食時五觀乃小乘經牖語耳然不可不時使

何太宰王侍中讀之筆法極輕弱而鮮餘味弇州

山人稿

山谷書經伏波祠詩

山谷晚年書法大成如此帖毫髮無遺恨矣心手和調筆墨又如人意譬㤗豆之御内得於中外合馬志六轡沃若兩驂如舞錫鸞肅雝自應武象既不入馳驅之範亦非詭遇者之所知也範成大至能題於此鉄絚珊瑚

右文節公書劉賓客伏波祠詩雄偉絶倫真得

折釵屋漏之妙公嘗自言紹聖甲戌黄龍山中忽
得草書三昧又云自喜中年字書稍進此詩建
中靖國元年五月乙亥荆南沙尾書於時公年
五十有七正晚年得意書且題其後云持到淮
南示余故舊何如元祐中黄魯直書也按公自評
元祐中書云往時王定國嘗道余書不工余未
嘗以服由今觀之定國之言誠為不謬蓋用筆
不知擒縱故字中無筆耳字中有筆如禪家
句中有眼非深解宗趣豈易言哉此書豈所

謂字中有筆者耶公元符三年自貶所放還

建中靖國元年四月抵荆南崇寧元年始赴

太平凡留荆南十閱月常有解免恩命狀云

到荆南即苦癰疽發於背脇毒痛二十餘

日今方稍瘥而此帖云病瘍不可多作勞正發

奏時也嘉靖十年辛卯冬臘月三日徵明

書　書畫題跋記

黄山谷書歐陽永州廬山高歌

歐陽公廬山高自謂出李杜上不滿識者一笑然

其雄勁豪放亦是公最合作詩也凡李杜長歌所以妙者有奇語爲之骨有麗語爲之姿若十萬衆長驅而中無奇正器甲不精麗何言師也山谷此書恣態猶存而鋒勢都乏豈石頑工拙之故耶 弇州山人稿

歐文忠公廬山高自謂其顛頑蜀道難然淂涪翁此書愈覺氣勢軒翥是皆二公平生之極詣也 蒼潤軒帖跋

黄山谷禹太伯李子伍負碑

黄魯直大字

帖有跋云山谷老人墨蹟四幅余得之方伯口公喜其奇屈蒼健有古意恐傳之不永因付口口令王達重刻於邑庠之口堂以與四方之學書者共之口口壬辰四月吉口口憲司事莆田楊漚識

山谷東齋墓碑

余始謂黄書傾側盡變唐法又得此碑而不覺失席也碑乃黄書而無一筆類梁公碑者法全出褚登善聖教序瘦勁絶人策拂鉤磔幾無遺

恨但結體踈步遜登善耳顧入手腕豈甚懸殊若是且黃他書俱與此不類何也今世字學出蘇黃者强半遂令唐法不傳不知黃故自能傳唐法者也 石墨鐫華

山谷字拖沓跛踦聊以不拘〻繩墨放誕自勝故人誚之者謂之苟此書何其不苟也一筆一轉從容於法度之中而挺直不阿骨鯁無間有斬頭截胸不可屈撓之氣雖學褚聖教然亦謂於二字之墓爲宜尓耶 墨林快事

黃山谷墨竹賦

山谷之字以天趣勝小字拘束不盡所長此墨竹賦磊落淋漓與賦中語相發如月影上牕流風入袂一種活潑潑恬曠之妙不可名狀豈目對墨竹神與俱搖不自覺其情志之出諸胷入於手也 墨林快事

石室先生以書法畫竹山谷道人以畫竹法作書其風枝雨葉則偃蹇欹斜疎稜勁節則亭亭直上此卷爲莊書墨竹賦尤是當家試一展覽湛

園秀色在目睫間矣　弇州山人稿

黄魯直大字頌

黄山谷大江東去辭

涪翁此書不如缺月桂踈桐後有跋語已糢糊

蒼潤軒帖跋

銅将軍鐵著板唱大江東去固也然其詞跌宕感慨有王處仲撾鼓意氣傍若無人魯直書莽莽亦足相發磊塊時閲之以當阮公數斗酒　弇州山人稿

三十三

黄山谷書中興頌碑後詩

山谷中興頌碑後詩是論宗語俯仰感慨不忍再讀迫急詰屈亦令人易厭書法翩翩有致惜搨摹久遂多失真者余謂坡筆以老取妍谷筆以妍取老雖側臥小異其品格固已相當跃尾云惜不得秦少游妙墨鑱之崖石少游當亦善書尔時謫藤州故谷念之耶 弇州山人稿

山谷涪州詩

山谷登東林詩

山谷狄梁公碑

自古正書法無作傾側筆者晉人法在態中故圓而多逸唐人態在法中故方而多遒宋初諸人猶遵唐矩四大家出而唐法盡變競爲偏側矣魯直其尤甚者而昔人乃謂狄公事范公文黄公書爲三絶即文正文蒲法靡弱與黄公何絶之有試以視裴公文李西平事誠懸書爲何如毋言蔡中郎之於郭有道也　石墨鐫華

王欽佩先生謂此碑如劉阮之徒章甫俎豆蓋

二四

謂涪翁不善真書故不免反拘於規矩中無超然處也 蒼潤軒帖跋

碑爲范文正公譔文黄文節書文載梁公事極悉書極端謹不類他書以梁公之勳德文正之文章文節之妙筆可稱三絶文節尚有東齋碑惜未見 銷夏記

昔人謂狄梁公事范文正公文之黄文節公書之爲海内三絶然文篇法既俳書勢亦傾側未足之絶也黄正書不足存有韻無體故也梁公復英王薦張

相所稱潛授五龍夹日以飛千載而後猶凛凛生色

然史稱王及善王方慶亦與諫復英王者柬之以

梁公薦自益州拜洛州再遷秋官後以姚崇薦入

相世知姚著績開元不知其薦張至二王愈泯泯矣

余故附著之弇州山人稿

黃魯直題琴師元公此君軒詩

弘治辛酉長洲薛英按蜀獲此碑於南禜立

於分司覆之以亭自以爲起廢涪翁九原之英爽

亦一蘇醒昨玉泉公在南禜分司早發時忽

見破屋中樹一石自披荊視之因擱以歸噫好
事如玉泉公使薛老有知其亦蘇醒已乎涪
翁此書與詩頗奇偉自言咄嗟而成文不加
點蓋亦一時之興所至尔程嬰杵臼二句煞有江
西派之意 蓍潤軒帖跋
琴之法音一往而無撓曲韻回伏而多俳佪乃爲
妙指寫琴手者未必能盡也山谷老人不但以言
寫之而以字寫之筆筆各具一趣以自成一物又共
逗一趣以共成一物讀其句而琴之聲依依在耳

即此君之高潔亦依依在耳且刻手精工於厲石
崩脆之上獨傳其神而即其一點一畫不甚照
管而握運揮馳之色具在無遺在山谷諸石中
此其第一矣 墨林快事

此君軒詩為涪翁極得意之作而書亦瀟洒如意
不知刻於何地摹手不工然一段清朗之致如霽色
在林尚足撲人眉宇也 銷夏記

先騎曹子猷云何可一日無此君吾家小祗園竹
萬箇中有軒三楹不施丹堊純碧而已零雨微

颸朝暾夜月峭蒨青葱映帶眉睫間令人神

爽陳子萬方伯爲題署曰此君軒今年歸自楚

得山谷老人大書此君軒詩一卷怒筆勁掣有

篺龍坼石勢懸針下垂則輕梢過雲槎牙外

蠲則鬚節奮張居然墨池傍兎苑因留寘

山房中異日乞公瑕鎸入石壁之軒爲此君傳神

弇州山人稿

黄魯直題元上人此君軒詩

先有一刻最妙頗有瘞鶴銘之致此刻詩即

別而字乃媚秀柔膩另亦風流然開朗雅邕非
山谷老人不能也古人遺字如此者多或各有所
祖未必僞黃字近亦當口爲甚不拘束而自合矩度
然學之者必至於沓拖無骨不相稱架苟能
於謹嚴綿密中時一涉其自得之趣烏見其
不可也因並存錄以俟後之博覽而有目力者鑒
之要以彼一石爲極則 墨林快事
涪翁書此君軒第二詩是初得長沙法而以華陽
真逸筆運之能於穪中取老作法外具眼

觀可也 弇州山人稿

山谷書此君軒詩有二刻皆行楷大字其一前云奉題琴師元公此君軒後云元符二年冬元訪余於僰道約來三月余必東歸〻當復來別我既而如其言果來相見但乞此君軒詩而已咄嗟而成文不加點其一前云題元上人此君軒後云鍾陵黃庭堅象春直奉答周彥詩與前同韻觀山谷別集有此君軒詩跋云余既追韻作此詩寄周彥周彥抄本送元師元師要欲得余手寫因為

作草書近時士大夫罕得古法但弄筆左右纏繞遂號爲草書耳不知與蝌蚪篆隸同法同意數百年來惟張長史永州狂僧懷素及余三人悟此法耳蘇才翁有悟處而不能盡其宗趣按跋所云追韻作此詩寄周彥即石刻所云奉答周彥者也而跋所云更爲元師作草書草書本不知有石刻否據其自鳴得意方之旭素必有可觀也其行楷本二刻墨林快事所評論至當皆爲足珍　光暎識

米海嶽天馬賦

天之美以清風暖日地之美以青山綠水人之美以豐肌端骨而爲三才之秀獨可疾雷苦霧驚湍險磵鬼軀斅吻爲美乎米老之字洵有怪法乃其弊非佳境也惟大字天馬賦差爲合作無奈好異之輩𧺫少蹈厲之態另出面目諸醜畢具大雅之道逝其遠矣而又有爲其眩惑者表之惟恐不及老顛何侃於後人也至於字有𠀤異亦惟大字者勝余力爲洗垢自附於老顛知已云 墨林快事

米書此賦余見三本學擘窠大字僅有此本字字皆可爲榜署米公自言大字如小字以勢爲主者 容臺續集

庚午春馬生致米元章墨刻天馬賦筆勢雄强超逸真有千金蹀躞過都歷塊之氣賦語則不受銜嚙滕生禿駒耳徐元玉後題一詩頗致代興意未敢盡許也 弇州山人稿

米元章〻居士墓表

元章書章吉老墓表筆勢縱於誌銘大都

士人作書時有爭有合觀者雖不可執此較彼
然必求其妙處則於自己臨摹方有資助不則
只是閒張顛善草凡得其敗紙惡札皆謂是
以頭濡墨時所書豈不是痴人前說夢（蕭閏軒帖跋）

米海嶽章吉老墓誌銘

章吉老傳盧扁之術米元章得鍾王之法真世
間之二妙濡郡之一奇也而志乘不錄碑植於城
南十數里荒郊中蓋吉老之墓在焉由大觀距
今百六十餘載雨淋日炙漸覺斑駁懼其弥久

而磨滅也因刻之以附於寶晉齋帖末 曹之格跋

米南宮菉竹居詩

米南宮樂圃先生墓誌

米元章書沉著痛快直奪晉人之神少壯未能立家一一規摹古帖及錢穆父訶其刻畫太甚當以勢爲主乃大悟脱盡本家筆自出機軸如禪家悟後拆肉還母拆骨還父呵佛罵祖面目非故雖蘇黄相見不無氣攝晚年自言無右軍一點俗氣良有以也此爲樂圃書志道

勁奔逸又是平生得意筆太史公作信陵君傳

蔡中郎爲陳仲弓志皆以得意人不輕贊譽正

似此書耳 容臺集

泰山封禪遺文碑

司馬相如譔 米芾集晉右將軍王羲之書

熙寧元年

米元章顔魯公碑陰記

米書素有偏側之勢一遇魯公便加莊重魯公之

風至數百年後猶能匡正米老 金石評攷

宋世書稱蔡黃蘇米然南宮雖自晉唐諸名家出而其法亦少變焉此帖筆勢猶端謹無怒張穠纖之失其亦因魯公而變之者與 蒼潤軒帖跋

米老爲魯公書碑陰即用魯公書法奇宕可喜至碑中謂杞欲害公之人而不能害公之仙其說亦奇余以爲杞能害公一時而不能不口公以千古固無論公仙與不仙也 銷夏記

米海嶽龍井山方圓菴記

此米字之最有聲合作者乃以菴之僧脩好事

罡

者適得米老舊搨以補亡而恰遇一顛倒裝潢者錯其先後據之入石虎林游人如織莫有爲之是正者余早得此本亦以爲裝家誤旋入杭摹石下依然誤也因另搨一紙爲之改裝則文從理順不致誚一公爲傖父顛士爲糊目矣欲再正其石而匆匆北歸當賒此恨因識於此墨林快事

米海嶽孔林古檜詩

王佐云古檜在孔林杏壇東南今不存矣惟再生一株亭亭獨立身文皆左轉如草繩纏至稍有

葉青〻可愛非世上所有也佐親見之梢尾有葉

小叢廣高一尺許樹大僅一尺許 志林孜據

右孔聖手植檜贊米芾篆并書碑在孔林余

得之衍聖公彥縉陸伯易爲余言宋人書米爲

優而余家米書獨此與露筋碑爲優云 東里續集

米南宮王略帖

米元章蕪湖縣學記

此碑在米書中最爲瓌瑋吾鄉嚴子寅酷

愛海岳書每日臨千一百字弊則更易一帖此本

不知是第幾次裝者　蒼潤軒帖跋

米老書所貴獨鍊自己精神全不依傍門户即其夢寐古法頭目奉之要不過以爲薪炭其丹先已在鑪中不借他今毫也貴亦在此累亦在此奇形怪貌居之不疑所云不可無一不可有二令人乍見而怪再見而習三見而漸親就之以爲巫蓋世間自有此一種形貌無足怖悸而已　此學記

字字有體勢亦鮮敗筆又米書中之可貴者　墨林快事

蕪湖學記黃裳墓文米芾書字法遒勁而韶
秀余舊有未斷本兵亂失去今雖稍剝然大
勝龍井方圓庵諸刻　銷夏記

米海岳研山銘

米友仁蘇州孔廟碑

評者以南宮書怒張有子路未見夫子時氣象
令以小米較之又不但堂廡之差而已余嘗合晉二
王唐二歐宋二米並觀謂其一蠸不如一蠸以茲二
刻睬之良可見其梗槩矣　蒼潤軒帖跋

米元暉書夫子廟記石刻在吴城中書亦秀潁
可愛但結法既不古又乏變態耳黄涪翁贈之
詩侮兒筆力能扛鼎教字元暉繼阿章取
羲之獻之故事書家不醜箕裘者有大小鍾
大小衛大小王大小歐陽大小米惟小米差弱耳
弇州山人稿

觀妙齋藏金石文攷畧卷十五

古柏行

任君謀退之詩十一首帋墨尚佳書法雄秀結構縱逸蓋宗於顏魯公識曰右退之詩十一首辛巳秋三日龍岩君謀書卷後同時有雷溪叟道明題跋明有李西涯周公瑕董思白等題跋跋中云龍岩姓任諱詢字君謀易州人登正隆進士法書名天下亦善畫雷溪叟同易州人亦登進士而正隆者金國年號也陝

地有石刻古柏行後面題識龍岩書古今名流
皆認爲顏魯公之書余今見此始知爲任君謀
書也 書画記

重修中嶽廟碑

中岳碑黄久約奉勅篆郝史奉勅書郝史
世宗時人

此碑正書方整遒勁蓋習清臣誠懸而兼運
以永興者於金碑中最爲妙品書者爲郝史
不立傳亦無書名觀其結構王庭筠筆似不及

也覺懷英號為能書乃任篆額不任書知郝
書在當時亦自知名碑立於大定間與博州碑同時
世宗朝頗稱太平故以其暇得修祀事耳 石墨鐫華
趙秉文閑閑主峯草堂寺詩并偈
正大乙酉年冬秉文詩八首丙戌仲夏中伏鑑山口
寫跋又秉文偈語
趙秉文金禮部尚書號閑閑居士嘗為張天錫序
草書韻會云俳佪閑雅之容飛走流注之勢驚
竦峭拔之氣卓犖跌宕之志矯若游龍疾若驚

蛇似邪而復直欲斷而還連千態萬狀不可端倪亦閑中之樂也觀此則其自負可知而此諸詩草法頗似鄭駙馬心經王元美謂不中素師作奴者然則閑閑其不免元章重儓之誚乎 石墨鐫華

元有兩閑閑吴閑閑名全節係羽流趙閑閑名秉文官禁近兹云金正大間人俱善書法有辭藻而趙尤橫溢 六研齋

圭峯草堂雜題

崇寧改元三月吴郡梅澤説之題詩四首崔

珙書又雷喦老人詩一首又大安改元春六十日洹山史口題詩一首又東原田曦詩二首孤雲野釋普定書又雪菴溥光詩二首又進士陳堯雋詩一首景祐二年六月望日甥王舜俞後序眉山釋惟悟書

黨懷英孔廟碑

此金修孔子廟碑也自唐荒於五季宋初統一崇奉之儀日有建樹俚言儋字未臻美盛直至金主曲阜而此碑方能推原道由六經而

三

取裹於孔子自漢向以來分途名家之製爲之一洗何其懿也八分之業唐自明皇外諸大家亦未數〻然此刻豐贍平淡卓具軌物一時南北莫之或先 墨林快事

崋山題詩

大定十五年 趙揚鄭元詩 張尊書丹

梁公畫像記

承安丁巳 郝長卿述 吴琢書

興慶池題名

明昌甲寅　劉仲游書

定兩縣水碑

天眷二年　楊邦行篆　喬木書并題額

華州城隍神濟安侯新廟記

大定二十四年　張建記　鄉貢進士口口篆額

并書

普會禪院記

正隆三年　郝大亨撰　李德華書丹　何思

篆額

重修天龍寺銘

正隆己卯　智允迪纂　任棨書并篆額

醮事記

崇慶改元　書史呂知明

皇弟經畧郎君行記

是其國書　後有題云天會十二年尚書職方

郎中黄應期宥州刺史王圭从行奉命題

又有題云明崇禎癸酉成都范仲闇書

大雲禪院之記

大定十年姜莬仁記　孫衍書丹篆額

華嚴寺薄伽藏教記

天眷三年　段子卿撰　沙門法慧書　張公巖篆

額

博州重修廟學記

大定辛丑　王去非記　庭筠書　党懷英篆額

王庭筠在金與趙秉文党懷英輩同負書名

而庭筠酷似南宮此書是也攷是時庭筠父遵

古實成廟學事王去非記之而令庭筠書之故

五

尤爲得意篆額者即懷英也石墨鐫華

黄華老人行書全學南宫史言老人儀觀秀偉善談吐胷次不在元章下覩之信可見矣蒼潤軒帖跋

自米老以字鳴於宋而後之學士强爲放蕩不顛亦顛也自今人之好米老書而凡類米老書者皆好之不出於顛猶其出於顛也字不足以自名或附之以希千秋一眛若庭筠者以書聞完顔之世爲其父書此記亦仰託之米老今覽其字勿論

其能肖米與否乃列之古人之中差不爲辱亦
不敢自信其可以傳父之製於不朽其心之虔
而尊師爻爲親無已之思皆可取也 墨林快事
庭筠負書名此碑風骨磊落有襄陽之勁秀
而無其傾欹近石不多見者庭筠以名家子仕
於完顏朱罕自稱黃華老人其意良足
悲矣 錆夏記
金王庭筠號黃華老人善寫梅書法沉頓
雄快與南宋諸老各行南北元初虁子山諸人

不及也　六研齋

博州廟學碑陰記

碑陰王遵古記　男庭筠書　李穀篆額

黄華王庭筠書其父記字差大結構風骨似不及

前碑　石墨鐫華

黄華老人此書駸駸遂侵淩米顛只欲與之分

庭抗禮耳況在堦下便當縮項尓　蕉澗軒帖跋

解州聞喜縣改修董池神記

天眷元年　賈蔡𥨊　滕禰書并題

重修微子廟記

天德三年　楊漢卿書

重修東嶽廟記

大定十八年　楊伯仁奉勑譔　黄久約奉勑書

党懷英奉勑篆額

京大慈恩寺貴戒師圓寂銘記

大朝丙午

隴西郡李公墓誌銘

大定十一年　賈圻譔并書

黄華老人汾州大字詩

居易録云洱海叢談有云三塔寺内有黄華老人草書石刻字大如椀相傳以檳榔殼蘸墨汁書之老人宋元間人自江右来此久之仙去其詩挂鏡臺西挂玉龍半山飛雪舞天風云云某按黄華老人即金翰林修撰王庭筠字子端此四詩有真蹟石刻在汾州府學朱翰林彝尊吴徵士雯皆曾見之盖李中溪元陽侍御蒐摹於點蒼而滇人傳會爲仙耳居易録所云如此余所藏

一本得自沈友兄壽朋盖壽朋尊人平遠先生爲汾州守時所搨則是真跡刻本也筆法極似黄山谷嗣又得一本是山東憲司楊其魯城武令王達刻於邑庠者楊有跋則云山谷書 光暎識

重修京兆府學記
正隆二年 李臯記 潘師雄書 錢義方題額

龍興寺碑
大定元年

孔廟留題雜詩

八

金元人題凡二十一首

獲鹿縣靈巖院滌公墖銘

大定十四年　口景口譔　李如珪書

重修州學宣聖廟記

明昌三年　鄭昕譔　李敬義書丹　邗輯篆

額

汾州平遥縣蘖枯骨碣銘

皇統壬戌　鄉貢進士李致堯譔并書

普天醮藏寶符記

大德三年

重修宣聖廟記

承安戊午　史倬記并書　南山題額

萬卦山題詩

一宋政和甲午　一金大定六年

重修碑院七賢堂記

正隆四年　曹誼記　郭孝忠書丹　徐顒

篆額

重修宣聖廟記

廉希憲墓　商孟卿書

商挺字孟卿曹州濟陰人與元好問楊奐遊世祖在潛邸聞挺名遣使徵至塩州入對稱旨六年同僉樞密院事八年陞副使有詩千餘篇善隸書贈魯國公謚文定　元史本傳

勅修曲阜宣聖廟碑

歐陽玄墓　康巎巎書

巎巎刱意翰墨正書師虞永興行草師鍾太傅王右軍筆畫遒媚轉摺圓勁名重一時評者謂國

朝以書名世者自趙魏公後便及公也　書史會要

子山嘗問客一日能寫得幾字客曰聞趙學士言一日可寫萬字公曰余一日寫三萬字未嘗以力倦而輟筆　輟耕錄

子山書從大令來旁及米南宫神韻可愛　四友齋叢話

嶧州孔子廟記

大德十一年加號大成　至治三年立石

應州學記

泰定元年　劉思温篡　郭仿書　穆誠中篆額

東平府路宣慰張公登泰山記

至元二年　杜仁傑記　王禎書篆

靖應真人祠堂碑銘

至正十六年　趙琢禧篡并書　王士元篆額

禱雨歌

至正三年　秦不華製并書篆額

重建文宣王廟碑

閻復譔　劉賡書

劉賡字熙載洺水人至元十三年授國史院編修官至大三年拜翰林學士承旨言語字畫人寶而敬之　道園學古錄

重陽仙跡碑

姚牧菴燧追書金劉祖謙文文頗蘊藉而書全法顏平原但波拂鉤磔稍不及因以知勝國時不乏能書也　石墨鐫華

姚牧庵書倣平原秀拔樸厚大有先正典型

人有言此記可媲美宋文貞碑非妄 銷夏記

重陽仙跡記金翰林修撰劉祖謙書而姚牧菴璲至元世祖朝以安西文學為書〻法全學宋文貞碑比之條李不作墨豬氣而文亦能畧去幻化語稍蘊藉不為其徒張帘也重陽得無師智近六祖而懸讖若誌公蹤跡又似萬回真異人哉 弇州山人稿

重修平江路儒學記

至正五年 鄭元祐為文 唐璞書丹 逯永貞

篆額

歸安縣儒學教諭題名記

至正十五年　宇文公諒記　錢用壬書丹　梁國標

篆額

諸真人讚

至元三十年　真人自尹喜而下凡三十人各有小傳系

以贊刻於古樓觀太清宗聖宮　茅山朱象先

製并書有跋

孔廟留題雜詩

卷十五

五言律詩一首七言律詩五首七言絶句五首

加封顯靈英濟義勇武安王碑銘

至元五年　武元亨撰　彭高裕書丹　皇甫口

篆額

封兖國復聖公制　又兖國夫人制

至順二年封兖國公　元统三年封兖國夫人

加封顔子父母妻謚議

元统二年

終南山古樓觀重建文始殿記

與杜道堅識書文始先生者尹喜也今殿與碑
尚存詞本蕪冗而書與希聲堂碑正同亦弱不
足存也 石墨鐫華

說經臺希聲堂記

希聲堂元建在說經臺北下一級今廢而建閣
獨朱象先所爲碑存碑𤰞卑不足觀而杜道堅
書非隸非分去古益遠於法益蠱如吾子行所
謂拖拽平硬若折刀頭者不復可得殊令人有
韓蔡諸人之想 石墨鐫華

十三

靈寶縣重建有夏忠臣關公祠堂記
大德六年　熊正德纂　王道亨書
灉絳守園池次偰世玉韻詩
至正丙戌　王士元書於花萼堂
修學宫記
至正甲辰　李祺記　馬懿書
刻大開元寺興致
金貞祐四年僧澄潤書於開元皇帝祠壁元
延祐六年移以立石

漢武帝秋風辭

大德丁未　董若冲書

重修淮陰侯廟記

致和改元　楊先韓譔　孛术魯翀書

重修闤里廟垣記

至元十九年　楊桓譔

重修尉遲迥廟碑記

至正辛巳

重修晉祠廟記

卷六五

至元三年　王思誠譔　王九思篆并書

重修媧皇廟碑

至元十四年　高鳴奉勅譔　胡祗遹書　王博

文題額

元遺山先生墓銘

大德四年

抱一無爲真人馬丹陽道行碑

丹陽真人初名從義後名鈺重陽上足也其所云

心不馳則性定形不勞則精全神不擾則丹結

然後滅情於虚寧神於極而是第所謂丹與極者何物也丹陽初有家爲重陽所導至再三乃棄之與妻孫各行化得道碑爲元學士王利用譔而道流孫德彧書文頗詳腴而書尤勁有魯公遺意 弇州山人稿

道士孫德彧字用章眉山人十一歲爲道士未嘗忘讀書武宗賜真人號仁宗累加恩命嘗領諸路道教居終南山重陽宫 道園學古録

義井漢昭烈祠記

至正五年　呂思誠撰　葛樓篆并書

葛樓順帝時人奉訓大夫中書刑部侍郎日下舊聞

天開禪寺碑

至元三年　禪師惠川福珪譔并書丹

顯應王廟祈雨感應記

至正二年　揭傒斯譔　劉允忠書　聶輝篆

代祀闕里孔子廟碑

天曆二年　曹元用譔　張恒書篆

萬卦山野雲禪師行業記

至正十二年　郝忠恕譔并書

代祀闕里記

至正二十五年　魏元禮譔　林儀書并題額

致祭先師兗國復聖公祝文

元統二年

勅修太師忠烈公比干廟碑銘

延祐四年　王公鑄譔　劉敏中書丹　姚煒題

額

忻州天慶觀重建功德記

十六

至元十九年 元好問譔 王炳書 李郁篆

額

封啓聖王碑

至正十四年 呂思誠奉勅篆 王守誠奉勅書

姚庸奉勅篆

岱嶽行宮記

至正壬辰 張徵中書

少林禪寺蕭梁達磨大師碑叙

至正七年 歐陽玄叙 巙巙書 趙世安篆

重修飛英舍利墖記

延祐六年　孟淳篹　趙孟頫書并篆額

京兆府重修宣聖廟記

至元十三年　徐琰篹

代祀記

至正八年　董立記

重刱潮州韓文公廟碑

至正丁未

湖州路歸安縣修學記

十七

至正十一年　儲惟賢譔　張世昌書　吴鐸篆額

井陘縣守禦官脱公德政碑

至正丁未　吴郡王口譔并書　秦庠篆額

平定等州大總帥聶公神道碑

大德二年　李治譔　劉懋書并篆額

勅賜靖應真人道行碑

至元十七年　李槃奉勅譔　祖英書　商挺

篆額

華嚴寺明圓照碑

至元十年　如意老人祥邁譔　松菴悟圓書

田介篆額

廬山東林重建太平興龍寺記

仍改至元之二年　虞集譔并書　趙世延篆額

道園公德行文章在勝國冠冕一時而書字特

其餘事然其行筆重厚典雅顔有道者之士

則公之德行文章又於書字見之矣　蒼潤軒帖跋

自松雪公中興書學一時碑版奕〻可傳是後受

其法者又彬〻嗣起獨伯生得其正宗乃松雪雅

慕北海一二合作遂追其單刀直入之氣而不能脫其横跳歌舞之習是以踪跡未化派脉可尋六盡美中之微憾也虞公此作既以似北海之遺而能全去怒張還之揖讓恂恂靜謐有松雪之恬怡而無其累真善於集大成者伯生得無見及乎此而以此矯其偏乎此學書之士所宜急知也變化之妙者也至於涼國之篆更爲精典所增重於東林者博矣 墨林快事

右記爲奎章閣侍書學士虞公集篡卷及書所

志寺顛末頗詳而書亦圓婉可愛特少遒耳余嘗過東林歎其日就荒落爲之憮然蓋元時賦斂薄江淮閒有餘力得以從事小果今自貴璫外無能繼之者矣非盡其教之衰然也弇州山人稿

焚毁道藏碑

至元二十一年　王般若等奉勑譔　奥魯粘合璋書丹　奥魯八合禿篆額

兖國公新廟碑

九

至正九年　歐陽玄奉勅譔　張起巖奉勅

書　歐煥奉勅篆額

重修壽聖寺記

至正八年　吕思誠譔　陳好謙書

蒲察大使索海市詩

古詩二十句書法在南宫山谷之間　光暎識

重修嘉興路總管府治記

至正五年　韓璵譔　吴秉道書　馬合謀篆

額

萬安寺茶牓

右茶牓釋溥光譔并書至大二年刻於戒壇寺爲石四兩面刻凡八幅今移立在城西峻極下院按王世貞跋云元僧溥光書茶牓風骨頗遒勁惜胸中無七字骨令天趣流動筆端結習未忘超洒不足又周叙記云元雪菴所書茶牓字徑三寸許遒偉可觀今觀其書筆雖過豐而結體遒隙有清臣誠懸之風書史亦稱其工大字錄之　嵩陽石刻記

溥光字玄暉號雪菴俗姓李氏大同人特封昭文館大學士賜號玄悟大師爲詩沖澹粹美善真行草書尤工大字國朝禁扁皆其所書 書史會要

趙松雪過酒肆見帘字駐視久之謂當世書無我逮者而此書乃過我問知爲雪菴李溥光也因薦之朝 懷麓堂集

中岳之勝自山川奇秀外則宋燈樸孳皆爲宇內之冠即雪菴所書施茶牓其一也字受骨

於清臣句顏於王局僧書中之琤琤者北地燦劉當
署尤甚而大都塵寰中爲吏烈施茶之緣處處
仰之大宰以釋子主其務其遺法然也先子每
歲必領其勞是以小子不敢有怠焉恒張此以
當戒諭又爲書之有用者不徒玩其筆已也
嗟乎自王政之熄而義意一掠之西方不只療渴
之一節而已司世者念諸　墨林快事
溥光字玄暉大同人自幼爲頭陀號雪菴和尚
滌究宗旨好吟詠善眞行草書尤工大字與

三十一

趙文敏公孟頫名聲相埒一時宮殿城樓扁額皆出兩人之手亦善畫山水學關仝墨竹學文湖州大德二年文宗降旨來南閩揚教事椎輪蒿嶺後詔畜髮授昭文殿大學士玄悟大師有雪菴長語大字書法行於世 顧俠君元詩選溥光小傳

泰山題詩

至元戊子 達魯花赤題

加號大成至聖文宣王牒文

至大三年

何山寺安定書院牒文

泰定四年　正書〻法顏趙松雪

李晉王影堂碑

此碑剥蝕已極

嘉定州東岳行祠記

皇慶元年　張與紹書　張與材撰并篆額

察罕帖木爾祀宣聖記

至正二十一年　孫蕢撰　完哲書　閻思孝篆

東嶽仁聖宮碑

至順三年　虞集奉勑製文書字題額

孔廟詩

泰定三年至正元年五年六年七年諸謁廟者

題詩

更新功德之記

至元甲申　李道謙述

封衍聖公洽除

大德四年

無錫州儒學記

至正二年　孟潼記并書　黃溍篆額

湖州路歸安縣儒學記

泰定五年　鄧文原譔并書　高昉篆額

太師右丞相過鄒祀孟子之碑

至正十二年　楊惠譔　張思政書　孔克堅篆額

汶上張釣石先生遺教碑記

至治口年立無譔人名門人夏日葵書

文水縣重修學記

至正十四年　郝忠恕譔并書

重建至聖文宣王廟碑

元貞改元　閻復譔　劉賡書

加號孔子碑

大德十一年　皇慶二年趙世延跋

重修廟學記

延祐丁巳　陳良弼譔　康希貢書

嘉興路興舉學校記

至正六年　鮑恂撰　李祁書　張純仁篆額

武林弭菑記

至正三年　楊維禎譔　陳遘書　班惟志篆額

八大人覺經

雪菴所書茶牓最爲人稱此書罕稱之者此書

明萬曆辛卯刻石在吾邑東壖寺禪堂壁間

有達觀可道人跋有包樫跋余得此刻久矣

其真跡藏本寺明秀房余過明秀請觀真

跡啓菴師出以眎余循環把玩識如包跋所云

不啻球琳琅玕之寓目也卷首裝以宋牋余歎

其可貴天一師云此牋幸而得存前本房僧某

曾取以乞戴懷古書懷古異之詢得其由令易以他經曰雪菴真跡乃寶物忍捐其所裝手仍歸如故即此可知前人之於名跡褒潢貴重懷古筆墨名家知所珎惜又如此 光暎識

湖州路西湖書院增置田記

延祐 湯炳龍譔 白珽書 庶希貢篆額

重刻義田記

至正庚寅 錢公輔䕃 趙雍書

觀妙齋藏金石文攷畧卷十六

趙文敏崇國寺演公碑銘

松雪之字多爲釋道二教者大抵一奉勅所譔也其有扶植正義者爲上其闡揚各宗者次之若鋪張寵遇以悉旨俗者斯下矣茲其敘宗演事則能推重毗尼並佛所以立毗尼之意及演所以即毗尼爲上乘之功詳哉其言深哉其旨矣蓋自禪說横潰而人苦律爲拘也久矣其究令人晃洋而無所歸恣肆而無所守匆論世有

孟子必為洪水猛獸憂即佛復生亦必為藥叉羅刹慮公推而合之又引而合之蓋既能闡揚戒宗以顯申年尼之法又能救抑禅説以陰留牟尼默合吾道之正於諸文中最為近理 墨林快事

平江北禅大慈講寺大通閣記

至大戊申之明年 趙孟頫譔并書

仙人稱五通所不能通者出輪迴之外耳佛法則六通矣亦有不能通者能化有緣不能化無緣也此云大通則一切皆圓滿矣按法華經佛與阿

弥陀佛俱爲大通智勝如來法王子無央刼以來

今始成佛閣所以名大通竝文敏書此記遒勁匀

整肉不隱骨晚年最妙筆佛地位書也元人

跡至三十餘皆具八法蓋其時多能書而又好事

非今人所可及也 弇州山人稿

真人張留孫碑銘

碑爲集賢脩譔虞集篡學士承旨趙孟頫書

蓋序真人張留孫玄教之所由始自張閭詩而

下及其徒陳義高凡八人皆贈真人留孫位已

至開府而其孫吳全節亦階特進元之名跐濫觴至此哉且虞公修撰集賢而留孫實知院事其文與書雖美不足論也 弇州山人稿

張真人留孫畫像贊

張道士像贊亦文敏奉勅書字形比碑稍小而更勁逸 蒼潤軒帖跋

此等題極難楷手松雪不阿不離既不張其術又不沒其長恰合時宜自成家數直屢經鑪錘非泛泛苟作者比且字既閒雅恬適又不似奉上

帝爲時貴人書者況吴真人全節題後更爲合作

在松雪諸道家碑中最稱白眉每一披覽亦足以

見元主延才之廣即異教之中亦有能助清平之

治者也 墨林快事

張真人上卿碑銘并序

天曆二年 趙孟頫奉勅譔并書丹篆額

松雪公字率多應詔書而其爲張上卿者亦不

一然字之修而得意之最勝者惟此碑爲尤始

末三千字倫極楷則無一筆縱放而無一筆不

生動流利可云滿志矣即公極慮以體君之心然

二君子之相知契亦可以覲焉真人以黄冠乘時

遇主位極人臣而能睥一時百世之口不致起君之受

惑而臣之倖寵者豈不以公之文有以摹其一味

至誠不事矯誣之美於不可泯滅乎則吾世有

聞人不亦大可顉也耶　墨林快事

勅賜伊川書院碑

延祐三年　薛左諒奉勅篡　趙孟頫奉勅

書

大報國圜通寺記
趙孟頫 篆并書
蔚州楊氏先塋碑銘
至治元年 趙孟頫爲文并書篆
乾明廣福寺重建觀音殿記
延祐七年 趙孟頫譔并書
呂梁廟碑
趙孟頫 爲文并書
江東宣慰使珊竹公神道碑銘并序

姚燧墓趙孟頫書并篆額

松江寶雲寺記

至大元年　牟巘譔　趙孟頫書

子昂亭林碑其真跡曾黏村民屋壁上王野

賔買得之以轉售項氏陳眉公書函史

涇縣尹承務蘇公政績記

至治二年　梅震記　趙孟頫書　劉有慶篆

額

上天眷命聖旨

大德十一年　趙子昂書。

番君廟碑

此承旨暮年筆，亦覺老勁，而不及孫公碑。番君者，長沙王吳芮也。無大功德，而二千年后尚祀不絕，何也？石墨鐫華

此吳興行書，微傷於肥。世人學書者咸知有番君廟本，猶學顔書者咸知有多寶塔也。菰潤軒帖跋

番君廟者，祀番陽令吳芮也。令當秦末漢初，有

五

卷十六

功於民世世祀之廟始於范文正公至此重新之文

敏書翩𥗬欲仙可玩也 錯夏記

番君廟碑者祀故長沙文王吴芮也芮以故番令

不能爲秦死而從亂特以寛厚得物情能取國

於虓項保爵於猜劉歷數代而乎以善絶乖

二千年而人祀之有加不亦韙哉碑爲元學士明善

文趙文敏書皆暮年筆故老勁而書尤

可喜也 弇州山人稿

嘉興路資聖禪寺修造長生局記

至治元年　趙孟頫書并篆題

蕭山縣學重建大成殿記

大德三年　張伯淳撰　趙孟頫書　賈仁篆

額

居竹記

大德二年　趙孟頫書

嘉興重修儒學記

大德口年　牟巘譔　趙孟頫書并篆額

英烈廟新殿記

至元再元之四年　汪澤民爲文　趙孟頫書

泰不華篆額

常熟知州盧侯生祠記

至大二年　周馳譔　趙孟頫書

義廪記

大德八年　曾鎔畧　趙孟頫書

重建留珠蘭若記

至大改元歲在戊申　洪翯祖譔　趙孟頫書

乾元萬壽永福禪寺之碑

延祐六年　口口墓　趙孟頫書

崇聖宮碑

至元二年　元明善譔　趙孟頫書

大龍興寺祝延聖主本命長生之碑

延祐四年　王思廉墓　趙孟頫書

長興州修建東岳行宮記

延祐改元　孟淳撰　趙孟頫書

處州萬象山崇福寺記

萬象山趙書寺記爲處州之文獻余得收羅

七

以歸乃其寺建於元季作於帝師非有古跡名勝之遺可以仰余顧其山川四伏之奇實如記所指陳況本公問學淵博其發揚釋理及學釋之覺路皆自身歷心得以來非從耳趨口者比松雪行篆雖未為得意之作然出自游戲殊無常日束縛惡態亦與川光文焰相發俱可錄也墨林快事

佑聖觀碑

王元美謂此書規摹北海余得一本一字不損而

肥緩殊乏筋骨摹本耶聊存之以俟知者

石墨鐫華

裕公和尚道行碑

福裕無他異行至贈儀同三司胡俗乃尔亦旨

書不甚如意圓熟有之而恣態不足亦不及孫

德或御服二碑 石墨鐫華

此為程鉅夫文松雪公書字微肥殊有李北海

筆意 蒼潤軒帖跋

松雪之書長於蘊藉以萬丈之光萬斛之力

畢藏於規矩簡澹中是以筆尖利而不俗態

變疊而不穉其爲此碑則鋒穎四射變化百出

惟恐奇之不外見固是書之一法然亦發揚盡矣

其長處遂與北海爭長而其弊處遂浸浸乎凝

式郎之之靡此亦百代筆硯得失之林也公郎不

慮及此奈一再傳當於何處立脚　墨林快事

裕公少林僧也元人贈大司空開府儀同三司追

封晉國公宜當日仁虞院司𢈔者皆帶中書銜

也碑爲程鉅夫文趙孟頫書稍不及他碑或模刻

者不及茅絀之耳 錆夏記

右裕公碑程鉅夫奉勅撰趙孟頫奉勅書在少林寺按文敏書法爲元朝第一此碑奉勅書不當假手乃覺肥㬋少風力何耶然筆自有致 嵩陽石刻記

證道藏真説

趙松雪書有穆文備跋

泗州普照寺靈瑞墖記

泗州聖墖之靈於宇内昭昭矣此松雪所書元賜

名而紀之石者字視他刻更大而精神矩度亦越

尋常直與北海上下而時復過之真如風大飈

赫天地洞赤而聖壇飛行於海山波端中又如金

碧晃日鈴鐸呼風而金象苔龕閃爍搖曳趙

書之最有致者僧伽木叉圓合消此寶章也

覽此心馳於圍繞矣 墨林快事

臨濟正宗禪師壇銘

右濟禪師壇銘闇禪師譔二僧皆南渡後法

門龍象也毋論其文辭工拙要之是本色語耳

趙文敏既夙精臨池詣極八法而又服膺西來滌入三

昧故其所書視他跡尤妙蓋本右軍骨調以大

令肉即北海蹤跟不露一筆也千八百驪珠入我索

中月來賣文錢為之一洗恐見輩厭不能浮大白

快賞之第以一瓣香展供耳 弇州山人稿

孫公道行之碑

元統三年　文原譔　趙孟頫書　趙世延篆額

此松雪公書雖出北海而加以婉媚所可取者生宋四

家之後能一變其傾欹筆耳以方北海北海瘦

十

卷十六

而勁拙於藏鋒永旨肥而緩巧於取態而元美謂姿韻溢出於波拂間蓋能用大令指於北海腕者其然乎宅日又曰永旨可出宋人上比之唐人尚隔一舍此則定論也 石墨鐫華

趙文敏書道行碑更覺圓秀王元美云姿韻逸出於波拂間蓋能用大令指於北海腕者信然 銷夏記

御服碑

此碑亦婉媚大都如前碑而稍遜其圓逸御服者

元成宗感異夢而以賜孫德彧於萬壽宮者也
今尚在道士所時出觀之誤為王喆衣者非 石墨鐫華

元成宗感異夢致御服於終南之萬壽宮趙参
政世延記之集賢孟頫書之集賢此書乃承制
又中年以後筆當最妙而出入北海有不勝其婉
媚者何也 弇州山人稿

清河郡伯張公墓碑銘有序
延祐二年 元明善譔 趙孟頫書 王毅篆額

大興路弘教大師道行碑

大德十一年　趙孟頫篆并書篆

前赤壁賦

周萊峯翻刻有跋云：嘉靖丁巳穀旦黄岡令南滁孟津謹識

松雪所書前赤壁賦世外又有二刻一有汝陽趙賢跋

大書前赤壁賦

世石刻之淮藩字大易摹鐫法頗不失格而松雪之書亦大略全無他字攣卷之弊蓋其得意之作

後赤壁賦

後有跋云黄之赤壁稱名家守以蘇長公遊傳有二賦故也撫臺汝陽趙公既以松雪所書前賦摹刻山石矣而後賦尚缺余因憶檇李項氏藏有松雪真跡乞假摹之刻補焉同寅熊君珦宋君崇獻周君世澤李君好問咸快二賦之完俾余識之以永傳於後祀旹萬曆四年春三月朔上海潘允哲題

枯樹賦

有枯樹圖有褚河南書劉辰翁跋後則趙臨褚書白珽龔𤨏二跋

趙文敏臨褚河南枯樹賦師其意不踐其跡圓秀温潤即河南見之亦當心折乃周公瑕鈎摹者宜非常刻所能及也 錯夏記

褚河南枯樹賦爲武延秀羞作二王屏風脚歐虞之跡不與焉其在當時珍貴可知趙吳興更取二王結法臨之茂密秀潤視真跡不知孰叩

山陰堂室耳畫樹全得䋫法真吾山房中二絕也

昔人謂臨書如雙雕摩天各極飛動之勢余得褚河南倣鈎真跡與此卷對之雖形模大小不甚異而中間行筆絕不同褚妙在取態趙貴主藏鋒褚風韻遒逸飛動真所謂謝夫人有林下風氣趙則結搆精密肉骨匀和顧家婦清心玉映自是閨房之秀也若買褚得趙當亦不失所望矣 二條弇州山人稿

七觀帖

文敏楷書極多而七觀獨著其用筆最重有大令十三行之骨　墨林快事

余曩歲見橫涇顧師蕃此帙每向余言松雪是書不拘學黄庭而字字畫畫皆自黄庭而出此乃真善學黄庭者　蒼潤軒帖跋

七觀帖元袁文清公所作以贈程文憲公致仕南歸而趙文敏公之所書也余家有公小楷帖如黄庭樂毅皆臨古人書獨此帖出公自然之趣惜經墨未甚

佳耳此刻今在四明余得之陳孟顒秀才

余多得七觀帖獨此本經墨差勝彭百鍊浙

東還所惠者

程文憲之歸袁文清之文趙文敏之書皆所謂得

意者也而具於斯盛哉所惜當時剟手不及耳余

所得者獨此本差明白蓋鄞士吴友麟所惠者

三條東里續集

臨智永真草千字文

有元明善危素二跋

書法甚難有得於天資有得於學力天資高學力到未有不精奥而神化者也趙松雪書筆既流利學亦淵深觀其書得心應手會意成文楷法深得洛神賦而攬其標行書詣聖教序而入其室至於草書飽十七帖而變其形可謂書之兼學力天資精奥神化而不可及矣此種千文又非平日率意之書若以鉄門限相並較之雖永師復作不能為之高下矣 虞集識 道園學古集

古今人書千文甚多如趙公此卷尤秀潤可貴者

按方正學跋語宋舍人仲珩書評此以爲公中年得意書仲珩爲國初書家第一手其言如此豈特他人言哉　匏翁家藏集

項刻千字文

周興嗣千文便於小學善書者恒寫一本獨智永曾書八百本散在江南而吳興趙王孫亦屢書之延祐三年四月有旨趙子昂寫來千文一十七卷發秘書監裝背收拾此或一十七卷之一也吾鄉項子京家刻石今歸於余　曝書亭集

蘭州千字文

有班惟志跋又有題云海岱劉貞時同鑑賞

小楷千字文

天冠山詩

有松雪自跋　文徵明跋　鄭霖跋　又題邦江周

鎛觀

白雪齋帖

大德二年　趙孟頫書　有孟淳跋

雪賦

大德二年日短至寫與班彥功

臨右軍道德經

山陰楊耕夫賓爲余作字一幅云王會稽書道德經不傳〻者唯趙文敏墨池堂本嫵其肉多於骨近見終南山說經臺本字稍大方嚴類雍館記在趙本上余初得墨池堂本嗣又得一本不知是說經臺本否字不見稍大而方嚴則有之　先暎識

爲定慧師作法語

延祐元年　正書大字有松雪自跋

小楷過秦論

至元辛卯八月晦日書後有鮮于樞郭天錫盧堯衆李衎姚式張謙張嗣真仇遠錢良右陸輔之虞集宋旡劉致李瓚倪瓚姚安道口立李衎周砥龍諸題跋

松雪文賦

文賦為子昂真跡無疑乃其中多有可商處真書有癡筆行書有俗氣不害其佳亦不必

其癡俗也惟臨之最難似其癡俗則益之醜不似其佳而驟改其病又益之醜董宗伯所云初欲離而去之後乃就之非虛也宗伯天分高離而去之者其本懷就之者業已臨之不得不俯首然臨書之法尤當得其佳者其病隨筆改之佳者既為我有則縱有改處是本其佳者生出烏有不似本人自改者 墨林快事

趙子昂書文賦精工之極如花月松風娟娟濯濯披襟留連不能自已 弇州山人稿

右晉陸士衡文賦元趙文敏公子昂爲其友楊仲弘所書士衡年二十作此賦吳亡因杜門積學太康末晉徵爲郎中令成都王兵敗被害子昂宋昌陵後寓家湖州元初程鉅夫薦爲集賢學士延祐三年仁廟超拜翰林承旨階榮祿大夫六年己未得請歸老仲弘名載宋楊文公裔孫登進士第授浮梁州同知七年正月遷寧國推官歸杭省墓道謁子昂云上書此子昂人品甚高書法晉人元初克變晚宋詩體上接於唐始乎公也繼

以仲弘二公名重一時此賦晚年合作尤為世寶襄
城伯李公世濟忠孝功載彜鼎以此卷求題余
孜士衡之歿距今千有一百五十載而子昂仲弘下世
亦已一百又十年矣海桑遷變匪一然遺文賸墨
流傳至今三君子之名耿耿在人耳目孰謂詞翰非
不朽之事又況立德立功立言之在天壤間者乎有
志者其可不自勉勗而甘同草木之泯滅乎余
重襄城公之請因書梗槩後之覽者亦將有感
斯言也宣德十年乙卯正月中順大夫都察

院右僉都御史海虞吳訥書　續書畫題跋記
容臺集云吾郡普照寺士衡宅也勝國時有
璐溪上人與趙子昂遊得其所書文賦特為
精妙年巘任士林諸君子皆為題詠不知何時流
落好事家後為項子京所摹刻以較真跡無復
遺恨此刻故董尚書所稱賞也今在吾里朱氏
潛采堂　光暎識

嘉禾鍾仁山刻

觀妙齋藏金石文考略若干卷嘉興李
子中先生手纂先生好蓄古碑刻大都
得自倦圃曹氏與其同好王丈典
在楮采諸家之論附以己見用心可謂
勤矣其彙版歸於家、惟金石文字
既事堪與史傳相發明近世如顧亭林
朱竹垞錢竹汀王蘭泉諸君子類能致

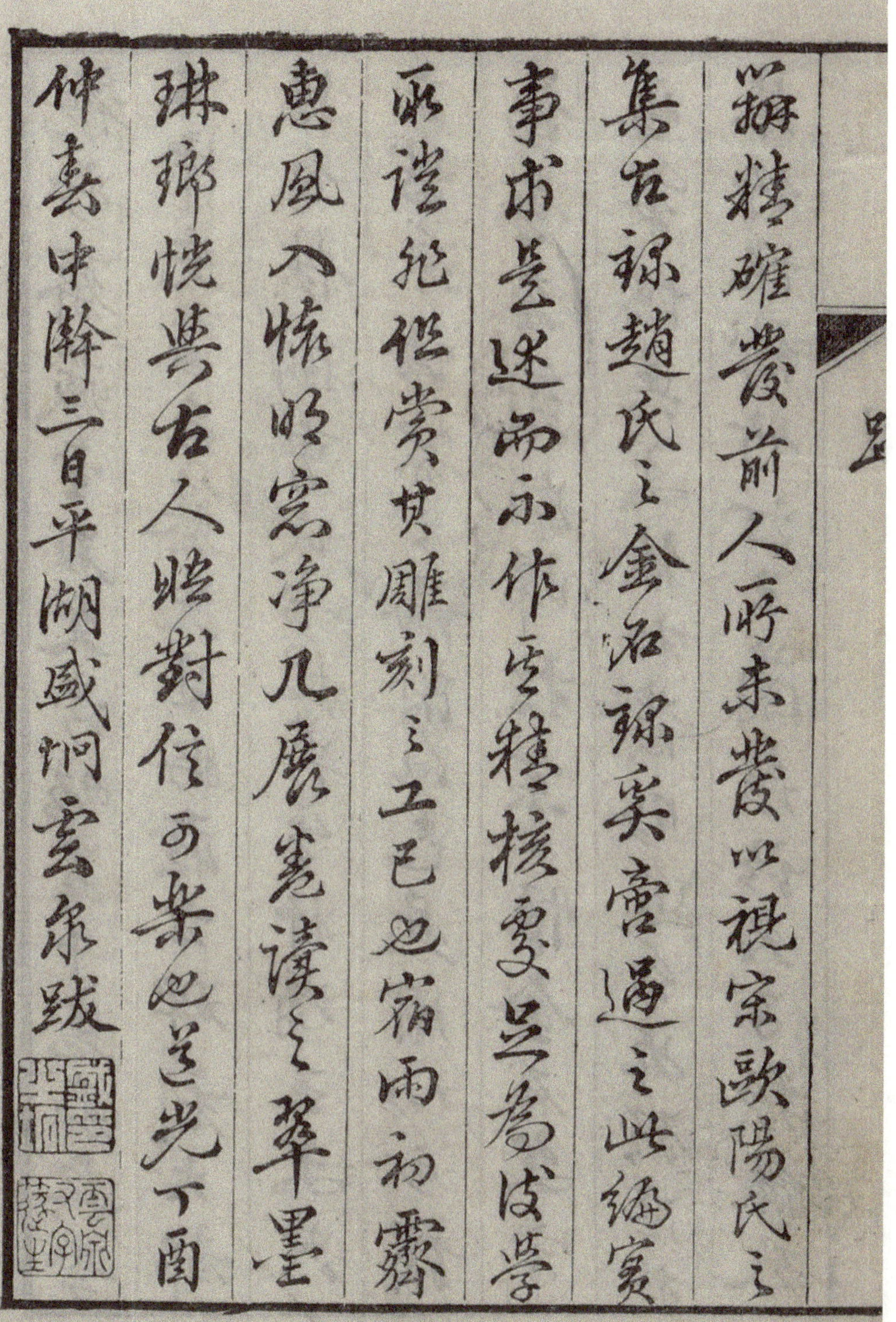

以蒐精確，發前人所未發，以視宋歐陽氏之集古錄、趙氏之金石錄，實嘗過之。此編實事求是，述而不作，至精核要，足爲後學取證。非徒賞其雕刻之工已也。霜雨初霽，惠風入懷，明窗淨几，展卷讀之，翠墨琳瑯，恍與古人晤對，信可樂也。道光丁酉仲春中澣三日，平湖盛炯雲泉跋